古典文獻研究輯刊

二三編

潘美月·杜潔祥 主編

第 15 冊

元曲釋詞（增訂版）（五）

王學奇、王靜竹 著

國家圖書館出版品預行編目資料

元曲釋詞（增訂版）（五）／王學奇、王靜竹 著 -- 初版 --
新北市：花木蘭文化出版社，2016〔民 105〕
目 22+248 面；19×26 公分
（古典文獻研究輯刊 二三編；第 15 冊）
ISBN 978-986-404-854-0（精裝）
1. 元曲 2. 曲評
011.08　　　　　　　　　　　　　　　　105015206

ISBN-978-986-404-854-0

9 789864 048540

古典文獻研究輯刊
二三編　第十五冊　　　　　　ISBN：978-986-404-854-0

元曲釋詞（增訂版）（五）

作　　者　王學奇、王靜竹
主　　編　潘美月　杜潔祥
總 編 輯　杜潔祥
副總編輯　楊嘉樂
編　　輯　許郁翎、王筑　美術編輯　陳逸婷
企劃出版　北京大學文化資源研究中心
出　　版　花木蘭文化出版社
社　　長　高小娟
聯絡地址　235 新北市中和區中安街七二號十三樓
　　　　　電話：02-2923-1455／傳真：02-2923-1452
網　　址　http://www.huamulan.tw 信箱 hml810518@gmail.com
印　　刷　普羅文化出版廣告事業
初　　版　2016 年 9 月
全書字數　1182776 字
定　　價　二三編 21 冊（精裝）新台幣 40,000 元

元曲釋詞（增訂版）（五）

王學奇、王靜竹　著

目次

qiao

qie

qin

qing

元曲釋詞（增訂版・五）

王學奇　王靜竹著

抹（mā）

抹，其意有三：一、謂瞟；二、謂揩拭；三、謂捋、拉。

（一）

《董西廂》卷一【中呂調・香風合纏令】：「見人不住偷睛抹。」

《青衫淚》四【叫聲】：「只得偷睛抹，去向那文武班中試尋咱。」

《西廂記》一本二折【小梁州】：「胡伶淥老不尋常，偷睛望，眼挫裏抹張郎。」

《兩世姻緣》三【小桃紅】：「他背影裡斜將眼稍抹，諕的我臉烘霞。」

《金錢記》一【後庭花】：「我見他簇雙鴉，將眼梢兒斜抹，美姿姿可喜煞。」

《詞林摘艷》卷九段顯之散套【醉花陰・寶髻高盤鳳釵插】：「送春情，不住將秋波抹。」

同書卷十喬夢符散套【鬭鵪鶉・翡翠窗紗】：「燈影兒裏斜將眼稍兒抹，諕的我臉紅霞。」

抹，謂瞟，即斜視、偷視。《說文》：「眜，目不正也，讀若末。」眜、抹同音，北音呼如「媽」。宋・錢易《南部新書》癸集：「太和中入閤內，都官班有擡眼偷窺上者，覺之。班退，語宰相曰：適有郎班內第幾人，忽擡眼抹朕，何也？」此「抹」字，即斜視意。金聖嘆注《西廂》云：「抹，抹倒也，抹殺也，不以爲意也。」失之。

（二）

《燕青博魚》二【那吒令】：「快與我抹下淺盆，磨下刀刃，你看我
雪片也似批鱗。」

《鐵拐李》四【幺篇】：「抹了缽盂，裝在布袋。」

《詞林摘艷》卷五李直夫散套【五供養·愁冗冗恨綿綿】：「抹的他
這瓶口兒淨。」

這裏，抹謂揩拭，使之乾淨。今仍沿襲此用法。

（三）

《昊天塔》二【石榴花】：「則除是趙玄壇威力無加，纔敢把虎頭來
料鬢來抹，我與你親自把那賊徒拏。」

《盆兒鬼》一【油葫蘆】：「卻被這海棠枝七林林將頭巾來抹，又被
這薔薇刺急顫顫將紬衫來掛。」

《太平樂府》卷三王和卿小令【天淨沙·詠禿】：「笠兒深掩過雙肩，
頭巾牢抹到眉邊。」

上列諸例，意謂捋、拉，指按著往上或往下移動或掛著之意。《西遊記》
第五十二回：「你看他更不取下，轉往上抹了兩抹，緊緊的勒在肱膊上。」又
云：「用手一抹，扢扠一聲，那鎖雙簧俱就脫落。」這種用法現仍沿用，如說：
「把帽子抹下來。」引申之，凡礙於情面的事，也可以說：「抹下臉來」，或
「抹不下臉來」。

摩挲

摩挲：一、謂用手撫摩；二、謂模糊不清。

（一）

《燕青博魚》一【六國朝】：「我把手摩挲揪住馬。」

《西廂記》三本二折【滿庭芳】：「老夫人手執著棍兒摩挲看，粗麻
線怎透得鍼關。」

摩挲，今讀 mā·sa，謂用手撫摩也。《後漢書·方術傳》：「薊子訓者，
建安中客在濟陰、宛句，有神異之道；後人復於長安東霸城見之，與一老翁
共摩挲銅人。」王先謙集解引《釋名》云：「摩挲，末殺也，手上下之言也。」

按《釋名・釋姿容》作「摩娑」。北朝樂府《瑯琊王歌》云：「新買五尺刀，懸著中梁柱。一日三摩娑，劇於十五女。」唐・韓愈《石鼓歌》云：「牧童敲火牛礪角，誰復著手爲摩挲？」白居易《寄皇甫賓客》詩：「食飽摩抄腹，心頭無一事。」明・湯顯祖《牡丹亭・移鎮》：「你摩挲老劍評今古，那箇英雄閒處住？」挲、娑、抄音義同。今北京話作攂挱。

（二）

《酷寒亭》三【哭皇天】：「你莫不眼摩挲，錯認了你這親眷。」

《太平樂府》卷三馬謙齋小令【柳營曲・嘆世】：「青鏡摩挲，白首蹉跎。」

上舉二例，意謂模糊。「眼摩挲」，謂眼力模糊不清也。「青鏡摩挲」，謂鏡面模糊不清也。或作麻花，如《盛世新聲》亥集小令【蟾宮令】：「看了你樂府清新，越著我病眼麻花。」或作麻㽪，如李涉《題宇文秀才櫻桃》詩：「趁愁得醉眼麻㽪。」音近意並同。

除上二解外，摩挲有時亦作拖延講，如《王蘭卿》三折：「三日好，兩日歹，摩挲半年有餘」，謂拖延半年多也。

嬤嬤（mā・ma）

《牆頭馬上》二、白：「嬤嬤收拾前後，我歇息去也。」

《張天師》二、白：「張千，說與嬤嬤知道，著他到書房中看覷小哥病體如何。」

《生金閣》二、白：「我家中有箇嬤嬤，是我父親手裏的人，他可也看生見長我的，如今著他去勸化，不怕不聽。」

《蕭淑蘭》一、白：「今日清明，舉家俱往祖塋祭祀，妹子身體有些不快，不能去的，留下管家嬤嬤並梅香看視。」

嬤嬤，同媽媽。《元曲選》音釋：「嬤，魔上聲。」（見《張天師》二折。）明・張自烈《正字通》謂「嬤即嬷嫛之轉音」。明・梅鼎祚《字彙》及清・梁章鉅《稱謂錄》皆謂俗呼母親爲嬤嬤。但俗亦以尊稱奶媽（乳母）或女性老管家爲嬤嬤，如上舉諸例即是。滿族則呼爲奶母，如《紅樓夢》第十九回：「偏他奶母李嬤嬤拄拐進來請安。」又第二十回：「賈母猶欲同那幾個老管家嬤嬤鬬牌解悶。」皆其例。

麻槌

麻搥

《蝴蝶夢》二【鬭蝦蟆】：「休說麻槌腦箍，六問三推，不住勘問，有甚數目，打的渾身血污。」

《魔合羅》四【迎仙客】：「比及下椊指，先浸了麻槌，行杖的腕頭加氣力。」

《誶范叔》四【太平令】：「哎！你箇須賈也哥哥休罪，早準備椊子麻槌。」

《後庭花》二【哭皇天】：「又不曾麻搥下腦箍，你怎麼口聲的就招伏？」

麻槌，用麻絞紮成的粗而短的鞭槌，舊時刑具之一。行刑前，先用冷水浸濕，再抽打犯人；常與腦箍、拶子等刑具一併使用。槌（zhuī），或誤作搥，音義同。

麻線道

《調風月》三【梨花兒】：「本待麻線道上不和你一處行，依得我願隨鞭鐙。」

《漁樵記》二【朝天子】白：「對著天曾罰願，做的鬼到黃泉，我和你麻線道兒上不相見。」

同劇四【得勝令】：「你道便做鬼到黃泉，咱兩個麻線道兒上不相見。」

麻線道，迷信說法，指去陰司的路。按，舊時服喪，孝子穿麻衣；元劇中麻線道，或取義於此。

馬子

《黃花峪》三、白：「我與你一箇馬子，投到我來家，要這一馬子濕濕。」

馬子，即馬桶，便溺器。《幽閨記》二十二【前腔】：「〔丑叫科：〕那官兒不去了，一發明日會鈔。打掃一間房，鋪下一張床，一個聯二枕頭，一個

大馬子。」又：「打掃兩間房，鋪下兩張床，兩個短枕頭，一個馬子，一個尿鱉。」亦其例。清·錢大昕《恒言錄》注云：「案《通雅》陳水南曰：『獸子者，褻器也，或以銅為馬形，便於騎以溲（sōu）也。』俗曰馬子，蓋沿於此。」宋·趙彥衛《雲麓漫鈔》卷四云：「《西京雜記》：李廣與兄弟共獵於冥山之北，見臥虎，射之即斃，斷其髑髏，以為枕，示服猛也；鑄銅象其形為溲器，示厭辱之也。故漢人目溺器為虎子，鄭司農注《周禮》，有是言。唐諱虎，改為馬，今人云廁馬子者是也。」所謂「獸子」，也是避唐人諱而改的。吳自牧《夢粱錄》卷十三「諸色雜貨」條：「杭城戶口繁夥，街巷小民之家，多無坑廁，只用馬桶。」馬子或名馬桶，至今仍為南方人普遍使用，杭州人即呼馬桶為馬子。

馬包

《金鳳釵》二【耍孩兒】：「把這小冤家情理難饒！我待打呵，教人道管不的惡婦欺親子，教人道近不的瓜兒揉馬包。常言道：當家人疾老，近火的燒焦。」

明·楊慎《升庵外集》引諺語云：「無奈東瓜何，捉著瓠子磨」，語意正與此同，蓋謂怕硬欺軟也。疑馬包即瓠（hù）子之別名。又，馬包或為馬勃（菌類）之聲轉。

馬杓

《秋胡戲妻》二【呆骨朵】白：「媳婦兒，你只待敦葫蘆摔馬杓哩。」

《李逵負荊》三【後庭花】：「打這老子沒肚皮攬瀉藥，偏不的敦葫蘆摔馬杓。」

《桃花女》楔【仙呂端正好】：「坐著門楹，披著頭稍，將小名兒喚，馬杓兒敲；捱今夜，待明朝。」

《漁樵記》三：「〔正末扮張憨古上，叫云：〕笊籬、馬杓、敗缺也換那！」

《太平樂府》卷六喬夢符散套【賞花時·風情】：「打不覺頭毒如睡馬杓。」

馬杓，盛飯、舀酒或舀水用的長柄大杓。又作馬勺。多以檳榔殼或木料製成，柄用竹或木。《曲海一勺》謂「馬杓即今馬子（馬桶）」，近人朱居易亦把馬杓解爲「馬桶」（見《元劇俗語方言例釋》），均誤。因一：從上面的釋例中，馬杓與笊籬、葫蘆放在一類，顯係屬於炊具，不可能是馬桶（即便桶）；在《桃花女》劇中爲挽救石留住的性命，桃花女告訴石留住媽媽「只等的一鼓盡，二鼓交」，「坐著門桯，披著頭稍，將小名兒喚，馬杓兒敲」。所說馬杓，也不可能指馬桶。其二：《曲海一勺》爲說明馬杓即馬子，曾引證失名【一枝花·贈妓名玉馬杓】，但用馬子也不能解釋【一枝花套】中的「臨邛滌器，陋巷傳來」的含意。另據《雍熙樂府》卷八【一枝花玉馬杓】凡兩見，詞意也不是指的馬桶。或謂馬杓即行鍋，可備一說。

今河北方言，炊具中尚保存馬杓之名，一般是用木頭做的長柄大杓，多用於盛飯。凡物之較大者，古人多以「馬」字形容之，如馬蚰，《方言》：「馬蚿，……其大者謂之馬蚰。」馬蜩，《爾雅·釋蟲》：「蜩之最大者爲馬蜩。」郝疏引孫炎曰：「蚰，馬蜩，蟬最大者也。」馬蓼，見《本草》，李時珍云：「凡物大者皆以馬名之，俗呼大蓼是也。」因此，杓之大者曰馬杓，即長柄杓，其命義相同。

馬前劍

《鐵拐李》二【倘秀才】：「〔正末云：〕我見舊官去呵，〔唱：〕笑裏刀一千聲抱怨。〔帶云：〕我見新官去呵，〔唱：〕馬前劍有三千箇利便。舊官行揝勒些東西，新官行過度些錢。」

馬前劍，猶馬前健，謂在上司和主子面前假意殷勤、賣勁討好。《醒世恒言·張廷秀逃生救父》：「趙昂見了丈人，馬前健假殷勤，隨風倒舵，掇臀捧屁，取他的歡心。」《金瓶梅》第五十四回：「兩個小廝兒見西門慶坐地，加倍小心，比前越覺的有些馬前鍵。」並可證。劍、健，雙聲通用。

馬蓮子

《降桑椹》二【南青歌兒】白：「問神天求的幾箇桑椹子，救妳妳的命，若無桑椹子，馬蓮子也罷，喫下去倒消食。」

馬蓮子，即馬蘭子，一種植物名，多年生草木，又名蠡實、荔實，名見《本草》。據明·葉盛《水東日記》卷三十七「馬蓮花子」條：「北方田野人

患胸腹飽脹者，取馬蓮花子擊碎，涼水下，即泄數行，幸而愈者有也。」《復齋日記》卷下亦有同樣記載，惟馬蓮子作馬蘭子。按：蘭，由開口呼變爲齊齒呼，讀蓮，一音之轉。

蠄蚎（mà·zha）

螞蚱　螞蚎　蠄蚱

《獨角牛》二【絡絲娘】白：「覰了你這般面黃肌瘦，則有老蜻腰兒的氣力，撲蠄蚎的威風。」

《大戰邳彤》一【油葫蘆】白：「小孩兒弄螞蚱，我直著扯下他那大腿來。」

《齊天大聖》三、白：「打緊的這兩日東西又貴，止尋了些野味兒，頭一道是川炒癩頭黿，第二道是油煤叫蠄蚱。……」

《詞林摘艷》卷一無名氏小令【甘草子·夏景】：「一箇喂老鴉，一箇撲螞蚎，一箇漚麻坑裏摸魚蝦。」

蠄蚎，爲蝗蟲的俗名。《金史·五行志》云：「至元五年，京師童謠曰：馬扎望北跳。」馬扎即蠄蚎。又作螞蚱、螞蚎、蠄蚱，音義同。清·梁同書《直語補證》云：「揚子《方言》：『蟅蟒即蝗。』注：『蟅音近詐，亦呼虴蛨。』今北人呼螞蚱或麻札，即此二字顛倒聲轉之異。」

埋根千丈

《岳陽樓》一【醉中天】：「〔柳云：〕小聖在此，千百餘年也。〔正末云：〕嗓聲。〔唱：〕你道是埋根千丈，你如今絮沾泥則怕泄漏春光。」

《凍蘇秦》三【牧羊關】：「你苟圖些紫綬金章，赤緊的見世生苗，我則理會的埋根千丈。」

埋根千丈，謂埋根於地下千丈之深，比喻深藏隱居，使美不外露，即韜光晦迹之意也。《後漢書·馬融傳》：「盡力率屬，埋根行首，以先吏士。」注：「埋根，言不退。」

買休

《救風塵》二、白：「兀那賤人，我手裏有打殺的，無有買休賣休的。」

同劇同折【商調集賢賓】：「咱這幾年來待嫁人心事有，聽的道誰揭債，誰買休。」

《西遊記》四本十五齣、白：「這老子見俺家貧，便來買休，悔這一椿親事。」

離棄妻子，古謂之休妻。「買休賣休」，就是賣方以「休妻」為名，實際賣妻；買方以娶被休之婦為名，實際用錢買妻。這種欺騙手段和買賣方式，歷代都認為是犯法的，被禁止的。《元史·刑法志》：「諸夫婦不睦，賣休買休者，禁之。和離者不坐。」（亦見《元典章》。）《明律·犯姦》：「若用財買休賣休，和娶人妻者，本夫本婦及買休人，各杖一百，婦人離異歸宗。」

買告

《後庭花》二【牧羊關】：「小人怎敢違誤了官司，縱放了他子母。〔王慶云：〕有人說你受了他買告也。〔正末唱：〕若是受了他買告咱當罪，若是有證見便承伏。」

《圯橋進履》三【倘秀才】：「龐涓令人將金銀寶物買告鄒文簡，和齊罷兵。」

《灰闌記》四【慶宣和】白：「街坊、老娘人等，不合接受買告財物，當廳硬證，各杖八十，流三百里。」

用金銀財寶作代價，請託別人，按自己的要求，出廳作假證；或使之達到其它目的，都謂之買告；猶云買囑。與「買轉」意近，但略有區別。

買卦

《青衫淚》四【中呂粉蝶兒】：「今日裏聖旨宣咱，吉和凶索問天買卦。」

《西遊記》一本一齣【仙呂賞花時】白：「算命買卦，合有一拳財分。」

《鴛鴦被》二【滾繡毬】：「兀的甚勢沙，甚禮法，索甚麼問天來買卦？」

買卦，謂求卜。按卦，初指八卦，是上古時用來占卜的八種符號，相傳為伏羲氏所創。古人借助它以占卜吉凶，決定去從，是一種迷信舉動。後來又有抽籤、打卦等，都是問卜的一種方式。

買轉

《青衫淚》二、白：「近日有一個茶客劉一郎待要與我作伴，我那裏肯從。爭奈老虔婆被他錢買轉了，似這般怎生是好？」

《鐵拐李》一【混江龍】：「想前日解來強盜，都只為昧心錢買轉了這管紫霜毫：減一筆教當刑的責斷，添一筆教為從的該敲。」

《灰闌記》一【賺煞】白：「他無過是指著收生老娘，和街坊鄰里做證見，我已都用銀子買轉了。」

《雲窗夢》一、白：「酒席間買轉他，必然成事。」

買轉，猶今云收買；即用吃喝、送禮、賄賂等手段，使對方改變態度，以達到自己某種不正當的目的。

買斷

斷買

《金線池》二：「〔詩云：〕一生花柳幸多緣，自有嫦娥愛少年；留得黃金等身在，終須買斷麗春園。」

《玉壺春》一【柳葉兒】：「我借住臨川縣，敢買斷麗春園。」

《曲江池》一【醉中天】：「莫不是買斷了麗春園。」

《太平樂府》卷二張小山小令【沉醉東風·酬史楚甫】：「關節得荼縻自慢開，春已聽榆錢斷買。」

買斷，又倒作斷買，即買死、買定之意。「買斷麗春園」，是表明定要娶名妓的決心。王建《題金家竹溪》詩：「買斷竹溪無別主，散分泉水與新鄰。

買閒錢

《曲江池》一【賺煞】：「雖然那愛鈔的虔婆他可也難恕免，爭奈我心堅石穿，準備著從良棄賤；我則索你個正腔錢，省了你那買閒錢。」

買閒錢，謂額外的需索，是和正腔錢（即歌者所得纏頭的正項收入）相對而言的。

買路錢

買路錢：一、指舊時出喪，在靈柩前燒擲的紙錢；二、指盜匪攔路勒索之錢。

（一）

《合同文字》一【那吒令】：「念不出消災的善言，烈不得買路的紙錢。」

上例，即指第一義。《禮記・檀弓》：「以吾爲邑長於斯也，買道而葬，後難繼也。」明・田藝衡《留青日札》云：「高（季）子皐曰：買道而葬，後難繼也。今人出喪柩行之道，於前拋金銀紙錢，名曰買路錢。即買道之遺意也。」實則季子高葬其妻，犯人之禾，自請賠償損失，其爲官清儉過人，故曰後人難以爲繼。與世俗出喪拋紙錢名買路錢者，性質絕異，只是借用買道之字眼耳。清・翟灝《通俗編・儀節》：「按《日本考》：凡殯出，殯則設香亭一座，名曰設孤臺，令一人在前撒銅錢而行，名曰買路錢。任其貧乞者拾之，似此俗又自日本流及中國矣。」翟說恐未必然。

（二）

《李克用箭射雙鵰》【六幺令】：「他道是縱橫壯士周德威，留下些買路錢，別有個商議。」

《昇仙夢》三【北耍三台】白：「夫人，來到這山崦中，兀的胡哨響，有強人來了，可怎了也！〔邦云：〕留下買路錢。」

以上各例，均指第二義。即盜匪以「買路」爲理由，而搶劫行人的財物；這種被迫交出的錢財，叫做「買路錢」。亦常見於古典小說中，例如：《京本通俗小說・錯斬崔寧》：「行人住腳，須把買路錢與我！」《水滸》第三十四回：「三個大漢大喝道：『來往的到此當住腳，留下三千兩買路黃金，任從過去！』」同書四十二回：「是會的留下買路錢，免得奪了包裹。」等等。

賣弄

買弄

《董西廂》卷七【雙調・文如錦】：「不是自家自賣弄，我一般女婿，也要人迭。」

《救風塵》二【浪裏來煞】：「那廝愛女娘的心，見的便似驢共狗，賣弄他玲瓏剔透。」

－840－

同劇四【雙調新水令】:「賣弄他能愛女有權術,怎禁那得勝葫蘆說
到有九千句。」

《謝天香》一【天下樂】:「賣弄的有伎倆,賣弄的有艷姿,則落的
臨老來呼弟子。」

《薛仁貴》一【天下樂】:「敢待賣弄你這英雄大丈夫,誰也波如自
竄付。」

《桃花女》三【鮑老兒】:「買弄殺《周易》陰陽誰似你,還有個未
卜先知意。」

　　賣弄,謂夸示、炫耀,上舉諸例是也。清·趙翼《陔餘叢考·賣弄》:「近
代俗語,賣弄二字,專指誇耀之意。六朝以來,則謂招權攬勢也。《後漢書·
靈帝紀》:『閔貢厲聲責張讓等賣弄國恩。』《朱浮傳》:『浮坐賣弄國恩免。』
又《楊震傳》:『震疏言,親近倖臣,……賣弄威福。』《南史》:『齊高帝時,
竟陵王子良啓,以范雲為郡。齊王曰:『聞其恒相賣弄,朕不復窮法,當宥之
以遠。』」由此,可見詞義之演化。現在口語中仍沿用。

　　賣弄,一作買弄,疑為形誤。

賣笑
賣俏

《對玉梳》一、白:「暗想俺這門衣飯,又無甚黃牛耕,黑牛種,止
則是賣笑求食,非同容易也呵!」

《雲窗夢》一、白:「止生得一箇女兒,小字月蓮,風流可喜,賣笑
求食。」

《村樂堂》二【賀新郎】:「這廝引定誰家一箇豔妝,莫不是求食賣
笑的紅妝。」

《灰闌記》楔、白:「老身出於無奈,只得著女兒賣俏求食。」

同劇四【慶宣和】白:「只為趙令史賣俏行姦,張海棠負屈銜冤,
是老夫灰闌為記,判斷出情理昭然。」

《百花亭》一【醉中天】白:「你看那女子扭捏做作,必是個賣俏的
傈兒。」

舊時稱妓女或歌女，爲生活所迫，以聲色事人，換取財物，謂之賣笑。宋・周密《南宋市肆記》所謂「靚裝迎門，爭妍賣笑」，是也。或作賣俏，義同。按：《史記・貨殖列傳》：「刺繡文不如倚市門」，爲後世所謂倚門賣笑之所本。

賣查梨

賣楂梨　沒查沒利

《救風塵》一【鵲踏枝】：「俺不是賣查梨，他可也逞刀錐。」

《五侯宴》四【醋葫蘆】：「你那裏乾支剌的陪笑賣查梨，不須喒道破，他早知。」

《西廂記》二本三折【幺篇】：「沒查沒利謊傈儸，你道我宜梳妝的臉兒吹彈得破。」

《鴛鴦被》四【沽美酒】：「問的我陪著笑賣查梨。」

《舉案齊眉》三【鬼三臺】：「走將來磕牙料嘴，陪著笑賣查梨。」

《百花亭》四【鴛鴦尾煞】：「也不枉費盡相思，早證果了賣查梨那風流少年子。」

賣查梨，又作賣查梨、沒查沒利。沒查沒利，是沒查利的長讀；而沒查利即賣查梨的音轉。王伯良謂：「方言無準繩」是也。按查梨（一作楂梨、樝梨、查利）是似梨而滋味較澀的一種菓子。唐・李咸用《和吳處士題鄰叟壁》詩：「秋果樝梨澀。」蘇軾《丙子重九二首》詩：「酸甜如查梨。」均可爲證。賣查梨的人，每隱瞞其酸澀，裝出笑臉欺騙顧客，遂相沿成爲陪笑賣查梨的諢語，比喻將壞作好，冒充欺騙之意。

賣皮鵪鶉兒

《陳州糶米》三【梁州第七】：「〔正末云：〕都不是，可是甚麼買賣？

〔旦兒云：〕俺家裏賣皮鵪鶉兒。」

賣皮鵪鶉兒，賣淫的隱語。宋・孟元老《東京夢華錄》卷二「潘樓東街巷」條：「先至十字街，曰鵪（據《說郛》本）兒市，向東曰東雞兒巷，向西曰西雞兒巷，皆妓館所居。」因鵪兒市爲妓館所居之處，故以「賣皮鵪鶉兒」爲賣淫之隱語。

埋冤（mán·yuan）

埋怨

《魯齋郎》一【油葫蘆】：「那裏管六親三眷盡埋冤。逼的人賣了銀頭面，我戴著金頭面；送的人典了舊宅院，我住著新宅院。」

《望江亭》四【得勝令】：「呀！請你個楊衙內少埋冤，諕的他半晌只茫然。」

《看錢奴》一、白：「兀那賈仁，你爲何在吾神廟中埋天怨地，怪恨神靈？」

《王粲登樓》一、白：「王先生，你少下我許多房宿飯錢不還我，我便罷了，大主人家埋怨我，你幾時還我這錢？」

《漁樵記》四【甜水令】：「折莫你便逩井、投河，自推自跌，自埋自怨，便央及煞，俺也不相憐。」

埋冤，猶埋怨，即怨恨、責備之意。古典小說中，多作埋怨，例如：《清平山堂話本·刎頸鴛鴦會》：「媽媽、老兒互相埋怨了一會，只怕親戚恥笑。」《古今小說·楊思温燕山逢故人》：「口中喃喃埋怨，怨暢那大伯。」《水滸》第四回：「沒奈何，且看趙員外檀越之面，容恕他這一番。我自明日叫去埋怨他便了。」

埋冤，亦讀作 mái yuàn，猶言含冤，較上述之義略重，例如：《董西廂》卷四：「鶯鶯感此，閣不定粉淚漣，吞聲窨氣埋冤。」《幽閨記》七：「淒淒冷冷，埋冤世間。」戲文《小孫屠》十一：「空有日月，須明不照覆盆下面，便招作鬼死也埋冤。」

滿考

考滿

《金線池》二、白：「俺想來，他只爲我囊中錢鈔已盡，況見石府尹滿考朝京，料必不來復任，越越的欺負我。」

《延安府》四【太平令】白：「無點李吏役考滿，祥符縣主簿安身。」

《馮玉蘭》三、白：「若是老爺考滿回朝之時，少不的我也跟去拿出這文書來。」

滿考，又作考滿，是舊時對官員政績的一種考察制度。定期考察成績，分為稱職、平常、不稱職三種，作為升降賞罰的依據。歷代的具體作法，不盡相同。《警世通言·蘇知縣羅衫再合》：「到三年考滿，又得相見。」明·王雲來【逍遙遊·前腔】：「適纔忝見巡方御史，說我例應考滿，但自三年以來，並無一奇政可紀。」皆其例。

慢帳

慢張

慢帳：一、謂不行、不濟、不中用、沒本事；二、謂慢騰騰。

（一）

《桃花女》二、白：「住、住、住，你這陰陽本慢帳，自家算不著，倒怪人來破你的法！」

慢帳，一作慢悵、慢張，意謂不行、不濟、不中用、沒本事。「陰陽本慢帳」，謂卦術本不高明也。又如明人雜劇《斬健蛟》三、白：「俺二郎神神通慢帳，法力低微，我這上聖，千靈萬聖。」《慶賞端陽》四【沉醉東風】白：「你好慢帳！正要爭氣哩，牽馬來！」《拔宅飛昇》一【天下樂】白：「不說你慢帳罷了，都像你，我這縣丞就餓殺了。」《打韓通》三【聖藥王】白：「好師父也！你原來精慢帳，不家去了等甚麼？」以上諸例，「慢帳」之意均同。

（二）

《雍熙樂府》卷十九【小桃紅·西廂百詠九十七】：「問安康，別來尊體知無恙，答應的慢張，全無些喜相，誰惱動老萱堂？」

上例，意謂慢騰騰。或作慢帳，如明雜劇《定時捉將》三、白：「要走就走了罷，我不奈煩慢帳。」亦其例。

鏝（màn）

鏝兒

《燕青博魚》二【混江龍】：「憑著我六文家銅鏝，博的是這三尺金鱗。」

同劇二【油葫蘆】:「〔燕大做博科，云:〕我博了六箇鏝兒，我贏了也。」

同上:「呀呀呀，我則見五箇鏝兒乞丟磕塔穩，更和一箇字兒急留骨碌滾。」

鏝，錢的通稱，或作鏝兒。《漢書・西域傳》:「罽（ji）賓國……以金銀爲錢，文爲騎馬，幕爲人面。」注:「如淳曰:『幕音漫。』師古曰:『幕即漫耳，無勞借音。』」楊愼《丹鉛雜錄》卷五:「今按京師呼錢背曰鏝兒。」宋・孫宗鑑《東皋雜錄》:「今之擲錢爲博者戲，以錢文面背爲勝負。背字曰幕，幕讀如漫。」漫即鏝，北人並以爲錢的通稱，或呼錢爲子兒。

忙劫劫

忙怯怯

《楚昭公》三【中呂粉蝶兒】:「早則不三戰殺入王都，諕得我亂慌慌，忙劫劫，不成活路。」

《元人小令集》失名《失題》:「忙劫劫蜂翅穿花。」

同書趙善慶【山坡羊・燕】:「語喃喃，忙怯怯，春風堂上尋王謝。」

忙劫劫，又作忙怯怯，即忙的意思。劫劫、怯怯音近通用，作助詞，無義。《京本通俗小說・碾玉觀音上》:「胡蝶飛來忙劫劫」，亦其一例。

芒郎

忙郎

《遇上皇》一【金盞兒】:「你教我住村舍伴芒郎，養皮袋住村坊。」

《東窗事犯》一【元和令】:「我與您奪旗扯鼓統兒郎，不能夠列金釵十二行；教這個牧童村叟蠢芒郎，到能夠暮登天子堂。」

《劉知遠諸宮調》十二【仙呂調・繡帶兒】:「三婆三婦號逃（咷）哭，忙郎脫命怎藉牛畜。」

《太平樂府》卷九睢景臣散套【般涉調哨遍・高祖還鄉】:「趙忙郎抱著酒葫蘆。」

　　宋元間俗語，稱牧童爲芒郎，又作忙郎。忙爲「芒」字的借用。宋·莊綽《雞肋編》卷下作萌兒，宋·王闢之《澠水燕談》卷十作芒兒，義均同。萌、芒雙聲；郎、兒義同：例可通用。

芒神

　　《合汗衫》四【鴈兒落】：「則你這惡芒神休厮纏，我待超度你在這金沙院。」

　　芒神，即勾芒神。《元典章》云：「依春牛經式，造作土牛芒神色相施行。其芒神貌像服色裝束及鞭麋等，亦就年日干支爲其設施。」清制：順天府以六月移文欽天監，定次年芒神土牛形式服色繪圖，立春日進呈（見《清會典》）。勾芒，本是古代管木的官，因木初生時，勾屈而有芒角，故稱爲勾芒；後來才用爲神名。本劇例是取其糾纏的意思。

莽壯

莽戇

　　　　元刊本《博望燒屯》【醉中天】：「將軍呵，你也做得莽壯張飛。」

　　　　《救風塵》二【後庭花】：「我將這情書親自修，教他把天機休泄漏，傳示與休莽戇收心的女，拜上你渾身疼的歹事頭。」

　　　　《遇上皇》一【油葫蘆】：「你暢好村莽戇。」

　　　　《黑旋風》一【滾繡毬】：「哥也，他見我這威凜凜的身似碑亭，他可慣聽我莽壯聲。」

　　　　《千里獨行》楔【仙呂端正好】：「我想這曹操是那足智奸雄，信著俺小叔莽戇多英勇。」

　　莽壯、莽戇，音義並同莽撞，謂言行粗率而不審慎。《西廂記》一本二折：「好模好樣式莽撞。」《氣英布》三折：「龍且是莽撞之夫，必然死於韓信之手。」上舉各例，正與此「莽壯」意同。但莽撞也有憤怒的意思，如《李逵負荊》二折：「俺可也磨拳擦掌，行行裏按不住莽撞心頭氣」，是也。故毛西河曰：「莽撞，怒也。」

莽古歹

忙古歹

《哭存孝》三：「〔正旦扮莽古歹上，云：〕自家莽古歹便是。奉阿者的言，著我打聽存孝去。」

《太平樂府》卷九曾褐夫散套【哨遍‧羊訴冤】：「火裏赤磨了快刀，忙古歹燒下熱水。」

莽古歹，一作忙古歹，蒙古語，謂小番，猶漢語謂小校，如例一《哭存孝》。

例二《太平樂府》，似指體力勞動者，即僕役之類。明人黃元吉《流星馬》雜劇二折：「莽古歹將酒來！」三折：「莽古歹將母驎催動！」均可互證。

又作「忙兀鯑（歹）」（見《元史‧兵志三》），蓋譯音無定字也。

或作種族名解，元‧陶宗儀《輟耕錄》卷一氏族條：蒙古七十二種，有「忙古歹」種。

毛毛

毛毛毛　眊眊　眊眊眊

《㑳梅香》三【調笑令】：「〔（正旦）帶云：〕毛毛羞麼？〔唱：〕羞殺我也傅粉何郎！」

《桃花女》楔【仙呂端正好】白：「您常在我根前賣弄這陰陽有準，禍福無差，今日如何？好慌恐人也！毛毛毛。」

《獨角牛》一【單鵰兒】：「呸！眊眊眊不害你娘羞！你原來是箇蠟槍頭。」

《太平樂府》卷二喬吉小令【水仙子‧嘲人愛姬爲人所奪】：「村馮魁沾的上，俏蘇卿隨順了，雙漸眊眊。」

毛毛，又作毛毛毛、眊眊（máo）、眊眊眊，音近意並同。耻羞別人時的用語。明人雜劇《下西洋》二折：「做事沒來由，毛毛不害羞。」《鞭打單雄信》二折：「吒吒羞。」《慶朔堂》四折：「妳妳虧他有臉廝見，好著他雙漸眊眊。」皆其例。按毛、眊、吒同音通用。

茅柴

《看錢奴》二【滾繡毬】:「見哥哥酒斟著磁盞臺，香濃也勝琥珀。
哥哥也你莫不道小人現錢多賣，問甚麼新釀茅柴？」

茅柴，酒名，味苦性烈。《韓子》:「茅柴爲苦硬。」釋「言苦硬之酒如茅
柴火易過也。」《事物紺珠》:「薄酒，世謂之茅柴，言如茅柴，焰易過也。」
宋·韓駒《茅柴酒》詩:「三年逐客臥江皐，自與田工壓小槽。飲慣茅柴諳苦
硬，不知如蜜有香醪。」明·馮時化《酒史·酒品》:「惡酒曰茅柴。」可見
茅柴並非香濃美酒。宋·韓駒《庚子年還朝飲酒絕句》:「飲慣茅柴諳苦硬，
不知如蜜有香醪。三年逐客臥江皐，自與田公壓小槽。」據此，又知茅柴酒
乃是鄉村自釀的廉價酒。

冒支

《魯齋郎》一【混江龍】:「冒支國奉，濫取人錢。」

《介子推》二【尾】:「宰輔臣僚，冒支請受。」

冒支，謂假冒別人去領取；引申爲非分所應得，亦即爲官不稱職之意。
清·黃六鴻《福惠全書·荒政部·賑濟》:「冒支失領之弊。」

冒突

狄君厚《介子推》二〔牧羊關〕:「觸突著皇后合依平論，冒突著天
子合問緣由。」

《梧桐雨》二【剔銀燈】:「止不過奏說邊庭上造反，也合看空便，
覷遲疾緊慢；等不的俺筵上笙歌散，可不氣丕丕冒突天顏？」

楊梓《霍光鬼諫》上小樓二【幺】:「敢大膽欺壓良民，冒突天顏，
惹罪招愆，久以後，市曹中遭著刑憲，我只怕又連累咱滿門良賤。」

《太平樂府》卷九董君瑞散套【哨遍·硬謁】:「這回不免向君前，
曲躬躬冒突台顏。」

冒突，謂冒犯唐突，即衝撞、抵觸之意。《三國志·魏志·齊王傳》:「越
蹈重圍，冒突白刃。」又用爲戰船名，《後漢書·岑彭傳》:「冒突露橈數千
艘。」李賢注:「冒突，取其觸冒而唐突也。」

沒亂

沒撩亂　沒撩沒亂　沒留沒亂　迷留沒亂　迷溜沒亂　迷留悶亂

《董西廂》卷一【仙呂調·賞花時】：「引調得張生沒亂煞，把似當初休見他，越添我悶愁加。」

同書卷三【商調·玉抱肚】：「沒留沒亂，不言不語，儘夫人問當，不應一句。」

同書卷七【南呂宮·轉青山】：「鶯鶯儘勸，全不領略，迷留悶亂沒處著。」

《單刀會》一【尾聲】：「曹丞相將送路酒手中擎，餞行禮盤中托，沒亂殺姪兒和嫂嫂。」

《蝴蝶夢》一【天下樂】：「救不活將咱沒亂死。」

《裴度還帶》三【脫布衫】：「我見他迷溜沒亂心痒難揉。」

《合同文字》一【那吒令】：「一片心迷留沒亂焦，兩條腿滴羞篤速戰，恰便似熱地上蚰蜒。」

《太平樂府》卷一武林隱小令【蟾宮曲·昭君】：「哀哀怨怨，一曲琵琶。沒撩沒亂離愁，悲悲切切，恨滿天涯。」

《詞林摘艷》卷二【南呂八聲甘州·眠思夢想】：「嘆光陰迅速如箭，把奴家錯過了朱顏。沒情沒緒沒撩亂，怎生消遣？」

沒亂，意謂迷離惝恍，心神無主，手足無措。多附殺、煞、死等甚辭。重言之則為沒撩沒亂、沒留沒亂、迷留沒亂、迷溜沒亂、迷留悶亂，極狀神志不清、煩惱愁悶、心煩慮亂。說撩亂為沒撩亂、或沒撩沒亂，猶如說顛倒為沒顛沒倒，都是以反語見義，起力語氣的作用。請參閱「空悶亂」條。

沒興

沒幸

《調風月》三【鬥鵪鶉】：「因甚頃刻休，則傷我取次成；好個個舒心，乾支剌沒興。」

《緋衣夢》三【鬼三台】：「小梅香死的忒沒興，李慶安險些兒當重刑。」

《貶夜郎》四【折桂令】：「流落似守汨羅獨醒屈原，飄零似泛浮槎沒興張騫。」

《全元散曲》上張可久小令【寨兒令・閨怨】：「有情窺宋玉，沒興撞王魁。呸！罵你個負心賊！」

《樂府群珠》卷二失名小令【罵玉郎過感皇恩採茶歌・春閨怨】：「沒興的雙郎爲蘇卿，畫船兒直趕到豫州城。」

同書卷一曾瑞卿小令【快活三帶過朝天子・勸娼】：「又待趁風流成就了好姻緣，又待認沒幸看錢面。」

沒興，一作沒幸，謂倒霉。宋・趙令時《侯鯖錄》卷七：「孫莘老形貌古奇，熙寧中論事不合，責出，世謂沒興孔子。」《警世通言・萬秀娘仇報山亭兒》：「推著一車沒興骨頭，入那千萬丈琉璃井裏。」《古今小說・楊思溫燕山逢故人》：「老媳婦沒興，嫁得此畜生，全不曉事。」戲文《張協狀元》八【復襄陽】白：「從前做過事，沒興一齊來。」皆其例。

沒下梢

《誤入桃源》四【得勝令】：「分淺緣薄，有上梢沒下梢。」

《陽春白雪》後集二王嘉甫散套【八聲甘州・元和令】：「相逢爭似不相逢，有上梢沒下梢。」

《太平樂府》卷七趙明道散套【鬥鵪鶉・題情】：「鸞鳳交，沒下梢。」

《樂府群珠》卷二無名氏小令【金字經・鬧五更】：「閃得情人沒下梢。」

沒下梢，沒有好下場，沒有好結果。宋・郭象《睽車志》云：「逆亮末年，自製短鞭，僅存其半，謂之沒下梢。」元曲各例，係引申、比擬之義。

沒事哏

沒事狠　沒是哏　無事哏　無事狠

《金線池》一【油葫蘆】：「枕頭上主燒埋的顯道神，沒事哏，鬏麻頭斜皮臉老魔君。」

《調風月》一【油葫蘆】：「大剛來婦女每常川有些沒是哏，止不道人道村，至如那村字兒有甚辱家門？」

《哭存孝》二【牧羊關】：「聽說罷心懷著悶，他可便無事哏，更打著這入衙來不問諱的喬民。」

《後庭花》一【油葫蘆】：「你直恁的倚勢挾權無事狠，脊梁上打到有五六輪，似這等潑差使，誰敢道賺分文？」

《東堂老》四【沉醉東風】：「爲甚麼只古裏裸袖揎拳無事哏？我只著你受盡了的饑寒，敢可也還正的本。」

《對玉梳》一【天下樂】：「俺那娘颩著一個冷鼻凹，百般兒沒事狠。」

《凍蘇秦》四【川撥棹】：「兀良脅底下插柴內忍，全不想冰雪堂無事哏。」

沒事哏，又作沒事狠、沒是哏、無事哏、無事狠。意謂無事生非，尋釁找碴兒。一說：過分兇狠之意。

沒是處

不是處　無事處　無是處　沒事處

沒是處，或作不是處、無事處、無是處、沒事處。「沒」、「無」、「不」意同；「事」、「是」古通用，意謂沒有辦法、不知如何是好；或謂不得了。

（一）

《蝴蝶夢》二【水僊子】：「眼睜睜有去路無回路，好教我百般的沒是處。」

《風光好》一【金盞兒】：「我這裏承歡奉喜兩三番，太守見我退後來早台意怒，學生見我向前去早惡心煩。好教我左右沒是處，來往做人難。」

《魔合羅》一【後庭花】：「怕老的若有不是處，你則問那裏是李德昌家絨線舖，街坊每他都道與。」

《劉弘嫁婢》一【天下樂】：「你倚仗著我這幾貫錢索，則麼以捌的些窮人家每著他無是處。」

《陽春白雪》前集三馬東籬小令【壽陽曲】：「一會價上心來沒是處，恨不得待跨鸞歸去。」

《詞林摘艷》卷一蘭楚芳憐小令【四塊玉・風情】：「一箇有萬引茶，一箇是一塊酥，攪的來無是處。」

上舉諸例，意謂沒有辦法，不知怎樣好。

（二）

《玉鏡臺》四【喬牌兒】：「昨日會賓朋飲到遙天暮，今日酒渴的我沒事處。」

《五侯宴》一【天下樂】：「誰敢道是湯他一湯？誰敢是觸他一觸？可是他叫吖吖無是處。」

《救風塵》四【喬牌兒】：「你一心淫濫無事處，要將人白賴取。」

《凍蘇秦》二【煞尾】白：「頭裏我勸你時，搶白的我沒事處。」

以上各例，為第一義的引申，意謂不得了；其中《玉鏡臺》例，解第一義亦通。

沒則羅

《西廂記》一本二折【朝天子】：「好模好樣忒莽撞，沒則羅便罷，煩惱則麼耶唐三藏？」

沒則羅，沒有之意。羅，語助詞，無義。

沒掂三

沒店三

《董西廂》卷一【大石調・伊州袞】：「忒昏沉，忒籠魯，沒掂三，沒思慮，可來慕古。」

《遇上皇》四【喬牌兒】：「這言語沒掂三，可知水深把杖兒探。」

《西廂記》二本楔子【耍孩兒】：「我從來斬釘截鐵常居一，不似恁惹草沾花沒掂三。」

《蕭淑蘭》二【鬼三台】：「哎！你個顏叔子秉燭真個堪，柳下惠開懷沒店三。」

　　沒掂三，原指金銀如不經手再三掂量，就不知它的輕重。引申解作輕浮、魯莽、糊塗或缺乏思考。故俗語有云：「手不掂三兩重。」或謂掂三即战（diān）算。書算爲三，以諧閉口之韻，後乃沿用爲成語。或謂事無定準豫省稱事之無準者曰沒點，與此義相似。馬致遠套〔雙調夜行船〕《不合青樓》：「相知每無些店三，般得人面北眉南。」無些店三，意即沒店三。王伯良注謂「不著緊要」意，似未當。又「店」與「掂」同音借用，義同。

沒揣的

沒揣地

　　沒揣的：一、謂不意、猛然；二、謂無端的；三、謂沒阻擋、無遮攔。此三意頗相近而又有所區別。

（一）

　　《虎頭牌》一【賺煞】：「則今日過關津，度州郡，沒揣的逢他敵人，陣面上相持，賭的是狠。」

　　《西廂記》一本三折【紫花兒序】：「若是迴廊下沒揣的見俺可憎，將他來緊緊的摟定。」

　　《倩女離魂》四【幺篇】：「沒揣的一聲，狠似雷霆，猛可裏諕一驚，丟了魂靈。」

　　《太平樂府》卷五鍾繼先小令【罵玉郎帶感皇恩採茶歌・恨別】：「沒揣地釵股折。」

　　《樂府群珠》卷三劉庭信小令【折桂令・憶別】：「忔登的人在心頭，沒揣地愁來枕上。」

　　揣者，探求、忖度之謂也。沒揣的，元時語詞，猶云沒料到、猛然的。王伯良注《西廂》，解作猛然間，閔遇五釋爲不意中，俱是。《牡丹亭・驚夢》：「沒揣菱花，偷人半面，迤逗的彩雲偏。」亦其例。今北語多作猛騰、冷格丁或忽剌八。的，一作地，音義同，副詞語尾。

（二）

　　《誤入桃源》二【呆骨朵】：「〔正末云：〕兄弟，我和你莫非是夢中麼？〔唱：〕沒揣的撞到風流陣，引入花衚衕。」

《灰闌記》二【商調集賢賓】：「這一場沒揣的罪名兒，除非天地表。」

同劇四【折桂令】：「沒揣的告府經官，喫了些六問三推。」

以上各例，意謂無端的、憑空的，猶今北京話好不答應的。

（三）

《梧桐雨》二【滿庭芳】：「慣縱的箇無徒祿山，沒揣的撞過潼關，先敗了哥舒翰。」

《竹葉舟》一【鵲踏枝】：「一剗是珠宮貝闕，霞徑雲衢，則除是大羅仙沒揣的過去。」

《存孝打虎》二【尾聲】：「看存孝這一番，不許當，不許攔，一颩軍沒揣的撞入長安。」

《兒女團圓》一【那吒令】：「火不登紅了面皮，沒揣的便揪住鬚鬢，不歇手，連打到有三十。」

上舉「沒揣的」，爲沒阻擋、無遮攔之意。但細按之，一、四兩例解作猛然間，勇猛地亦通。

沒頭鵝

無頭鵝

《魯齋郎》一【賺煞】：「也是俺連年裏時乖運蹇，可可的與那個惡那吒打個撞見。諕的我似沒頭鵝，熱地上蚰蜒。」

《西廂記》二本三折【江兒水】：「悶殺沒頭鵝，撇下陪錢貨；下場頭那答兒發付我！」

《雍熙樂府》卷四散套【點絳唇·子弟收心】：「恰便似無頭鵝絕了翎，無腳蟹擠了黃。」

沒頭鵝，或作無頭鵝，其意有二：一謂無可奈何、慌張無主的樣子，如一、三兩例；二謂困頓，如例二。按：鵝之領頭者曰頭鵝，行走時，居鵝群的領先地位，倘無頭鵝，則眾鵝即失其序，無所適從，故以爲喻。

沒顚沒倒

無顚無倒　無顚倒

《西廂記》一本四折【甜水令】:「老的,小的,村的,俏的,沒顚沒倒,勝似鬧元宵。」

《李逵負荆》三【醋葫蘆】:「老兒也,似這般煩惱的無顚無倒,越惹你揉眵抹淚哭嚎啕。」

《灰闌記》二【幺篇】:「你兩個都不爲年紀老,怎麼的便這般沒顚沒倒,對官司不分個眞假,辨個清濁。」

《太平樂府》卷七趙明道散套【鬪鵪鶉·題情】:「好教人沒顚沒倒,意遲遲業眼難交。」

《詞林摘艷》卷五商政叔散套【新水令·彩雲聲斷紫鸞簫】:「針線慵拈懶繡作,煩惱的人無顚倒。」

沒顚沒倒,猶云顚顚倒倒,是以反語加重語氣,極言其精神錯亂,神魂顚倒。沒顚沒倒,或作無顚無倒,或簡作無顚倒,義並同。

梅香

《西廂記》一本二折【朝天子】:「偌大一箇宅堂,可怎生別沒箇兒郎,使得梅香來說勾當。」

《玉壺春》一【幺篇】白:「梅香,你問那秀才,我有心請他來花塢中,將喳那酒餚共飲幾杯,看他心下如何?」

《鴛鴦被》一【混江龍】白:「梅香,報復去,道有劉道姑在于門首。」

《舉案齊眉》一、白:「小姐,你便喜歡,則是梅香苦惱。」

梅香,劇中對婢女的通稱。宋·陸佃《埤雅》:「梅花優於香,桃花優於色。」故後世多以梅香爲婢女之名,並泛稱婢女爲梅香。

又梅香在元劇中並不表脚色,但有「貼」的意思。貼者,旦之外,貼一旦也。

梅紅羅

《西廂記》三本二折【中呂粉蝶兒】:「比及將暖帳輕彈,先揭起這梅紅羅軟簾偷看。」

梅紅羅，是一種紅地梅花的羅紗。《元典章・禮部、一》：「上表者，表以紅羅夾複牋，以梅紅羅單複封裏。」王伯良注《西廂》云：「《韓墨全書》載，元時上表箋者，以梅紅羅單紱（fú）封裏，蓋當時所尚。」《雍熙樂府》卷十九【小桃紅・西廂百詠七十四】：「俺都知，今將薄物聊酬意：松花釵二枚，梅紅羅一對，權當謝良媒。」

每（měi）常

《拜月亭》一【醉扶歸】白：「呵！我每常幾曾和個男兒說話來？今日到這裏無奈處也，怎生呵是那？」

同劇一【後庭花】：「每常我聽得綽的說個女壻，我早豁地離了座位，悄地低了咽頸，緗地紅了面皮。」

《小孫屠》戲文五齣：「卑人每常在家，觀書覽史。」

每常，猶云往常。敦煌變文《目連緣起》：「在世每常修十善，將爲生天往淨方。」是知唐宋已有此語。《喻世明言・沈小官一鳥害七命》：「每常一發一個小死。」《殺狗記》六、白：「每常間見了做哥哥的，歡天喜地，今日如何這般愁煩？」皆其例。

每（mén）

門　們　懣

每，又作門、們、懣，音俱同。義有三：一、用表人稱多數；二、用於詞尾，作語助，無義；三、用作揣度、估量之詞。

（一）

《竇娥冤》一【油葫蘆】：「撇的俺婆婦每都把空房守，端的箇有誰問，有誰偢？」

《虎頭牌》二【落梅風】：「則俺這窮人家，又不會別咒願，則願的兄弟每，可便早能勾相見。」

《西廂記》一本三折、白：「我問和尚每來，小姐每夜花園內燒香。」

《劉知遠諸宮調》十二【正宮・應天長】：「他懣雖勇躍，這三個福氣都搜，內中兩個潛龍帝，一個是諸侯。」

《董西廂》卷二【正宮・甘草子】：「賊陣裏兒郎懣眼不扎，道：『這禿廝好交加！』」

　　元代語言中，人稱代詞下的「每」字，代表多數，同們、門、懣。今僅「們」字尙通行，「每」字等這類用法，已成陳迹。清・翟灝《通俗編》卷三十三「們」字條云：「北宋時先借『懣』字用之，南宋則借爲『們』，而元時則又借爲『每』。」可見元代「每」字之用是從兩宋俗字「懣」字和「們」字來的。如宋人周煇《清波雜志》卷一云：「欽聖云：更休與他懣宰執理會，但自安排著。」又宋・王明清《揮塵後錄餘話》卷二：「今自家懣都出岳相公門下……他懣有事，都不能管得。」又宋・徐夢莘《三朝北盟會編》：「范瓊大呼曰：自家懣只是少個主人。」又宋・失名《愛日齋叢鈔》卷五：「在勅局時，見元豐中獲盜推賞，刑部例皆即元案不改俗語。有陳棘云：『我部領你懣廝，遂去深州。』邊吉云：『我隨你懣去。』懣本音悶，俗音門，猶言輩也。」以上所引，皆宋時俗語用「懣」字之證。懣與瞞、滿音形俱近，故懣又借作瞞，如宋・周密《齊東野語》卷五「襄州本末」條云：「不因你瞞番人在此，如何我瞞四千里路來？」滿著作滿的例子，如宋・沈端節【洞仙歌】詞：「琴心傳密語，唯有相如，失笑他滿恁撩亂。」

（二）

《虎頭牌》三、白：「小的每，安排酒來，與老相公把個勞困盞兒！」

《西遊記》一本三齣【么】：「是小的每言多語峻，告吾師心下莫生嗔。」

《兒女團圓》一【寄生草】白：「那左院裏小的每，有人曾見李春梅來麼？」

《陳州糶米》二【滾繡毬】：「待不要錢呵，怕遠了眾情；待要錢呵，又不是咱本謀。只這月俸錢，做咱每人情不彀。」

　　上舉各《每》字，用爲詞尾，不爲義，與上文所釋表多數者異。如「小的每」即小的；「咱每」即咱也。巾箱本《琵琶記》二十三：「教他好看承我爹娘，料他每應不會遺忘。」「他每」即他也。

　　又每，亦作門，例如：《張協狀元》戲文：「我瞥見你門，心下便憐伊。」上稱你門，下稱伊。又云：「亞爹孩兒全沒，老來惟憑著你門一個。」上稱你門，下指明一個。均證明「門」字在這裏，只當詞尾用。

（三）

《董西廂》卷二【雙調・尾】：「這每取經後（呵）不肯隨三藏，肩擔著掃箒藤杖，簇捧著箇殺人和尚。」

同書卷三【高平調・木蘭花】：「那法師忙賀喜，道：『那每般勤的請你，待對面商議。』」

《緋衣夢》二【南呂一枝花】：「心緒澆油，足趄趑家前後，身倒偃門左右。覺一陣地慘天愁，徧體上寒毛抖搜。」

《勘頭巾》三【掛金索】白：「這們說起來，我倒是個隨爺種。」

《敬德不伏老》三【金蕉葉】白：「俺這裏叫兩個小卒，這每一扶上俺到陣前，對那邊說道：我便是尉遲敬德，可不羞死人也！」元刊本《單刀會》三【石榴花】：「這的每安排筵席不尋常。」

每（門、們），這裏用作揣度、估量之詞。「這每」、「這們」，猶這麼、這般、這樣。「那每」，猶那麼、那般、那樣。凌本《幽閨記》十四：「那每趕著無輕縱，如虎般英雄馬似龍。」注云：「那每，如今北人言那們、這們，猶云那般、這般也。」是。凌景埏注《董西廂》，把「這每」、「那每」解爲這些人們、那些人們，是混同了估量詞與表人稱代詞的複數，誤。又「蘹」亦作估量詞解，如宋・沈端節【留春令】詞：「舊家元夜，追隨風月，連宵歡宴。被那蘹引得滴溜地一似蛾兒轉。」這裏的「那蘹」猶那般，是說被引得像蛾兒那般滴溜溜轉。

門司

《劉弘嫁婢》一【寄生草】白：「你這廝好無禮！你知道『入城問稅，入衙問諱』？俺這裏門司有限，你知道我這裏有甚麼體面？拏書來，你靠後！」

門司，倒之爲司門，即管理門戶者，今俗稱看門的、門房。宋・吳曾《能改齋漫錄》：「王旦及第，由他門入謁守，守驚曰：門司未報，君何抵此？」

門桯（mén tíng）

門桯

《桃花女》楔【仙呂端正好】：「坐著門桯，披著頭稍，將小名兒喚，馬杓兒敲。」

《昊天塔》二【二煞】：「門環用水搖，門桯使腳踏。」

《神奴兒》二【採茶歌】：「天那！急的我戰篤速不敢便蕘入門桯。」

《調風月》三【紫花兒序】：「賺出門桯，呼的關上籠門，鋪的吹滅殘燈。」

《盛世新聲》【仙呂點絳唇‧天霽雲開】：「我羞答答的懶把門桯蕘。」

門桯，即門檻，亦稱門限。《元曲選》音釋：「桯音形。」（桯有兩讀，音 tíng 或 xíng。）「程」是訛字。

門楣（méi）

《㑇梅香》四【落梅風】白：「先生狀元才子，不辱相國門楣。」

《舉案齊眉》三【麻郎兒】：「我窮則窮是秀才的妻室，你窮則窮是府尹的門楣，那些兒輸與這兩個潑皮，白白的可乾受了一場惡氣。」

《延安府》二【一煞】：「仗岳父門楣，犯不道怨縲。」

楣，門上的橫梁，是支持門戶的東西；舊時習慣用門楣作爲家庭地位的象徵詞。《通鑑‧唐紀、三十一》云：「楊貴妃方有寵……民間歌之曰：『生男勿喜女勿悲，君今看女作門楣。』」胡三省注：「凡人作室，自外至者，見其門楣宏敞，則爲狀觀；言楊家因生女而宗門崇顯也。或曰：『門以楣而撐拄，言生女能撐拄門戶也。』」按唐‧陳鴻《長恨砍傳》則作「男不封侯女作妃，看女卻爲門上楣」。據此，知當時豪門貴族對門楣極端重視，在敦煌變文《漢八年楚滅漢興王陵變》中甚至表示希望「萬代我兒是門楣」。後遂多用以稱門第。

門裏大

《伍員吹簫》一【勝葫蘆】白：「我如今在你宅裏，你要打我，這個叫做門裏大。」

門裏大，意謂在自家門裏做大，猶今俗語家光棍。

門戶人家

門戶人

《金線池》一【油葫蘆】白：「姐姐，這話說差了！我這門戶人家，巴不得接著子弟，就是錢龍入門，百般奉承他，常怕一個留他不住。」

《謝天香》楔、白：「一應接官的都去了，止有妓女每不曾去。此處有個行首是謝天香，他便管著這班門戶人，須索和他說一聲去。」

《雲窗夢》一、白：「俺這門戶人家，一日無錢也過不的。」

門戶人家，舊指娼家；門戶人舊指妓女。黃遵素《說略》云：「門戶二字，伎院名也。」《今古奇觀·杜十娘怒沉百寶箱》：「我們門戶人家，吃客穿客。」《桃花扇·傳歌》：「我們門戶人家，舞袖歌裙，吃飯莊屯，你不肯學歌，閒著做甚？」皆其例。

門畫雞兒

《羅李郎》三【金菊香】：「好門面，好鋪席，好庫司，門畫雞兒，行行買賣忒如斯。」

在門上畫雞以避鬼祟，是古時湖南、湖北一帶迷信的風俗之一。梁·宗懍《荊楚歲時記》云：「帖畫雞戶上，懸葦索於其上，插桃符其旁，百鬼畏之。」又云：「按董勛問禮俗曰，正旦畫雞於門，七夕帖人於帳。」可見此風俗由來已久。魯迅《中國小說史略》第三編引《風俗通義》：「雞者，東方之畜也。歲終更始，辨秩東作，萬物觸產而出，故以雞祭祀也。」

悶弓兒

《倩女離魂》四【側磚兒】：「不甫能盼得音書至，倒揣與我箇悶弓兒。」

《抱粧盒》三【收江南】：「兀的不是箇難開難解悶弓兒，娘娘也甚意兒，怎揣與我該敲該剮罪名兒？」

《連環計》一【賺煞】：「眼見的鳥飛兔走，爭奈這龍爭虎鬪，將一箇悶弓兒拽扎在我心頭。」

《雍熙樂府》卷十四散套【集賢賓·春思】：「誰承望悶弓兒偏硬，愁窖兒偏深，鬼病兒偏斜。」

悶弓兒，比喻難於理解，無從揣測之事，猶悶葫蘆或暗箭。明雜劇《桃源三訪》四【望遠行】：「則索掩秋波，將悶弓兒硬揣做心頭病」，亦其一例。

悶葫蘆

悶葫蘆：一、猶言啞謎，比喻秘密或難解之事；二、指玩具。

（一）

《薦福碑》一【金盞兒】：「出來的越頑愚，忒乖疎，便有文宣王哲劍難拘束。一個個拴縛著紙毬子，一個個粧畫悶葫蘆，一個撮著那布裙踏竹馬，一個舒著那臕肕跳灰驢。」

《趙氏孤兒》四【石榴花】：「好著我沉吟半晌無分訴，這畫的是偺偉殺我也悶葫蘆。」

《合同文字》三【堯民歌】：「他把俺合同文字賺來無盡場兒揣與俺個悶葫蘆。」

悶葫蘆，即悶葫蘆罐兒，猜不透其中藏著什麼東西，比喻不可解的啞謎。此語今仍使用，如康濯《我的兩家房東》：「這纔眞是個悶葫蘆」。《紅樓夢》第八十五回：「要天長日久鬧起這悶葫蘆來，可叫人怎麼受呢。」

（二）

《魔合羅》一【金盞兒】：「他有那乞巧的泥媳婦，消夜的悶葫蘆。」

這裏的「悶葫蘆」，指玩具。

猛可裏

猛可地　猛地裏

《老生兒》二【幺篇】白：「他猛地裏急病死了，可著誰還我這錢？」

《生金閣》三【賀新郎】白：「可怎麼不做聲，不做氣，猛可裏從背後揪將我過來，唱上箇喏？」

《紫雲庭》四【落梅風】：「我恰猛可地向這亭堂中見，諕得我又待尋慢幙中藏。」

《魔合羅》一【金盞花】白：「你猛可裏揪將過來唱喏，多年古廟，前後沒人，早是我也，若是第二個，不諕殺了？」

《倩女離魂》四【幺篇】：「沒揣的一聲狠似雷霆，猛可裏諕一驚，丟了魂靈。」

《陳州糶米》三、白：「猛可裏包待制大人後面聽見，可怎了也！」

猛可裏，或作猛可地、猛地裏，意謂猛然間、突然的。可裏、可地、地裏，均爲語助詞，無義。《清平山堂話本·花燈轎蓮女成佛記》：「那和尚猛可地乞（吃）他摔住。」此語現在仍沿用。

懵懂（měng dǒng）

蕾懂　懞懂　懞掙　矇掙　情懂

《遇上皇》四【折桂令】：「朝野裏誰人似俺？衝蕾懂愚濁癡憨。」

《趙氏孤兒》四、白：「只是一件，連我這孩兒心下也是懵懵懂懂的。」

《勘頭巾》三【商調集賢賓】：「全不論清廉正直，倒不如懵懂愚癡。」

《倩女離魂》四【幺篇】：「這的是俺娘的弊病，要打滅醜聲，伴做個矇掙。」

《揚州夢》二【醉太平】：「又不是癡呆懵懂，不辨個南北西東。」

《昊天塔》四【川撥棹】：「這廝待放懞掙，早撥起咯無明火不鄧鄧。」

《馬陵道》一【天下樂】：「我如今捉獲你對咱裝懵懂。」

《神奴兒》二【罵玉郎】：「他那裏越懶拗放懞掙，則管裏啼天哭地相刁蹬。」

《樂府群珠》卷四宋方壺【朱履曲·閒世】：「懵懂的憐磕睡，鶻伶的惜惺惺。」

同書同卷玄虛子小令【普天樂·題情】：「情懂的不知心，精細的偏薄倖。」

《詞林摘艷》卷一無名氏小令【羅江怨·閨情】：「惺惺似懞懂，落伊套中，無言暗把淚珠傾。」

懵懂，不明也。元·湯垕《畫鑑》：「米元章父子皆工山水，成一家法。翟耆年詩云：『善畫無根樹，能描懞懂山。』」懞懂即懵懂，「懞懂山」，謂山色模糊一片而不明也。以之喻人，則爲無知、糊塗、愚濁之意。此語現仍沿用。

憒憧，或作嘈憧、憹憧、憹掙、情憧，義並同。憒、嘈、憹同音通用，或作㦜掙，㦜亦應作憹，訛爲㦜。

夢撒

孟撒　懵撒

《曲江池》二【黃鍾煞】：「恁時分，我直著你夢撒撩丁，倒折了本。」

《對玉梳》一【青哥兒】：「有一日使的來赤手空拳，夢撒撩丁。」

《太平樂府》卷八鍾繼先散套【一枝花·自序醜齋】：「折末顏如灌口，貌賽神仙，洞賓出世，宋玉重生，設答了鏝的，夢撒了寮丁，他采你也不見得。」

同書卷十三散套【鬭鵪鶉·勸人收心】：「待去呵，青蚨又夢撒；不去呵，寸心兒牽掛。」

《樂府群珠》卷一湯舜民小令【山坡羊·中秋對月無酒】：「詩也夢撒；酒也夢撒。」

《詞林摘艷》卷一劉庭信小令【折桂令·憶別】：「醬甕兒恰纔夢撒，鹽瓶兒又告消乏。」

《雍熙樂府》卷四散套【點絳唇·嘲鹽商】：「虛飄飄鎖兩箇籠箱，絮叨叨寫幾行支帳，只弄得嘮叨孟撒不還鄉。」

《筆花集》湯式小令【山坡羊·中秋對月無酒】：「詩，也懵撒；酒，也懵撒。」

夢撒，又作孟撒、懵撒，音近義同，都是沒有的意思。疑爲「沒（mo）啥（輕讀）」之音轉。「夢撒撩丁」，即沒錢之謂。《錯立身》戲文又作猛殺，如云：「空滴溜下老大小荷苞，猛殺了鐐丁鋥底」。

迷希

迷奚　迷稀　迷嬉

迷希，又作迷奚、迷稀、迷嬉。一、謂模糊看不清；二、謂以諂笑取悅於人，使之癡迷。

（一）

《後庭花》四【乾荷葉】：「好教我不解其中意！起初道眼迷奚，他如今則把手支持，真箇是啞子做夢說不的，落可便悶的人心碎。」

《青衫淚》三【川撥棹】：「喫得來眼腦迷希，口角涎垂。」

《誤入桃源》三【五煞】：「眼迷希細看春風玉一圍。」

《麗春堂》三【滿庭芳】：「不比你射柳處，也推著馬眼迷奚。」

《太平樂府》卷九高安道散套【哨遍·皮匠說謊】：「迷奚著謊眼先陪笑，執閉著頑心更道易。」

迷希，不分明、模糊難辨貌，意同迷離；形容眼睛半睜半閉、睜不開、看不清的樣子。又作迷奚，《董西廂》卷一，又作瞇睒，音義並同。

（二）

《莊周夢》二【感皇恩】：「你只待弄輕盈，相嬉笑，放迷稀。」

《樂府群珠》卷三劉庭信小令【折桂令·憶別】：「想人生最苦離別，腳到處胡行，眼落處癡呆。嘴臉迷稀，身子兒扎掙，眼腦兒乜斜。」

《雍熙樂府》卷十九【小桃紅·西廂百詠七】：「笑迷嬉，知書何故不知禮？」

宋·洪邁《容齋隨筆》卷一「迷癡厥撥」條云：「柔詞謟笑，專取容悅，世俗謂之迷癡，一曰迷嬉。」迷稀猶迷嬉也。

迷丟沒鄧

迷颩沒騰　迷颩模登

《虎頭牌》一【油葫蘆】：「為甚麼叨叨絮絮占著是迷丟沒鄧的混，為甚麼獐獐狂狂便待要急張拒遂的褪。」

《黃粱夢》四【叨叨令】：「我這裏穩丕丕土坑上迷颩沒騰的坐。」

《樂府群玉》卷三周文質小令【叨叨令·悲秋】：「孤孤另另單枕上迷颩模登靠。」

迷丟沒鄧，意謂迷迷糊糊，狀精神迷惘之詞。又作迷颩沒騰、迷颩模登。沒鄧、沒騰、模登，音近義同，都是形容沈迷在某一事物中的狀態。今語作迷迷瞪瞪。

《元曲選》音釋：「颴音磋（cuō）。」《字彙補》：「颴，巴收切，音彪。」

迷丟答都

《羅李郎》四【亂柳葉】：「哎！你個定奴兒快疾將你爺來認。早是我希颴胡都喜，則管裏迷丟答都問，我須是匹配你的大媒人。」

迷丟答都，用作副詞，形容叨叨絮絮詢問之意。

米罕

米哈　米蝦

《哭存孝》一、白：「米罕整斤吞，抹鄰不會騎。」

《降桑椹》一：「〔白廝賴自喫科，云：〕香噴噴的米罕！」

《射柳捶丸》三：「〔阿孛云：〕好米哈喫上幾塊。〔党項云：〕打剌孫喝上五壺。」

《詞林摘艷》卷三無名氏散套【哨遍‧鷹犬從來無價】：「奧剌朱獨盤中堆著米哈，奧剌雞讀壺中放著答剌。」

米罕，蒙古語，指肉。另譯作米哈、米蝦（há）（如《流星馬》二、白：「哈孩米蝦大輪般拾，哈來哈者孩。」），音近意並同。明‧火源潔《華夷譯語‧飲食門》：「米罕：肉。」

蜜缽

蜜缽

《魯齋郎》四【川撥棹】：「誰聽你兩道三科，嚷似蜂窩，甜似蜜缽，我若是還了俗可未可！」

《玉壺春》三【三煞】：「這虔婆怕不口甜如蜜缽，他可敢心苦似黃蘗。」

《桃花女》二【滾繡毬】：「則你這媒人，一個個，啜人口似蜜缽，都只是隨風倒舵。」

《對玉梳》二【倘秀才】：「甜句兒將我緊兜羅，口如蜜缽。」

《合同文字》三【石榴花】：「則他那口如蜜缽說從初，並無間阻，索看文書。」

《詞林摘艷》卷一劉庭信小令【寨兒令‧戒漂蕩】：「初見咱，話兒攛，怎當他蜜鉢也似口兒甜。」

《樂府群玉》卷二喬夢符小令【水仙子‧嘲少年】：「性兒神羊也似善，口兒蜜鉢也似甜，火塊兒也似情忺。」

蜜鉢，猶今云蜜罐，極言其甜也。《元曲選》音釋：「鉢，波上聲。」

密匝匝

蜜匝匝　密帀帀

《梧桐雨》三【慶東原】：「密匝匝魚鱗似亞。」

同劇三【鴈兒落】：「數層鎗，密匝匝，一聲喊，山摧塌。」

《小尉遲》二【柳青娘】：「亂紛紛的鎗相截，蜜匝匝的甲相接。」

《陽春白雪》後集四吳仁卿散套【鬥鵪鶉‧紫花兒序】：「密帀帀車馬喧闐，光灼灼燈月交輝。」

密匝匝，謂嚴實、眾多、稠密，引申爲擁擠貌。或作蜜匝匝、密帀帀，音義同。明‧湯顯祖《牡丹亭‧縷縷金》又作密札札，如云：「密札札干戈」，是也。「蜜」，同音誤用。匝匝、帀帀、札札，密也，盛也，爲狀密之副詞。現在仍沿用，如云：「溝的兩岸，密匝匝地住滿了勞苦人民。」（見老舍《我熱愛新北京》。）今口語中又作密密麻麻。

綿裏針

綿裏鍼　綿中刺

綿裏針，或作綿裏鍼、綿中刺。比喻柔中有剛或外貌和善、內心刻毒；引申爲小心、仔細、審慎。

（一）

《曲江池》二【梁州第七】：「笑裏刀剮皮割肉，綿裏針剔髓挑觔。」

《東堂老》一【六幺序】：「那裏面藏圈套，都是些綿中刺，笑里刀，那一個出得他摑打搊揉？」

《詞林摘艷》卷七王元鼎散套【河西後庭花‧走將來涎涎鄧鄧冷眼兒瞅】：「泥中刺，綿裏針；黑頭蟲，黃口鵜。」

綿裏針，謂綿花裏藏著帶尖的東西，能使人於不知不覺中受到傷害，因用來比喻外貌和善而內心刻毒的人，意同笑裏刀。《劉知遠諸宮調》二【般涉調·沁園春】：「便是綿裏鋼針蜜裏砒。」宋元戲文殘本《王祥行孝》【錦上花】：「兀的使著一個綿裏針，你割捨把孩兒推車在險路上行。」《金瓶梅》第五十二回：「月娘道：『乾淨是個綿裏針、肉裏刺的貨，還不知在漢子跟前架甚麼舌兒哩！』」皆其例。

（二）

《西廂記》三本四折【鬼三臺】：「得了箇紙條兒恁般綿裏鍼，若見
　　玉天仙怎生軟廝禁？」

綿裏鍼，這裏意謂小心、仔細、審慎，形容張生得到鶯鶯的信，如獲至寶，加意保護。此為前意的引申。鍼、針同字異體。

瞑眩（miàn xuàn）

眠眩　眠眩藥

《倩女離魂》三【醉春風】：「空服徧眠眩藥不能痊。」

《還牢末》三【雙調新水令】：「我這裏頭瞑眩，眼獐狂，七魄俱亡。」

《王蘭卿》三【紫花兒序】：「困騰騰鬝醫拘寒，苦懨懨眠眩乜斜，
　　磣可可憔悴尫羸，甚的是精神豐采，相貌威儀，堪悲。」

瞑眩，眠眩的本字，是一種頭昏目眩病。眠眩藥，即迷藥，今稱麻醉劑。古代的一種治病方法，先用藥把病人麻醉昏迷，然後把病治好。《孟子·滕文公、上》：「《書》曰：『若藥不瞑眩，厥疾不瘳。』」趙歧注：「瞑眩，藥攻人疾，先使瞑眩憒亂，乃得瘳愈也。」

面沒羅

面磨羅　面波羅

《調風月》二【朱履曲】：「莫不是郊外逢著甚邪祟？又不瘋又不呆
　　癡，面沒羅、呆答孩、死堆灰。」

《雙赴夢》三【石榴花】：「往常開懷常是笑呵呵，絳雲也似丹頰若
　　頻婆；今日臥蠶眉瞅定面沒羅，卻是因何？」

《氣英布》一【金盞兒】：「諕的唵面沒羅，口搭合。」

《酷寒亭》三【哭皇天】：「心驚的我面沒羅。」

《小張屠》二【寨兒令】：「我心恍惚，面沒羅。」

《雍熙樂府》卷十四散套【集賢賓・閨怨】：「嘴古都釵頭玉燕，面磨羅鏡裏青鸞。」

《詞林摘艷》卷七季愛山散套【集賢賓・牡丹亭日長簾半捲】：「嘴古都釵頭玉燕，面波羅鏡裏青鸞。」

面沒羅，又作面磨羅、面波羅，意謂發呆、發痴、臉上沒有表情。或又作面魔羅，如明人雜劇《雷澤遇仙》四折：「撇的我嘴孤獨，面魔羅，呆答孩，死沒騰。」按沒、磨、波、魔，音近意並同。

面花兒

《詞林摘艷》卷六白仁甫散套【端正好・秋香亭上正歡濃】：「做一箇符牌兒挑在鬢邊，做一箇面花兒貼在額頭，做一箇香囊兒盛了揣著肉。」

《元人小令集》失名《失題》：「做個面花兒鋪翠縷金描，歡喜時粘在臉上，煩惱時貼在眉梢。」

面花兒，婦女臉上的妝飾品。元・陶宗儀《輟耕錄》卷九「面花子」條：「今婦人面飾用花子，起自唐昭容上官氏所製，以掩黥迹。大歷以前，士大夫妻多妬悍者，婢妾小不如意，輒印面，故有月黥、錢黥，事見《酉陽雜俎》。」按，上文引自唐・段成式《酉陽雜俎》卷八「黥」；原文黥迹、月黥、錢黥，作點跡、月點、錢點，「點」字似誤。《說郛》本作黥，是。

麵糊盆

麵糊盆　麵糊桶

《救風塵》四【收尾】：「麵糊盆再休說生死交，風月所重諧燕鶯侶。」

《揚州夢》二【煞尾】：「早跳出這柳債花錢麵糊桶。」

《神奴兒》三【要孩兒】：「你可甚平生正直無私曲，我道您麵攪則是一盆糊。」

《村樂堂》四【喜江南】：「過來波包龍圖門中麵糊盆。」

麵糊盆，謂在盆中以麵粉和水調成漿糊，以喻人之糊塗、不明事理。又作麵糊盆、麵糊桶。盆、桶義近。京戲中有《一盆麵醬》語，義同此。

描筆（兒）

《西廂記》三本二折《四邊靜》白：「將描筆兒過來，我寫將去回他，著他下次休是這般。」

《兒女團圓》一【寄生草】白：「兀的不是翦鞋樣兒的紙，描花兒的筆？你快寫！不寫時我便尋死也！」

《神奴兒》一【寄生草】白：「我這裏有剪鞋樣兒的紙，描花兒的筆，都預備下了。」

《梧桐葉》二【滾繡毬】白：「我與你描筆兒，寫一首詩在上。」

描筆，指女子描花用的筆。依樣摹寫，俗語曰描。

廟算

《風雲會》三【醉太平】：「仰聽神策廟算，指示一二。」

《太平樂府》卷七曾瑞卿散套【青杏子‧騁懷】：「展放征旗任誰走，廟算神機必應口。」

廟算，謂廟堂之謀劃，指朝廷的重大決策。《孫子‧計篇》：「夫未戰而廟算勝者，得算多也；未戰而廟算不勝者，得算少也。」張預注：「古者興師命將，必致齋於廟，授以成算，然後遣之，故謂之廟算。」《商君書‧戰法》：「若其政出廟算者，將賢亦勝，將不如亦勝。」

乜斜（miē xié）

乜嬉

乜斜，一作乜嬉，主要意義有二：一、謂呆痴或糊塗；二、謂眼小成一縫或斜視。

（一）

《任風子》二、白：「俗能『能化一羅剎，莫度十乜斜』。」

《伊尹耕莘》三、白：「我是副將實英傑，臨敵對陣莫乜斜；若是輸了下的馬，跪下叫他方大爺。」

《樂府新聲》中無名氏小令【朱履曲】：「倒在我懷兒撒乜斜。」

乜斜，呆癡貌。冠以「放」字、「撒」字，即成為裝癡裝呆的意思，解做糊塗亦可。或作乜邪，如《牡丹亭·圓駕》：「我問你，鬼乜邪，人間私奔，自有條法。」或作乜些，並重言之，如《西遊記》第六十一回：「將身一變，變作一隻香獐，乜乜些些，在崖前吃草。」或作乜乜屑屑、乜乜趄趄，見《醒世姻緣》第四十三回，義並同。

（二）

《望江亭》三【禿廝兒】：「那廝也忒懵懂，玉山低趄，著鬼祟醉眼乜斜。」

《馬陵道》四【幺篇】：「急切難迭，腳趔趄眼乜斜，恰便似酒酣時節。」

《神奴兒》一【混江龍】：「見孩兒撒旖旎放嬌癡，心鬧吵，眼乜嬉，打阿老，痛傷悲。」

《雍熙樂府》卷二十小令【水仙花帶過折桂令·四景】：「靠銀牀倦眼乜斜，濕羅衣清淚淋漓。」

《樂府群珠》卷三劉庭信小令《折桂令·憶別》：「他那裏鞍兒馬兒身子兒劣怯，我這裏眉兒眼兒臉腦兒乜斜。」

同書卷四失註小令【普天樂·居】：「我見了撒地殢眼乜斜走在身邊跪，覷不的他那喬軀老，佯小心捉弄阿誰。」

上舉各例，眼睛因困倦眯成一條縫，或略微眯著眼睛斜視，叫做乜斜。汪價《儂雅》云：「眼小一縫曰買斜。」「買斜」即乜斜也。又作乜嬉，音近義同。乜與買，邪與嬉，均雙聲字，通用。

滅相

《雙赴夢》二【牧羊關】：「咱西蜀家威風，敢將東吳家滅相。」

《勘金環》楔【賞花時】：「瞞不過隣里眾街坊，您將他小看的來滅相，他星斗煥文章。」

《石榴園》二【牧羊關】：「頗奈那無端的曹丞相，將人來廝滅相，
　　不由我怒生嗔氣夯破我胸膛。」

　　滅相，佛家語，滅卻形相之謂。《法華經·化成喻品》：「如來說法，一相
一味，所謂解脫相、離相、滅相」，是也。元劇用爲輕視、藐視之意。

名目

　　名目：一、指名稱、名字；二、指名譽、名聲。

（一）

《劉知遠諸宮調》十二【仙呂調·繡帶兒】：「他又不通個名目，把
　　小李村圍住。」

《澠池會》三【塞鴻秋】：「五步內之間，霎時間頸血飛紅雨，大家
　　去史書中萬代標名目。」

《延安府》二【倘秀才】白：「撞見一箇倚勢的官人，說葛彪便是他
　　名目。」

　　凡事物名稱，皆稱名目，如：明·王九思套〔端正好〕《春遊》：「做一個
賞春名目，及有那幾般儿品饌非俗。」這裏是指人的名字。「通個名目」，即
通名道姓之意。

（二）

《李逵負荊》四【殿前歡】白：「好宋江！好魯智深！你怎麼假名冒
　　姓，壞我家的名目？」

《舉案齊眉》一【後庭花】：「父親阿你壞風俗，枉了你清廉名目。」

《飛刀對劍》二【快活三】：「特地來奪富貴爭名目。」

　　以上各例，是從名字轉爲名譽、名聲之意。《三國志·魏志·王粲傳》：
「同聲相應，才士並出，惟粲等六人，最見名目。」「最見名目」，謂名聲、
名譽最見稱於世也。《水滸》第四十三回：「李逵首：『只我便是眞黑旋風；
你從今以後休要壞了俺的名目。』」亦其例。

明良

《陳摶高臥》二【牧羊關】：「現如今際明良千載風雲，怎學的河上
　　仙翁，關門令尹？」

《圯橋進履》四、白：「扶持眞主立劉朝，曉夜孜孜不憚勞；明良際遇風雲會，青史英名萬古標。」

明良，謂賢明之君和忠良之臣，語本於《書・益稷》：「元首明哉！股肱良哉！庶事康哉！」《新唐書・房杜傳贊》：「君臣明良，志叶議從，相資以成，固千載之遇，蕭曹之勳，不足進焉。」《輟耕錄》卷二「切諫」條：「（元）太宗素嗜酒，晚年尤甚，日與大臣酣飲。耶律文正王數言之，不聽。一日，持酒槽之金口以進，曰：『此乃鐵耳，爲酒所蝕，尙致如此，況人之五臟，有不損邪？』上說（悅），賜以金帛。仍敕左右，日惟進酒三鍾而止。夫以王之切諫不已，而上終納之，可謂君明臣良者矣。」《京本通俗小說・拗相公》：「五葉明良致太平，相君何事苦紛更？」

明降（míng jiàng）

元刊《博望燒屯》三〔雙調新水令〕：「則今番成敗興亡，都沒半個時辰見明降。」

《生金閣》二【紫花兒序】：「哥哥，你有何明降？對老身至尾從頭，說短論長。」

《魔合羅》三【後庭花】：「我這裏自斟量：則俺那官人要個明降，這殺人的要見傷，做賊的要見臟，犯姦的要見雙。」

《㑇梅香》三【絡絲娘】：「罷不罷，休不休，乞個明降。」

《賺蒯通》四【鴛鴦煞】：「若是漢天子早把書明降，韓元帥免受人誣罔，可不的帶礪河山，盟言無恙？」

明降，謂明白的裁決、決定、指示、意旨。亦專稱皇帝的詔旨，如《賺蒯通》例。《清會典・辦理軍機處》：「諭行明降，既述，則下於內閣。」亦其例。

明堂

《周公攝政》一【那吒令】：「金聲鳴清廟鐘，玉振響明堂磬，血食列俎豆犧牲。」

同劇三【越調鬥鵪鶉】：「宗祀明堂，歌謠聖德。」

上舉各例，明堂指古代天子宣政的地方。《考工記》鄭注：「明堂，明政教之堂。」《孟子・梁惠王下》：「夫明堂者，王者之堂也。」《禮・明堂位》疏引《大戴記・盛德篇》云：「明堂者，自古有之，所以朝諸侯。」古樂府《木蘭辭》：「歸來見天子，天子坐明堂。」杜甫《石鼓歌》：「大開明堂受朝賀，諸侯佩劍鳴相磨。」皆其例。《任風子》一【金盞兒】：「這一箇明堂裏可早又翻背，這一箇嘴縫上中直拳。」此「明堂」指針灸的穴位。

明器

《曲江池》二【梁州第七】白：「今日有個大人家出殯，擺設明器，
好生齊整！」

明器，即冥器，指喪事中紙紮物，亦指隨葬器物（一般是用陶或木、石等製成）。《儀禮・既夕禮》：「陳明器於乘車之西。」注：「明器，藏器也。」《禮・檀弓上》：「孔子曰：之死而致死之，不仁，而不可爲也。之死而致生之，不知，而不可爲也。是故竹不成用，瓦不成味，木不成斲，琴瑟張而不平，竽笙備而不和，有鐘磬而無簨虡，其曰明器，神明之也。」注：「言神明死者也。神明者非人所知，故其器如此。」《後漢書・范丹傳》注：「《禮》，送死者衣曰明衣，器曰明器。」宋・趙彥衞《雲麓漫鈔》卷五：「古之明器，神明之也。今人以紙爲之，謂之冥器，錢曰冥財。冥之爲言，本於《漢武紀》：『用冥羊馬。』不若用『明』字爲近古。」

明丢丢

明颩颩

《梧桐雨》三【慶東原】：「明颩颩掣劍離匣。」

《燕青博魚》二【混江龍】：「我去那新紅盒子內，拏著這常占勝不占輸，只愁富不悉窮明丢丢的幾個頭錢問，我若是告一場響嚣，便是我半路裏落的這般勤。」

《生金閣》一【醉扶歸】白：「你不知道我那庫裏的好玩器，……光燦燦破璃盞，明丢丢水晶盤，那一件寶物是無有的？」

《虎頭牌》三【雙調新水令】：「你把那明丢丢劍鋒與我準備。」

《氣英布》一【油葫蘆】：「恰便似寒森森劍戟峰頭臥，恰便似明颮颮斧鉞叢中過。」

明丟丟，或作明颮颮：明亮的樣子。丟丟、颮颮，狀明亮的副詞。

明杖兒

《降桑椹》二【南青哥兒】：「〔糊突蟲云：〕把你這兩隻眼，挈尖刀子剜將下來，用一鍾熱酒喫將下去，你這婆婆就好了。〔蔡員外云：〕他便好了，我可怎麼了？〔糊突蟲云：〕你敢柱（拄）著明杖兒走。」

盲人用以探路的手杖，俗謂之明杖兒。《西遊記》第二十一回：「八戒笑道：『先生，你的明杖兒呢？』」《兒女英雄傳》第六回：「又像明杖兒拉著個瞎子。」俱其例。

酩子裏

瞑子裏（里）

酩（ming）子裏，又作瞑子裏。有暗地裏、昏沉沉、突然地、平白無故等義。

（一）

《董西廂》卷三【仙呂調·樂神令】：「煩惱身心怎按納？誦篤篤地酩子裏罵。」

《望江亭》三【馬鞍兒】：「酩子裏愁腸酩子裏焦，又不敢著旁人知道。」

《西廂記》二本三折【折桂令】：「淚眼偷淹，酩子裏揾濕香羅。」

《詞林摘艷》卷一無名氏小令【駐雲飛·閨麗】：「唗著名兒，瞑子里低低罵；一半兒真情，一半兒假。」

酩子裏，一作瞑子裏（里），意謂暗地裏、背地裏。宋·趙長卿【簇水】詞：「試擱就。便把我、得人意處，閔子裏、施纖手。」萬樹《詞律》注云：「閔子裏即酩子裏，乃暗地裏之謂也。」明·陳耀文《花草粹編》卷一無名氏【夢桃源】詞：「秀才冥子裏，鑾駕幸并汾；恰似鄭州去，出曹門。」宋·

張耒《明道雜志》云：「冥子裏，俗謂昏也。」曰冥，曰昏，都是幽暗之意，與暗地裏義通。

（二）

《董西廂》卷一【商調‧定風波】：「燒罷功德疏，百媚地鶯鶯不勝悲苦，似梨花帶春雨。老夫人哀聲不住。那君瑞醮臺兒旁立地不定，瞑子裏歸去。」

《西廂記》一本四折【鴛鴦煞】：「道場畢，諸僧散了，酩子裏各歸家，葫蘆提鬧到曉。」

上二例，意為昏昏沉沉、無精打彩。王季思注《西廂》謂「酩子裏與葫蘆提互文義近」，是。

（三）

《兒女團圓》四【梅花酒】：「想天公果無私，將人心暗窺視；沒揣的對付雄雌，酩子裏接上連枝。」

《殺狗勸夫》二【貨郎兒】：「他酩子裏紐回胭頸，沒揣的轉過身體。」

揣度曲意，並據「酩子裏」與「沒揣的」互文對照，當為突然之意。

（四）

《裴度還帶》四【喬牌兒】：「幾曾見酩子裏兩對門！你道是五百年宿緣分。」

《梧桐雨》三【太平令】：「怎的教酩子裏題名單罵，腦背後著武士金瓜。」

《曲江池》一【油葫蘆】：「他來到謝家莊，幾曾見桃面，酩子裏揣與些柳青錢。」

《秋胡戲妻》三【滿庭芳】：「他酩子裏丟抹娘一句，怎人模樣，做出這等不君子，待何如？」

玩上列諸例，「酩子裏」一詞，宜解為平白無故。綜合以上諸例，細分略有區別，總觀義仍相通，均從昏冥一義引申而來。

鳴珂（míng kē）

鳴珂巷

《謝天香》四【幺篇】白：「當日見足下留心於謝氏，姿意於鳴珂，耽耳目之玩，惰功名之志，是以老夫侃侃而言，使足下快快而別。」

《魯齋郎》四【折桂令】：「張孔目家世墳塋，須不是風月鳴珂。」

《金線池》一【寄生草】：「告辭了鳴珂巷，待嫁那韓輔臣。」

《玉壺春》二【牧羊關】：「誰想花柳亭，鳴珂巷，撞著你個嘴巴巴狠切的娘。」

《紫雲庭》三【石榴花】：「常記得玉鞭驕馬宴鳴珂，長安市少年他，似那鄰舟一聽惜蹉跎，聽一曲豔歌，細捲紅羅。」

同劇同折【四煞】：「這條衡州撞府的紅塵路，是俺娘剪徑截商的白草坡；兩隻手衝勞摸，恁逢著的瓦解，俺到處是鳴珂。」

《風光好》二【梁州第七】：「他則是慣受用玉堂金馬，不思量月戶雲窗，則他那古懺心，甚的喚做鳴珂巷。」

《灰闌記》一【仙呂點絳唇】：「誰承望我如今棄賤從良，拜辭了這鳴珂巷。」

古時貴族乘車，馬勒上懸掛的玉飾叫做珂。馬行時，珂撞擊發聲，謂之鳴珂。貴族們騎著這類粧飾的馬，到處遊蕩。又，唐代首都長安，有一條胡同叫鳴珂巷（也稱鳴珂里），住了很多妓女，後來人們就用「鳴珂」或「鳴珂巷」來作為冶遊場所的代稱。唐·白行簡《李娃傳》：「自平康東門入，將訪友於西南，至鳴珂里。」「鳴珂里」即「鳴珂巷」，「里」、「巷」二字此處意義相通，通用。

鳴榔（míng láng）

《張生煮海》一【那吒令】：「又不是採蓮女撥棹聲，又不是捕魚叟鳴榔動，驚的那夜眠人睡眼朦朧。」

《倩女離魂》二【小桃紅】：「我驀聽得馬嘶人語鬧喧譁，掩映在垂楊下。諕的我心頭丕丕那驚怕，原來是響璫璫鳴榔板捕魚蝦。」

《詞林摘艷》卷十鄭德輝散套【鬥鵪鶉・人去陽臺】：「我驀聽的馬嘶人語鬧喧譁，掩映在垂楊下。諕的我撲撲的小鹿兒心頭那驚怕，璫璫的鳴榔板捕魚鰕。」

《陽春白雪》前集三馬致遠小令【壽陽曲・漁村夕照】：「鳴榔罷，閃暮光，綠楊堤數聲漁唱。」

榔，指船後近舵的橫木。漁人選水深魚潛處，引舟環聚，以椎擊榔，聲如擊鼓，使魚驚伏入網，以便捕捉，謂之鳴榔。《京本通俗小說・碾玉觀音上》：「誰家稚子鳴榔板，驚起鴛鴦兩處飛」，是也。榔，亦作桹，如晉・潘岳《西征賦》云：「鳴桹厲響。」清・施閏章《矩齋雜記》謂江西饒州等處，皆用此法捕魚。又承友人見告，紹興也用鳴榔法捕魚：漁人坐小舟後部，划槳下網；船前部坐一小孩，手持尺餘長木棒敲擊船弦，使魚受驚入網。這種木棒叫做「榔」。與船上橫木之說稍異，並存備參。

麼（mó）

末　波　每

麼，又作末、沒、波；用作指示、形容或疑問詞。

（一）

《董西廂》卷三【高平調・木蘭花】：「那法師，忙賀喜，道：『那每殷勤的請你，待對面商議。』」

《敬德不伏老》三【金蕉葉】白：「這每一扶上俺到陣前。」

脈望館鈔校本《任風子》一【天下樂】：「俺守著麼合羅波好兒天可憐。」

張可久小令【寨兒令・閨思】：「喋末聲離繡牀，躡著腳步迴廊，娘！何處也畫眉郎？」

以上「每」、「波」、「末」，音近義同「麼」，猶這麼、那麼，或可視為這麼、那麼之省文。兼有指示和估量詞的性質。此用法唐宋已見之，例如：倫敦不列顛博物院藏《目蓮救母變文》：「早知到沒艱辛地，悔不生時作福田。」又云：「慈親到沒艱辛地，魂魄於時早已消。」沒，亦同麼，「沒艱辛地」，謂這樣艱辛地也。黃庭堅【南鄉子】詞：「招喚欲千回，暫得尊前笑口開，

萬水千山還麼去。悠哉！酒面黃花欲醉誰？」「還麼去」，謂還那麼遠的去也。可參閱「每」字條（三）。

（二）

《謝天香》二【梁州第七】：「想著俺用時不當，不作周方，兀的喚是（甚）麼牽腸？想俺那去了的才郎。」

《誶范叔》一【金盞兒】：「〔驄衍云：〕住者！你慌做甚麼？大寶家釀著酒哩！」

《霍光鬼諫》二【上小樓】：「量這廝有甚末高識遠見？怎消的就都堂戶封八縣？」

《黃鶴樓》三【雙調新水令】白：「我認的你，有些面熟，你敢是魚兒張麼？」

《黃花峪》一【南駐雲飛】白：「他姑娘肯叫我三聲義男兒末？」

《陳州糶米》三【梁州第七】白：「姐姐，若與我見一見兒，消災滅罪，可也好麼？」

上舉「麼」、「末」，均用為疑問詞。或又作「莫」，如《張協狀元》戲文：「〔丑：〕甚莫時？〔生：〕子時。」或又作「沒」，如《水滸》第二十四回：「注子裏有酒沒？」按麼、末、莫、沒，均音義同而形異。關於這種隨聲取字的情況，張相在《詩詞曲語詞匯釋》卷三中，從唐、五代的作品舉出很多例子，然後總結道：「則知唐五代時，隨聲取字，麼、磨、摩皆假其聲為之，尚未劃一，似至宋以還始專用麼字。」

摩弄（mó nòng）

摩弄，有撫摩玩弄、調哄、折磨等義。

（一）

《硃砂擔》三【倘秀才】：「摩弄的這玉帶上精光燦爛，拂綽了羅襴上衣紋可便直坦。」

《雍熙樂府》散套【一枝花·玄宗捫乳】：「不宜將手摩弄，脣吻也堪鳴。」

上舉「摩弄」，意為撫摩玩弄。

（二）

《西廂記》三本三折【甜水令】：「他是箇女孩兒家，你索將性兒溫存，話兒摩弄，意兒謙洽，休猜做敗柳殘花。」

《張生煮海》一【青哥兒】：「甜話兒將人摩弄，笑臉兒把咱把咱陪奉。」

上舉「摩弄」，猶調哄，曲意奉承之意。

（三）

《昊天塔》一【青歌兒】：「哎！他將我這屍骸恁般摩弄，因此上向兒行一星星悲控。」

摩弄在這裏意爲捉弄、折磨。明・張旭《吳騷合編》南呂載失名散套【羅江怨】：「天不憐人，一任你摩弄」，語意正同。

（四）

《西廂記》二本四折【拙魯速】：「則見他走將來氣沖沖，怎不教人恨匆匆，諕得人來怕恐。女孩兒家直恁響喉嚨，緊摩弄；索將他攔縱，則恐怕夫人行把我來廝葬送。」

王季思注《西廂》云：「摩弄，蓋磨聾之假音。緊摩弄，承上文『直恁響喉嚨』言也。」視上下文曲意，是。吳曉鈴解爲「磨蹭、拖延」，似未安。

磨陀

磨跎　磨佗　磨馳　摩酡

《魯齋郎》四【梅花酒】：「我這裏自磨陀，飲香醪，醉顏酡，拚沉睡在松蘿。」

《竹葉舟》四【正宮端正好】：「俺不去北溟遊，俺不去東山臥，得磨跎且磨跎。」

《藍采和》三【滾繡毬】白：「遇飲酒時須飲酒，得磨跎處且磨跎。」

《樂府群珠》卷四失註小令【迎仙客・十二月】：「得磨佗，且快活，世事從他。」

同書卷三張小山小令【折桂令・讀史有感】：「故紙上前賢坎坷，醉鄉中壯士磨馳，富貴由他。謾想廉頗，誰劾蕭何？」

又同書卷三汪元亨小令【折桂令・臨川佚老】：「醉裏摩酡，醒後吟哦，不取輕肥，免見干戈。」

磨陀（mó tuó），悠然自得、逍遙自在之意。又作磨跎、磨佗、磨馳、摩酡，音義同。

磨滅

磨滅：一、謂磨折、欺壓；二、謂消滅、消失；三、謂磨練。

（一）

《董西廂》卷一【正宮應天長】：「處置不下閑煩惱，磨滅了舊精神。」

《望江亭》三【收尾】：「從今不受人磨滅，穩情取好夫妻百年喜悅。」

《西廂記》四本四折【攬箏琶】：「則離得半箇日頭，卻早又寬掩過翠裙三、四褶，誰曾經這般磨滅？」

《陳州糶米》一、白：「罷，罷，罷！也是俺這百姓的命該受這般磨滅！」

上舉「磨滅」各例，意為折磨、欺壓。《白兔記》十九：「有一個婦人跣足蓬頭，問起根由，卻被哥嫂磨滅。」明人雜劇《花前一笑》五折：「都則為有情人受盡磨滅。」皆其例。或作糜滅。如曹植《吁嗟篇》：「糜滅豈不痛，願與株荄連。」

（二）

《劉知遠諸宮調》一【黃鍾宮・尾】：「樂極悲來也凋厥，這好事果然磨滅。」

上舉「磨滅」例，意謂消滅、消失。司馬遷《報任少卿書》：「古者富貴而名磨滅，不可勝紀，唯倜儻非常之人稱焉。」江淹《雜體詩》：「身名竟誰辨，圖史終磨滅。」唐・劉禹錫《洛中寺北樓見賀監草書題詩》：「惟恐塵埃轉磨滅，再三珍重囑山僧。」敦煌變文《伍子胥變文乙》：「磨滅楚軍，狀熱湯撥（潑）雪。」

（三）

《任風子》二【煞尾】詞云：「任屠，不是我故意的磨滅經年，也只為脩仙事全要精專，待他時有一日功成行滿，纔許你離塵世證果朝元。」

上舉「磨滅」例，意謂磨練，猶今云鍛鍊。磨滅經年，謂經年鍛鍊也。

磨旗

摩旗　旗磨

磨旗：一、謂揮動旗幟；二、指磨片、擂石之類的東西。

（一）

《竇娥冤》三：「〔劊子磨旗、提刀、押正旦帶枷上，劊子云：〕行
動些，行動些，監斬官去法場上多時了。」

《倩女離魂》三【尾煞】：「並不聞琴邊續斷絃，倒做了山間滾磨旗。」

《追韓信》四【三煞】：「臣教樊噲去山尖頂上磨旗作軍中眼目，看
陣勢調遣軍人。」

《西遊記》二本六齣【梅花酒】：「那的他喚做甚傀儡，黑墨線兒提
著紅白粉兒，粧著人樣的東西。颼颼胡哨起，鼙鼙地鼓聲催。一箇
摩著大旗，他坐著吃堂食，我立著看筵席。」

同書五本第十九齣【古鮑老】：「狂旗磨，戰鼓敲，妖兵和。」

磨旗，謂揮動旗幟。有時是為表示某種號令，宋・趙與褱《辛巳泣蘄
錄》：「稱有急腳於東門磨旗為號」，是也。有時在官員出行時，為壯聲威，
前面有人揮旗開道。孟元老《東京夢華錄》卷七「駕登寶津樓諸軍呈百戲」
條云：「先一人空手出馬，謂之引馬，次一人磨旗出馬，謂之開道旗」，是
也。磨旗，或作摩旗，或倒作旗磨，義並同。

（二）

《殺狗勸夫》二【滾繡毬】：「有那等富漢每，他道是壓瘴氣，下的
是國家祥瑞；怎知俺窮漢每少食無衣，我則見滿天裏飛磨旗，半空
裏下砲石，俺須是死無個葬身之地。」

上舉「磨旗」例，是比擬磨片、擂石之類可以致死的東西，形容降雪對
於窮漢生命的威脅。

魔合羅

磨合羅　麼合羅　摩合羅　摩訶羅　摩訶囉

《忍字記》三、白：「花朵兒渾家不打緊，有魔合羅般一雙男女，知
他在那裏。」

《調風月》一【天下樂】：「和哥哥外名，燕燕也記得眞，喚做磨合羅小舍人。」

《鐵拐李》二【煞尾】：「花朵般渾家不能勾戀，魔合羅孩兒不能勾見，半世團圓分福淺，則俺這三口兒相逢路兒遠。」

《魔合羅》一【賺煞】白：「則今日往城裏賣魔合羅，就與李德昌寄信走一遭去。」

《西遊記》五本十九齣【滾繡毬】白：「小鬼，對您公主説，大唐三藏摩合羅俊徒弟孫悟空來求見。」

脈望館鈔校本《任風子》一【天下樂】：「俺守著麼合羅波好兒天可憐。」

《雍熙樂府》卷二散套【端正好·詠情】：「將一個摩訶羅臉兒消磨盡。」

《詞林摘艷》卷七杜善夫散套【集賢賓·暑纔消大火即漸西】：「今宵兩星相會期，正乞巧投機，沉李浮瓜鋪饌美，把幾箇摩訶囉兒擺起。齊拜禮，端的是塑得來可嬉。」

魔合羅，梵語音譯。本是佛經中神名，傳自西域。宋元時習俗，用土、木雕塑成小孩的形狀，加飾衣，「七夕」供養，稱做魔合羅，後來成爲小孩的玩具；引申爲漂亮可愛之意。《醉翁談錄》云：「京師七夕，多搏泥孩兒，端正細膩，京語謂之摩睺羅。大小甚不一，價亦不廉。或加飾男女衣服，有及於華侈者，南人目爲巧兒。」宋·孟元老《東京夢華錄》卷八「七夕」條：「皆賣磨喝樂，乃小型土偶耳。」末注云：「磨喝樂，本佛經摩睺羅，今通俗而書之。」宋·祝穆《方輿勝紀》謂：「平江府土人，工於泥塑，所造摩睺羅尤爲精巧。」宋·吳自牧《夢梁錄》卷四謂：「內庭與貴宅，皆塑賣磨喝樂，又名摩睺羅孩兒，悉以土木雕塑。」從上述記載，可見宋代雕塑魔合羅，蔚爲一時風尚。又作磨合羅、麼合羅、摩合羅、摩訶羅、摩訶囉，音近通用。

饃饃（mó）

磨磨　饝饝　餑餑　波波

《黃粱夢》四【倘秀才】：「他懷裏又沒點點，與孩兒每討餑餑。」

《酷寒亭》二【小桃紅】白：「你兩個且起去，揩了眼淚，我買饃饃你吃。」

《隔江鬥智》三【醋葫蘆】白：「我們荊州一個低錢買箇大饝饝。」

　　《馮玉蘭》一【混江龍】白：「等我買幾個波波來吃咱。」

　　《詞林摘豔》卷一劉庭信小令【醉太平·憶舊】：「白肉面番做了糠
　　磨磨，軟羊羹變做了薑和和。」

　　饆饠，即饃饃，是一種麵粉做的乾糧，即饅頭之類。又作磨磨、饝饝
（mó）、鏺鏺（bō）、波波。清·翟灝《通俗編·飲食》：「《升菴外集》：饆
饠，今北人呼爲波波，南人謂之磨磨。按：波，當饆饠二字反切。或云：盧
仝詩：『添丁郎小小，餔餔不得喫。』餔餔，猶今云波波。或云：本爲餑餑，
北音讀入爲平，謂之波波，皆未確。磨磨之磨，據《集韻》作饝，又一作饆。」
《畿輔通志·方言》：「波即畢羅之合聲，波、磨，疊韻字，故或呼爲磨磨，
今順天人稱波波，畿南人稱磨磨。」現在仍有些地方把饅頭叫饃饃，有些地
方叫波波，一般寫作餑餑。

抹媚（mǒ mèi）

狐媚　狐魅

　　《西廂記》三本一折【天下樂】：「他害的有些抹媚，我遭著沒三思，
　　一納頭安排著憔悴死。」

　　《風光好》二、白：「太守著我今夜狐媚他呵，便得賞賜；狐媚不的
　　呵，便加罪責。」

　　《莊周夢》三【滾繡毬】：「怎禁他狐魅精靈潑鬼頭。」

　　《陽春白雪》後集三無名氏散套【一枝花·梁州】：「被個老妖精狐
　　媚了唐三藏。」

　　《太平樂府》卷二馬東籬小令【慶東原·歎世】：「跨才智曹孟德，
　　分香賈履純狐媚。」（賈應作賣；「分香賣履」，見魏武帝遺令。）

　　抹媚，意謂迷惑、迷罔、迷戀。又作狐媚、狐魅。《雍熙樂府》錄《西
廂》此句作魔媚。王季思注《西廂》，認爲抹媚即狐媚。他考證說：「《雍熙
樂府》錄此曲作『魔媚』，甚是。媚亦魔魅意。《晉書·石勒載記》：『大丈夫
行事當磊磊落落，如日月皎然，終不能如曹孟德、司馬仲達，欺他寡婦孤兒，
狐媚以取天下也。』凡前人文中狐媚字及唐人小說中言狐鬼媚人，如《宣室
志》記王御史爲狐媚病而卒，《廣異記》記韋參軍母患狐媚，《辨疑志》記蕭
穎士叱『死野狐敢媚蕭穎士』：並當作魔媚解，非謂其嫵媚或諂媚也。」是。

抹貼（mǒ tiē）

《詞林摘艷》卷一劉庭信小令【折桂令・憶別】：「情極處俊句兒將人抹貼，興闌也巧舌頭生出些枝節。」（亦見於《樂府群珠》卷三及《元人小令集》。）

抹貼，謂說話討人喜歡，意近「哄（hǒng）」。

抹搭（mǒ dā）

《倩女離魂》二【拙魯速】：「休想我半星兒意差，一分兒抹搭。我情願舉案齊眉傍書榻，任粗糲淡薄生涯。」

抹搭，謂精神不貫注、怠慢。朱居易解爲「變心」（見《元劇俗語方言例釋》），意亦近。

抹芒頭

打芒頭　落芒頭

《獨角牛》一【尾聲】：「哎，你箇折拆驢的叔叔免憂，你則是滿口裏薰豁獨角牛，則今番我直著抹了那廝芒頭。」

同劇二、白：「我則怕那廝打了我芒頭。」

《桃花女》一【賺煞】：「伯伯也，蚤諕的你顫篤籤魂魄悠悠，那其間你可便休落了芒頭，要記的語句兒滑熟。」

《鎖魔鏡》三【調笑令】：「嗒兩箇橫鎗躍馬且交半籌，敢則一陣裏抹了芒頭。」

禾本科植物如稻、麥等子實外殼的頂端針狀物，叫做芒。芒頭，謂鋒芒，比喻銳氣。「抹芒頭」、「打芒頭」、「落芒頭」，都是挫傷銳氣之意。抹，讀上聲，意謂除掉。

末尼

《東堂老》四：〔小末尼做入報科，……〕

《藍采和》一【天下樂】白：「有那遠方來看的見了呵，傳出去說，梁園棚勾欄裏末尼藍采和做場哩。」

同劇一【那吒令】白：「我遊遍天下，不曾見你這個末尼。」

《太平樂府》卷九高安道散套【哨遍‧嗓淡行院】：「末尼引戲的衝勞嗽。」

末尼，爲古劇一種腳色名，多扮演老年男人；本名末，或謂之末尼。宋‧孟元老《東京夢華錄》卷二十「伎樂」條云：「且謂雜劇中末尼爲長，每場四人或五人。……末尼色主張，引戲色分付，副淨色發喬，副末色打諢，或添一人名曰裝孤。」明‧朱權《太和正音譜》云：「當場男子謂之末。末，指事也，俗謂之末尼。」考「末」之爲稱，據《莊嶽猥談》說：「末」是宋元人市語卑末、小末的省稱。再據敦煌變文《伍子胥變文》：「不耻下末愚夫，願請具陳心事。」可見「末」作爲卑稱，唐代已有。馬令《南唐書‧歸明傳》云：「入末念酸，以爲笑樂。」則是把「末」作爲角色名稱。末尼，或作末泥，例如：戲文《錯立身》十二【鬼三台】：「要扮宰相做《伊尹扶湯》，學子弟做《螺螄末泥》。」明人雜劇《香囊怨》一：「自家姓劉，是這汴梁樂人院裏一箇出名的末泥。」均其例。

末浪

《貨郎旦》二【沽美酒】：「逞末浪不即留，只管裏賣風流。」

末浪，鹵莽之意，猶孟浪。末、孟，雙聲通假。《莊子‧齊物論》：「夫子以爲孟浪之言，而我以爲妙道之行也。」《釋文》：「向云：『孟浪，音漫瀾，無所趣舍之謂。』」《水經‧濡水注》：「殊爲孟浪，遠失事實。」《魏書‧張普惠傳》：「臣學不經遠，言多孟浪。」左思《吳都賦》：「孟浪之遺言。」注：「劉曰：孟浪，猶莫絡，不委細之意。」《書言故事‧惡性類》：「作事輕率曰孟浪。」章太炎《新方言‧釋言》：「李頤云：孟浪，猶較略也。《吳都賦》劉逵注：孟浪，猶莫絡，不委細之意。」總括以上所言，凡較略、鄙野、莫絡、不精要、不委細、無所趣舍、作事輕率，等等，皆鹵莽之謂也。《董西廂》卷二作「猛浪」，義同。

沒（mò）奈何

《董西廂》卷五【高平令‧糖多令】：「舊恨怎消磨？新愁沒奈何！」

《留鞋記》二【滾繡毬】：「淺淺的勻粉腮，淡淡的掃眉黛，不梳粧又則怕母親疑怪，沒奈何雲鬢上斜插金釵。」

同劇三【滿庭芳】：「〔嘆云：〕罷，罷！〔唱：〕沒奈何招了罷，我則索從頭兒認下，禁不的這吊拷與綳扒。」

沒奈何，猶言無奈，謂無可如何也。清・褚人穫《堅瓠集》：「張循、王俊家多銀，每千兩鑄一毬，目爲沒奈何，蓋謂不能動用，無可奈何也。」後來亦用爲銀餅的代稱，如《聊齋志異・仇大娘》：「銀成沒奈何」。

抹胸（mò xiōng）

《醉寫赤壁賦》三：「〔外扮梢公上，嘲歌：〕兩管鼻涕拖一桶，污阿姐如乾□抹胸。」

抹胸，指胸間小衣，又名袜胸、抹肚，俗謂之兜肚。《清稗類鈔・服飾類》：「抹胸，胸間小衣也，一名袜腹，又名袜肚，以尺方之布爲之，緊束前胸，以防風之內侵者，俗謂之兜肚。」《警世通言・萬秀娘仇報山亭兒》：「就身上解下抹胸。」《京本通俗小說・西山一窟鬼》：「側首從抹胸裏取出一個帖子來。」福建人又稱之爲襴君，初刻《拍案驚奇・西山觀設籙度亡魂》：「小娘子提起了襴裙。」蓋是福建人叫女子抹胸做襴裙。皆其例。

抹鄰（隣）（mò lín）

母驎　　母鱗

《哭存孝》一、白：「米罕整斤吞抹鄰不會騎。」

《射柳捶丸》三、白：「我騎一匹撒因的抹鄰，眾小番都騎癩象。」

《岳飛精忠》楔【賞花時】白：「老子也！我則成不的。盧劈一刀，撥回抹鄰，跑，跑，跑！」

《破天陣》一、白：「論俺番將，不好步走，則騎抹隣。」

《盛世新聲》【中呂粉蝶兒・鷹犬從來無價】：「將母鱗疾快拴。」

明・火源潔《華夷譯語・鳥獸門》謂馬曰「抹鄰」。抹隣（隣）、母驎（見《流星馬》三、白：「莽古歹將母驎催動。」）、母鱗，都是譯音時的不同用字。

抹額（mò é）

《三奪槊》二【哭皇天】：「來日你若那鐵幞頭紅抹額，烏油甲皀羅
袍，敢教你就鞍心裏驚倒。」

《三戰呂布》三、白：「紫金冠，分三叉；紅抹額，茜紅霞；絳袍似
烈火，霧鎖繡團花。」

《小尉遲》二【醉春風】：「我與你忙上鐵幞頭，緊拴了紅抹額。」

抹額，亦作抹頭，爲束額之巾。抹者，附著之意，猶胸巾之稱抹胸。《新
唐書·婁師德傳》：「後募猛士討吐番，乃自奮，戴紅抹額來應詔。」《清平山
堂話本·西湖三塔記》：「皀羅袍打嵌團花，紅抹額肖（銷）金蟲虎。」可見
唐、宋已有此服飾。

磨扞兒

磨杆兒

《樂府群珠》卷一失註【快活三帶過朝天子·題情】：「修文詞，攻
武略，把錦套頭放著，將磨扞兒撇卻，教有力的姨夫鬧。」

《詞林摘艷》卷一張鳴善小令【普天樂·詠世】：「磨杆兒湯著折，
砲架兒實難拽，柳寵花嬌恩情熱，識破也便是英傑。」

磨扞兒，即磨杆兒，舊時風月場中喻嫖客之詞；扞應作杆，即「桿」字。

磨博士

《來生債》一【幺篇】：「〔淨扮磨博士上，打羅，唱科，云：〕牛兒
你不走，我就打下來了。」

同劇同折：「〔行錢云：〕兀那羅和，你出來，爹喚你哩。〔磨博士
云：〕來也，來也，誰喚羅和哩？」

博士，本官名，起源於戰國。《史記·循吏列傳》：「公儀休者，魯博士
也。以高弟爲魯相。」《漢書·百官公卿表上》：「博士，秦官，掌通古今。」
又我國古代專精一藝者，亦稱博士，如晉有律學博士，唐有醫學博士、算學
博士，等等。但自唐末、五代以來，官爵泛濫，鬻官賣爵之風甚盛，人人以
官名相稱爲榮，因之博士就成爲從事某種職業者的稱號，如賣茶的稱茶博
士、賣酒的稱酒博士、推磨工稱爲磨博士，等等。孟元老《東京夢華錄》卷

二「飲食果子」條：「凡店內賣下酒厨子，謂之茶飯量酒博士。」參見「茶博士」條。

磨扇墜著手

《東堂老》一、白：「說的是。當要一千錠，只要五百錠；當要五百錠，則要二百五十錠；人都搶著買，可不磨扇墜著手哩。」

磨扇墜手，是比喻手上帶著沉重的東西，不靈便。北語呼磨、門、籠扉，都用扇作量詞，如說一扇磨、一扇門、幾扇籠扉，所以磨扇，就是一扇磨。今北語尚有此說法。

驀（mò）

邁　抹　驀的　默忽　沒忽的

驀，又作邁、抹、驀的、默忽、沒忽的；有跨越、忽然等意。

（一）

《竇娥冤》一、白：「驀過牆頭，轉過屋角，早來到他家門首。」

《張天師》四【梅花酒】：「淹的呵下瑤階，將兩步做一步驀。」

《李逵負荊》三【浪裏來煞】白：「到晚間，等他睡了，我悄悄驀上梁山，報與宋公明知道，搭救李逵，有何不可。」

《抱粧盒》二【賀新郎】：「恰便似狗探湯不敢望前邁，纔動腳如臨追命府，行一步似上攝魂臺。」

《爭報恩》二【石榴花】：「見一個碑亭般大漢，將這門桯來驀。」

元本《琵琶記》二十四【臨江仙】白：「穿長街，抹短巷。」

驀，又作邁、抹，雙聲通用，跨過的意思。宋·洪邁《容齋隨筆》卷六「帶職人轉官」條：「後省有言，不應驀三級。」亦可爲證。作跨過解者，於唐詩、敦煌變文中已見：如李賀《送沈亞之歌》：「煙底驀波乘一葉」；《伍子胥變文乙》：「登山驀嶺，渡水尋山」是也。「邁」字今口語中仍通用。

（二）

《黃粱夢》三【初問口】：「古木林中，驀聽的山猿叫。」

《薛仁貴》三【上小樓】:「驀聽的人言馬嘶，威風也那猛勢，諕的我戰戰兢兢，慌慌張張。」

《㑇梅香》一【幺篇】:「聽！呀的門扃，似擦的人行，驀的聞聲，魆的潛行，猛的凝睛，漸漸零零，煞的風清，卻元來群花弄影，他將我來諕一驚。」

《詞林摘艷》卷二【商調恨更長·這悶懷和誰論】:「默忽兩下鸞鳳分，憶著他空成疾病。」

同書卷一劉庭信小令【寨兒令·戒漂蕩】:「沒忽的得些空閑，荒撇下風月擔兒赳。」

　　驀，謂突然、忽然，用爲動作副詞。辛棄疾【青玉案·元夕】詞:「眾裏尋它千百度。驀然回首，那人卻在，燈火闌珊處。」宋·無名氏《題壁》詩:「一團茅草亂蓬蓬，驀地燒天驀地空。」「驀地」，猶驀的;或又作默忽、沒忽的，意並同。此外還作陌、陌地、驀忽、驀忽地，例如:《劉知遠諸宮調》十一:「陌聽高呼如雷響。」同書十二:「三娘陌地聞此語，陡把龐兒變。」《小孫屠》戲文:「誰信道得中途，驀忽娘傾棄。」《幽閨記》七:「驀忽地怕有便人，寄取一封平安書信。」按陌、默、沒與驀，均雙聲通假字。

某矣

《趙氏孤兒》楔、白:「俺主靈公在位，文武千員，其信任的只有一文一武。文者是趙盾，武者即某矣。」

《老君堂》四【掛玉鉤】白:「程咬金追某至老君堂，此人當時盡忠於魏王，未識某矣，今來投唐，某肯念其前讎?」

《千里獨行》二:「〔關末上云:〕某矣雲長，自到許都，見了聖人，封某爲漢壽亭侯之職。」

同劇四【喜江南】:「〔蔡陽上云:〕某矣蔡陽，來到這古城也，眾軍擺開陣勢者！」

　　某矣，自稱之詞，猶如自稱某;我的意思。又作某以，如明人雜劇《伐晉興齊》二折:「監軍，某以先行，軍情事重，不可遲悮。」

母兒

《玉壺春》二、白：「琴童，你那裏知道？……做子弟的有十個母兒：
一、家門；二、生像；三、吐談；四、串杖；五、溫和；六、省傍；
七、博覽；八、歌唱；九、枕席；十、伴當。」

母兒，猶模兒，意謂資格、條件。《西遊記》第八十六回：「又拔一根毫
毛，依母兒做了，拋在他臉上，鑽於鼻孔內。」這裏的「母兒」，謂樣子。「依
母兒做了」，即照樣子辦了。

母貓兒

《詞林摘艷》卷一劉庭信小令【折桂令·憶別】：「見一箇母貓兒早
引了魂靈，見一箇玉天仙敢軟下腰截。」

母貓兒，指妓女。

姆姆

嬤姆

姆姆：一、猶孃孃；二、指弟婦對兄婦的稱謂。

（一）

明鈔本《四春園》二【四塊玉】：「〔（正旦）叫科，云：〕姆姆！〔姆
姆上，云：〕姐姐，你叫我怎麼？〔正旦云：〕您孩兒不瞞姆姆說，
我在後花園中見李慶安來，我道因何不來娶我？他道，他家無了錢
也。……不知甚麼人殺了梅香，似此怎了也！〔姆姆云：〕不干別
人事，這就是李慶安殺了咱家梅香來。〔正旦云：〕姆姆，敢不是
麼？〔姆姆云：〕不是他可是誰？」

同劇二【採茶歌】：「〔姆姆云：〕此一椿事不敢隱諱，我叫將老員外
來。……〔正旦云：〕姆姆，你看這刀子，則怕不是他麼？〔姆姆
云：〕可怎生便知不是他？」

上舉「姆姆」，古名家本、顧曲齋本並作「孃孃」，同媽媽。今吳方言仍
稱母親爲姆媽。

（二）

《鐵拐李》二【叨叨令】白：「著嬤子勸道：『姆姆，俺伯伯是人面上的人，你要愛惜行止。』」

《西遊記》四本第十三齣【混江龍】：「怕的是梅香撒訛，虧殺俺嬤姆包含。」

宋元習俗，妯娌之間，兄婦呼弟婦作嬤嬤，弟婦呼兄婦曰母母；原是照著自己孩兒的口吻稱呼對方。後來把母母加了女字旁，寫作姆姆。《清平山堂話本・快嘴李翠蓮記》：「人家又大，伯伯、姆姆，手下許多人，如何是好！」《水滸》第四十九回：「原來卻是樂和舅，可知尊嚴和姆姆一般模樣。」皆其例。姆姆，一作嬤姆，義同。

木客

《西遊記》三本九齣【混江龍】：「執壺的是木客，把酒的是山魈。」

同劇三本十齣、白：「木客、山魈總納降。」

同劇四本十六齣【紫花兒序】：「木客潛藏，木獸拳攣。」

《輟耕錄》卷十七錢霖散套【般涉調・哨遍】：「山魈木客相呼喚，寡宿孤辰廝趁逐。」

木客，舊時對山中怪物的稱呼，如：山精、山魈、山臊之類。晉・鄧德明《南康記》：「山間有木客，形骸皆人也，但鳥爪耳，巢於高樹，一名山精。」蘇軾《虔州八境》詩：「山中木客解吟人。」《牡丹亭・尋夢》：「這荒園塹，怕花妖木客尋常見。」皆其例。

木驢

《竇娥冤》四【鴛鴦煞尾】白：「合擬凌遲，押付市曹中，釘上木驢，剮一百二十刀處死。」

《生金閣》二【幺篇】：「多不到半月時光，餐刀刃親赴雲陽，高杆首吊脊梁，木驢上碎分張，渾身的害麼娘椀大血疔瘡。」

《秋胡戲妻》三【三煞】：「搜我一搜，我著你十字街頭便上木驢。」

《趙氏孤兒》五【笑和尚】白：「令人與我將這賊釘上木驢，細細的剮上三千刀。」

木驢，是封建時代一種狀似驢形的木製刑具，執行剐（guǎ）刑時，先將受刑者綁縛其上，游街示眾。陸游《南唐書·胡則傳》：「即舁置木驢上，將磔之，俄死，腰斬其屍以狗。」

木乳餅

《漁樵記》三【滿庭芳】：「道你是個木乳餅，錢親也那口緊。」

餅，疑「瓶」之訛。木乳餅（瓶），蓄錢之具，據劇意，或是「撲滿」之別名。待考。漢·劉歆《西京雜記》五：「鄒長倩《遺公孫弘書》曰：『撲滿者，以土為器，以蓄錢，有入竅而無出竅，滿則撲之。』」清·褚人獲《堅瓠集》：「撲滿，即今小兒積受罐，以土為之，畜錢之具，可入不可出，滿則撲之。」

木貓兒

《太平樂府》卷九杜善夫散套【般涉調耍孩兒·喻情】：「木貓兒守窟瞧他甚？泥狗兒看家守甚黑？」

木貓兒，捕鼠器。元·陳櫟《木貓賦》：「惟木貓之為器兮，非有取於象形；投機械以得鼠兮，配貓功而借名。」清·翟灝《通俗編·獸畜·木貓》：「按：今仍呼木作鼠弶為木貓。」弶，讀「降（jiàng）」，捕捉鳥獸的工具。

目下

目今

《董西廂》卷六【大石調·玉翼蟬】：「小生目下身居貧賤。」

《單刀會》四【慶東原】：「有意說孫、劉，你休目下翻成吳越。」

《遇上皇》一【遊四門】：「目下申文書難回向，眼見的一身亡。」

《老君堂》三【出隊子】白：「陣前蕭銑大開言，單搦秦王雙戰鬥，今朝目下定江山。」

《豫讓吞炭》三【紫花兒序】白：「你是甚人？來我宮中何幹？若不實說，目下身亡。」

《符金錠》楔、白：「目今百花開放，聖人命著傾城士戶，都來園內賞翫花木。」

目下，猶云眼下、如今、現在。《三國志·魏志·程昱傳》：「至使尹模公於目下肆其奸慝。」同書《王基傳》：「基曰：『淮南之逆，非吏民思亂也，儉等誑脅迫懼，畏目下之戮，是以尙群聚耳。』」《晉書·曹志傳》：「嘉曰：『兄議甚切，百年之後必書晉史，目下將見責邪。』」敦煌變文《維摩詰經菩薩品變文甲》：「若論目下別何方，吾且新辭道場內。」朱熹、呂祖謙《近思錄·治法》：「古人慮遠，目下雖似相疎，其實如此，乃能久相親。」《清平山堂話本·快嘴李翠蓮記》：「目下天色且是涼，便放五日也不妨。」

目下，或作目今、目即，意同。

慕古
暮古

《董西廂》卷一【般涉調·太平賺】：「休慕古，人生百歲如朝露！」

同書卷一【大石調·伊州滾】：「忒昏沉，忒篢魯，沒掂三，沒思慮，可來慕古。」

同書卷四【中呂調·鶻打兔】：「暢忒昏沉，忒慕古，忒猖狂。」

《蝴蝶夢》二【黃鍾尾】：「包龍圖往常斷事曾著數，今日爲官忒慕古。」

《五侯宴》一【尾聲】：「恁時節，老人家暮古，與人家重生活難做。」

《李逵負荊》三【雙鴈兒】詩云：「堪笑山兒忒慕古，無事空將頭共睹。」

慕古，本意爲古板、拘謹，引申作糊塗之意。元·李冶《敬齋古今註》說：「今人以不達權變者爲慕古，蓋謂古而不今也。」「古而不今」的人，往往是糊塗的。一說：金元人讀古、胡同音（見、曉兩紐字常通轉），正如「骨剌剌」讀如「忽剌剌」一樣，慕古，即模糊不清之意，也就是糊塗。又作暮古，音義同。其中《李逵負荊》例，亦可解爲莽撞。

拿

《梧桐雨》三【攪箏琶】：「總便有萬千不是，看寡人也合饒過他，一地胡拿。」

《存孝打虎》三【幺】：「我從來劣性難拿，正惱犯如何收煞？」

《太平樂府》卷一盧疎齋小令【蟾宮曲‧詠別】：「空恁底狐靈笑耍，劣心腸作弄難拿。」

以上「拿」字，用作動詞，應付的意思。「胡拿」，謂胡對付、胡鬧、胡來；「難拿」，謂難對付。與「奈」音近義同。黃庭堅《和文潛舟中所題》詩：「誰奈離愁得，村醪或可尊」，謂何物可以對付離愁，只有酒或可耳。楊萬里《將至永豐縣》詩：「不奈永豐山色好，雲窺霧看未分明」，言無法對付山色，因看不分明也。明‧薛近兗所撰傳奇《繡襦記》十三：「娘，雖說他是有錢的，性兒也是難拿的。」亦其例。

拿班

拿瓜

《望江亭》一【後庭花】：「非是我要拿班，只怕他將咱輕慢。」

《詞林摘艷》卷三黑老五散套【粉蝶兒‧從東隴松動風呼】：「那廝兒拿瓜，那塔要這老兒近身頻問取。」

拿班，一作拿瓜，謂擺架子、裝腔做勢、故意刁難。《幽閨記》二十二：「小姐也是看上這秀才的，他也要拿些班兒。」《今古奇觀‧賣油郎獨佔花魁》：「你卻莫要拿班做勢。」皆其例也。

或作拿捏，如《西遊記》第四十三回：「拿捏我父子們。」或做拿大，如《紅樓夢》第六回：「他家的二小姐，著實爽快，會待人的，倒不拿大。」或作拿把，如《官場現形記》第五回：「為著這一點點他就拿把，我看來也不是甚麼有良心的東西！」此語現在仍流行，如柳青《種穀記》：「他總是拿班弄勢。」又云：「你拿板弄勢作什麼哩嘛？誰不知道你是王家溝的首領？」譚億《麥收之前》：「我看誰都能幹，你拿不了把。」按以上「拿班」、「拿瓜」、「拿捏」、「拿大」、「拿把」、「拿板」，意並同。除此還作拿喬、拿款、拿糖，等等，不勝舉。

拿雲手

拏雲手

《單刀會》一【正宮端正好】：「我如今緊抄定兩隻拿雲手。」

《單鞭奪槊》三【要三台】:「則要你拿雲手緊把袍袖封,談天口說轉他心意從。」

《誤入桃源》一、白:「正是平空舒出拏雲手,指引山中採藥人。」

《智勇定齊》楔、白:「袖中舒出拏雲手,當面分明解玉環。」

《揚州夢》一【油葫蘆】:「酌幾杯錦澄漿,洗淨談天口;折一枝碧桃春,占定拿雲手。」

拿雲,謂能自致於青雲之上。李賀《致酒行》:「少年心事當拿雲。」「拿雲手」,即拿雲之手,比喻志氣遠大,有高強的本領。戲文《張協狀元》:「從空伸出拏雲手,提起天羅地網人」,拿,一作拏,同字異體。

那堪（nǎ kān）

《董西廂》卷六【大石調·玉翼蟬】:「早是恁淒淒涼涼,受煩惱,那堪值暮秋時節!」

同書卷七【中呂調·牧羊關】:「張生早是心羞慘,那堪見女婿來參。」

《西廂記》一本三折【禿廝兒】:「早是那臉兒上撲堆著可憎,那堪那心兒裏埋沒著聰明。」

《降桑椹》一【混江龍】白:「孩兒行於孝道,不出仕於朝;那堪媳婦潤蓮,三從四德爲先,貞烈賢達第一。」

那堪,猶云加上、兼之,用在兩個或兩個以上的平列分句中,爲副詞性關聯詞語。一、二、三例,「那堪」與「早是」相呼應,意甚顯然。其它如宋元戲文殘本《王祥臥冰》:「看伊乾乾淨淨,那堪年紀後生。」《錯立身》戲文:「問甚麼粧孤扮末諸般會,更那堪會跳索撲旗。」皆其例。或作那看,意同,例如:《幽閨記》十三:「況是君臣分散,那看母子臨危。」

「那堪」的這種用法,唐宋已然。王建《涼州行》:「養蠶繰繭成匹帛,那堪繞帳作旌旗。」邵雍《錦幃春吟》:「早是三春天氣好,那堪百里主人賢。」張孝祥【木蘭花慢】詞:「那看更值春殘。」等等,是其證。可參「更那堪」條。

那些個（箇）

那些兒

《金線池》一【混江龍】：「那些箇慈悲爲本，多則是板障爲門。」

同劇四【太平令】：「受了你萬千作賤，那些兒體面？」

《梧桐雨》三【風入松】：「止不過鳳簫羯鼓問琵琶，忽刺刺板撒紅牙；假若更添箇么花十八，那些兒是敗國亡家。」

《紅梨花》四【收江南】：「呀！你可爲甚麼一春常費買花錢？那些兒色膽大如天？把活人生扭做死人纏。」

《㑳梅香》四【豆葉黃】：「他待將大道沈埋，正義全乖，那些兒配合三才？」

《誤入桃源》三【滿庭芳】：「你道我面生可疑……那些個吐虹霓三千丈英雄氣，全不管長幼尊卑。」

那些個，意爲那裏是、說不上也。一作那些兒，義同。戲文《錯立身》：「事到如今不自由，那些個男兒得志秋！」元本《琵琶記》十六：「動不動逞凶行惡，你那些個恤寡憐孤！」周德清小令【滿庭芳・秦檜誤國】：「通賊虜懷奸誑君，那些兒立朝堂仗義依仁？」明雜劇《再生緣》一：「我這病症呵，算將來針砭難及，湯熨難攻，藥餌難投，怎做得觀濤起色，那些個覷井夷猶？」同劇四：「最消魂，開空蕙帳館娃愁，那些個簾開紫被昭容引？」均其例。

那塌兒

那坨兒　那駝兒　那陀兒

《陳母教子》三【紅繡鞋】：「俺這裏笑吟吟的行酒令，穩拍拍的做著筵席。〔云：〕你說波！〔唱：〕可不是那塌兒發付你？」

《黑旋風》三【鵰兒落】：「那坨兒裏牆較低？那坨兒裏門不閉？那坨兒裏得空便？那坨兒裏無尋覓？」

《冤家債主》三【醉春風】：「則俺這小的箇孩兒倘有些好歹，可著我那塌兒發付？」

《西廂記》二本一折【六么序】：「可著我那塌兒裏人急偎親？」

《元人小令集》張養浩【越調·天淨沙·閒居】:「無窮天地,那駝兒用那精細?」

《大破蚩尤》二【哭皇天】:「那陀兒排陣角?那陀兒暗埋伏?」

那堝兒,猶那答兒,即何處之意。堝、坨意同。單言之曰堝、曰坨,複言之曰堝坨,《黑旋風》三【歸塞北】:「我將這田地兒踏,窩坨兒來記」,是也。《遼史國語解》云:「《集會》堝注,下注窩陀二音。」是堝、坨、窩、陀,意皆相通也。又借爲駝,音義亦同。

「那」在這裏讀上聲。若讀去聲,意爲那裏、那邊、那塊兒,例如《生金閣》二折:「你道他昨來箇那堝兒裏殺壞了范杞梁,今日箇這堝兒裏沒亂殺你女孟姜」,是也。

參見「那搭」條。

那裏也

《單刀會》四【胡十八】:「想古今立勳業,那裏也舜五人、漢三傑?」

《金線池》三【二煞】:「我比那窬牆賊蝎螫索自忍,我比那俏郎君掏摸須噤聲,那裏也惡茶白賴尋爭競?」

《楚昭公》三【上小樓】:「我著你名標萬古,那裏也相隨百步?」

同劇四【雙調新水令】:「那借兵的如從天上下,那收兵的那裏也凱歌回?」

《張天師》二【南呂一枝花】:「可不道『既讀孔氏書』,那裏也『必達周公禮?』」

同劇二【採茶歌】:「但得個一夕鴛鴦配成對,那裏也還記『十年身到鳳凰池』?」

《薛仁貴》一【賺煞尾】:「看這賴功賊容顏如糞土,出轅門豕竄狼逋,怎如你喜都都後擁前呼,那裏也『一將功成萬骨枯』?」

《陽春白雪》前集三白仁甫小令【慶東原】:「忘憂草,含笑花,勸君聞早冠宜掛。那裏也能言陸賈?那裏也良謀子牙?那裏也豪氣張華?千古是非心,一夕漁樵話。」

《詞林摘艷》卷三白仁甫散套【粉蝶兒·天淡雲閑】:「早難道羽扇綸巾笑談間,那裏也破強虜三十萬?」

上舉各例，意謂那裏是、怎算得、說不上。用在反詰句之首，其下常接成語或俗諺，表示否定。

那裏每

那裏每，金、元時俗語，表疑問，意謂怎麼或何處。「那」讀上聲。「每」爲語助辭，與「麼」字意近。

（一）

《董西廂》卷八【黃鍾宮・四門子】：「鶯鶯情性，那裏每也悄無了貞共烈！」

《㑳梅香》二【怨別離】：「〔白敏中云：〕小姐的回音，我看咱。〔正旦懷裏取不見科，唱：〕呀！那裏每不見了？」

《趙禮讓肥》三【調笑令】：「好著我痛傷懷！不俫，這的是那裏每哥哥走到來？」

《劉行首》二【滾繡毬】：「你怕不楊柳腰，容貌好，久以後那裏每著落？你跟著我脫凡塵倒大清高。」

以上所舉「那裏每」，均爲怎麼之意。這裏姑就《董西廂》和《劉行首》二例明之：董詞是紅娘的話，她以懷疑的口氣說：以鶯鶯的情操品質，怎麼也簡直沒有了貞。《劉行首》例是眞人馬丹陽的話，他點化劉行首說：你如今楊柳腰肢、海棠顏色，有所恃而無恐，可是到將來柳敗花殘，怎麼著落？還是出家的好。

（二）

《金線池》楔【幺篇】：「那一片俏心腸，那裏每堪分付？」

《昊天塔》四【駐馬聽】：「那裏每喧喧哽哽，攪亂俺這無是無非窗下僧。」

《盆兒鬼》三【紫花兒序】：「那裏每汪汪犬吠，隱隱疎籬？俺這裏舉目觀窺，原來是竹塢人家傍小溪。」

《藍采和》四【慶東園】：「那裏每人煙鬧？是一火村路歧，料應在那公科地。」

－898－

《陽春白雪》後集三劉時中散套【端正好‧上高監司】：「有金銀那
裏每典當，盡楞腹臥斜陽。」

以上各例，「那裏每」即哪裏、何處之意。《金線池》例，意謂那一片雲
情雨意，到何處去發付呢？此例張相解爲「怎麼」，疑非。

那（nà）

那些　那些兒

《董西廂》卷六【大石調‧玉翼蟬】：「雨兒乍歇，向晚風如漂冽，
那聞得衰抑蟬鳴恓切！」

《忍字記》四【醉春風】：「我堪恨這寺中僧，難消我心上火，則被
他偌肥胖那風魔，倒瞞了我。」

《西廂記》二本一折【仙呂八聲甘州】：「憔憔瘦損，早是傷神，那
值殘春。」

《風光好》二【菩薩梁州】：「一團兒軟款那安詳，半星兒不顯威儀相。」

《三奪槊》一【金盞兒】：「元帥卻是那些兒慌，那些忙，把一領錦
征袍扯裸得沒頭當。」

《紫雲庭》三【十二月】：「豈止這模樣兒俊俏，則那些舉止兒忒謙
和。」

那，一作那些、那些兒，有況、又、更等義。副詞性關聯詞語之一，表
示把意思再推進一層；前後分句，有的呼應很緊。如：《西廂記》例，「那」
和「早」是呼應；《紫雲庭》例，「那些」和「豈止」呼應。

爲加強思想內容，有時句中連用到兩個以上這樣的關聯詞語，例如：《董
西廂》卷一【般涉調‧牆頭花】：「雖爲箇侍婢，舉止皆奇妙。那些兒鶻鴒
那些兒掉。」言既聰明又美麗也。《拜月亭》三【尾】：「沒盤纏，在店舍，
有誰人，廝抬貼？那消疏，那淒切，生分離，廝拋撇。」言又窮困又淒涼
也。《玉壺春》二【二煞】：「向著個客館空牀，獨宿有梅花紙帳：那寂寞，
那淒涼，那悲愴，雁杳魚沉兩渺茫，冷落吳江。」言又寂寞，又淒涼，又
悲傷也。

此用法，唐宋已見，例如：司空曙《殘鶯百囀歌》：「共愛奇音那可親。」
「那可親」，更可親也。

那更（nà gèng）

《董西廂》卷二【大石調・紅羅襖】：「不惟眼辨與身輕，那更馬疾手妙。」

《㑳梅香》楔、白：「他好生的乖覺！但是他姐姐書中之意，未解呵他先解了，那更吟詠寫染的都好。」

《倩女離魂》四【喜遷鶯】：「據才郎心性，莫不是向天公買撥來的聰明？那更內才外才相稱；一見了不由人不動情。」

那更，即更意，猶云更加。那，助音無義。它雖和「那堪」同具兼之的意思，也屬於連詞，不同的是：「那堪」是用於平列的分句中，而「那更」前後的分句，並不被平等看待，而側重於後句。如上所舉董詞，說法聰和尚克賊致勝的條件，不僅靠眼明身輕，更重要的是「馬疾手妙」的高強本領。

董詞、元曲以外，宋元戲文《王祥臥冰》【中呂過曲】：「看這廝乾淨身軀，那更沒多年紀。」又戲文《許盼盼燕子樓》【前腔換頭】：「自來舉止孜孜地，那更好模好樣，一捻兒身己。」又戲文《鄭將軍紅白蜘蛛記》【黃鍾慢詞】：「村莊寥落，那更傍黃昏至。」元本《琵琶記》五【尾犯序】：「只怕萬里關山，那更音信難憑。」同劇二十四【香羅帶】：「妝臺不臨生暗塵，那更釵梳首飾典無存也。」等等，皆其例。

此語宋代已見，例如：柳永【祭天神】詞：「柔腸斷，還是黃昏，那更滿庭風雨。」趙長卿【水調歌頭・中秋】詞：「已是天高氣肅，那更清風灑灑，萬里沒纖雲。」張炎【木蘭花慢】詞：「正寂寂江潭，樹猶如此，那更啼鵑。」皆其證。

那等（nà děng）

《燕青博魚》一【歸塞北】白：「有那等人道：『兀的君子，那東京城裏有的是買賣營生，你尋些做，可不好那？』我道：『哥也，你豈知我無眼那！』」

《老生兒》一【油葫蘆】：「有那等守護賢良老秀才，他說的來狠利害。」

《薛仁貴》一【鵲踏枝】白：「諸葛亮鋤田鉋地，劉先主織蓆編屨，那等的人，題他做甚麼？」

《東堂老》二【倘秀才】白：「老的，休這等、那等的，俺們都是看半鑑書的秀才。」

那等，猶云那種、那樣。按等，《廣韻》云：「類也。」參見「等」字條。

那壁 （nà bì）

那廂　那壁廂

《救風塵》一【幺篇】白：「那壁姨娘，敢是趙盼兒麼？」

《虎頭牌》一【一半兒】：「見嬤子那壁意欣欣。」

《西廂記》一本二折【耍孩兒】：「當初那巫山遠隔如天樣，聽說罷又在巫山那廂。」

《凍蘇秦》三【梁州第七】：「這廂，那廂，爲功名不遂離鄉黨。」

同劇二【滾繡毬】：「這壁廂拜了一會，那壁廂問了一日，可怎生無一箇將咱支對。」

《爭報恩》一【勝葫蘆】：「那壁廂是姐姐哩，受你兄弟兩拜咱。」

那壁、那廂、那壁廂，都是那邊的意思。《梁書》：「侯景即位，景牀東邊香爐，無故墮地。景呼東西南北皆謂爲廂。景曰：此東廂香爐，那忽下地，議者以爲湘東軍下之徵。」知南北朝時「廂」字已有此類用法，今南人動曰家裏廂、屋裏廂，蓋其遺也。

「那」字若讀上聲，爲表疑問之詞，例如：《梧桐雨》楔、白：「宣臣那廂使用？」《倩女離魂》三、白：「爺喚張千那廂使用？」那，今作哪。

那顏 （nà yán）

《岳飛精忠》一、白：「那顏瘸著腿，小番耳又聾。」

《流星馬》二【乾荷葉】白：「托勤那顏阿千堆兒來。」

同劇二【上小樓】白：「那顏亦來字者。」

《活拏蕭天佑》三、白：「〔耶律馬云：〕那顏喚我來，那廂使用？」

蒙語稱官人爲那顏。《明史·劉源清傳》：「指代府曰：以此爲那顏居。那顏者，華言大人也。」《華夷譯語·人物門》：「那顏，官人。」

那（nà）搭兒

那塔兒　那答（荅）　那榻

《城南柳》三【賀新郎】：「那搭兒別是一重天，盡都是翠柏林巒。」

《昇仙夢》三【北越調鬥鵪鶉】：「綠水堤邊，青山那荅。」

《醉寫赤壁賦》二：「〔童云：〕解子哥哥，這塔兒有些滑。〔解云：〕這廝說謊，官道上偏那塔兒滑！我試走，若不滑，我打你箇弟子孩兒。」

《猿聽經》三【滿庭芳】：「隱遁在桑田下，向白雲那榻。」

《太平樂府》卷二盧疎齋小令【沉醉東風·閑居】：「恰離了綠水青山那荅，早來到竹籬茅舍人家。」

那搭兒，意謂那邊、那裏。搭，或作答（荅）、塔、榻，音近意並同，蓋俗語無定字也。「那」讀去聲。若讀上聲，則表疑問，為何處之意。例如：《薦福碑》二折：「哥哥，那荅兒是不疼的？」《瀟湘雨》二折：「哎喲天那！但不知那塌兒裏，把我來磨勒死？」《合汗衫》二折：「只看張家，往日豪華，如今在那搭？」今西北方言尚沿用。

參見「那塌兒」條。

納悶

《望江亭》二【醉春風】白：「我自有一樁兒擺不下的公事，以此納悶。」

《柳毅傳書》三【浪裏來煞】：「我則索向龍宮納悶，怎禁他水村山館自黃昏。」

《殺狗勸夫》一【後庭花】：「我這裏嘴盧都喑喑的納悶。」

納悶，謂發悶、疑惑不解。《京本通俗小說·錯斬崔寧》：「只是在家納悶，無可奈何。」《水滸》第七回：「自見了林沖娘子，又被他衝散了，心中好生著迷，快快不樂，回到府中納悶。」《紅樓夢》第二十回：「又來自己納悶。」以上皆其例也。此語，現在仍沿用。

納頭

《劉知遠諸宮調》十二【般涉調·尾】：「走向前，喜滿腮，接待不著且休怪，倒玉柱金山納頭拜。」

《西廂記》三本一折【天下樂】:「他害的有些抹媚,我遭著沒三三思,一納頭安排著憔悴死。」

《金安壽》四【唐兀歹】:「安樂窩修眞好避乖,翠林蠻金碧樓臺,納頭一覺,回光入玄界,暢好是清也波哉。」

《漁樵記》三、白:「著兩個公吏人把老漢按在那栲栳圈銀交椅上,那相公納頭的拜了我兩拜。」

《太平樂府》卷九楊立齋散套【哨遍】:「好向名利場中一納頭,剩告取些鬆寬假。」

納頭,猶云低頭或埋頭。「納頭拜」,低頭拜也。「一納頭」,一埋頭也。「納頭一覺」,謂蒙頭睡一覺也。此語,古典小說亦常用之,如:《清平山堂話本‧夔關姚卞弔諸葛》:「入來放下行李,納頭便拜。」《水滸》第二十三回:「武松納頭拜了四拜。」二刻《拍案驚奇》十九:「寄兒沒得說,當下納頭拜了四拜。」皆其例。

納胯那腰

納胯挪腰　納胯粧幺

《誶范叔》一【鵲踏枝】:「但有些好穿著,好靴腳,出來的苫眼鋪眉,一箇箇納胯那腰。」

《李逵負荊》三【逍遙樂】:「當不的他納胯挪腰。」

《謝金吾》四【折桂令】:「那一個王樞密?氣昂昂腆著胸脯,納胯粧幺,使盡些官府。」

納胯那腰,或作納胯挪腰、納胯粧幺,元人習用語,意謂裝模做樣,擺臭架子。胯(kuà),腰和大腿之間的部分;那,同挪;挪腰,同粧幺。

妳(nǎi)妳

嬭嬭　妳子

妳妳,是對不同身份婦女的稱呼;乳房亦稱妳妳。條釋如下:

（一）

《牆頭馬上》三【喬牌兒】白:「妳妳,我接爹爹去來!」

同劇四【幺篇】白：「妳妳，你認了俺者！」

《降桑椹》二【南青哥兒】白：「救妳妳的命，若無桑椹子，馬連子也罷。」

《殺狗勸夫》一【油葫蘆】：「現如今爹爹妳妳都亡盡，但願得哥哥嫂嫂休嗔忿。」

同劇一【柳葉兒】：「爹爹妳妳阿！你可怎生來做的個一視同仁？」

《爭報恩》二【朝天子】：「〔俫兒云：〕妳妳，你甦醒著！」

《五侯宴》二【賀新郎】：「兒也！你今日棄了你這箇窮妳妳！哎！誰承望你認了富爹爹！」

上列諸例，妳妳均指母親。

（二）

《五侯宴》三、白：「他不是你妳子，他是喒家裏買來的。當初覓他來做妳子來，他將那好妳與他養的孩兒喫，將那無乳的妳來與你喫，因此折倒的你這般瘦了。你從今以後，休喚做妳子，則叫他做王嫂。」

《牆頭馬上》二【隔尾】白：「妳妳可憐見，你放我兩個私走了罷！」

《灰闌記》二【幺篇】：「〔搽旦扯俫兒云：〕你說我是親娘，他是妳子。〔俫兒云：〕這個是我親娘，你是我妳子。」

上列諸例，妳妳指乳母；一作妳子，義同。《醒世恒言·鬧樊樓多情周勝仙》：「那跟來女子和妳子，都不知許多事」，皆其例。

（三）

《救風塵》三【幺篇】：「〔周舍云：〕好妳妳，請坐！我不知道他來，我若知道他來，我就該死。」

同上：「妳妳，你孩兒肚腸裏是驢馬的見識，我今家去把媳婦休了呵，妳妳你把肉弔窗兒放下來，可不嫁我，做的個尖擔兩頭脫。妳妳你說下個誓者！」

《詞林摘艷》卷五關漢卿散套【新水令·玉驄絲鞚錦鞍韉】：「我受了半載也那孤眠，信口也那胡言，你便枉了把我冤也波冤，你若是打聽的真實，有人曾見。妳妳跟前，您兒情願，一任當刑憲，死而心無怨。」

馬致遠套〔雙調夜行船〕《不合青樓》：「若是妳妳肯權耽，俺這合死的敲才再不敢。」

上列數例，妳妳是嫖客對妓女的暱稱。

（四）

《竇娥冤》一【天下樂】：「〔正旦云：〕妳妳回來了，你吃飯麼？〔卜兒做哭科，云：〕孩兒也！你教我怎生說波？」

《救孝子》楔、白：「妳妳，著小叔叔送我家去，怕做甚麼？」

《秋胡戲妻》二、白：「我與人家擔好水換惡水，養活著俺妳妳。」

同劇二【醉太平】：「妳妳也！只恁般好做那筵席？」

上列各例，妳妳指婆母、婆婆。

（五）

《玉鏡臺》一【幺篇】白：「報的妳妳得知，有溫嶠在於門首。」

《救風塵》二、白：「那小廝道：『不干我事，妳妳在裏邊，不知做甚麼？』」

《三戰呂布》一、白：「密排千隊嬭嬭軍。」

《倩女離魂》三【堯民歌】白：「一個好夫人也！與我家妳妳生的一般兒。」

《留鞋記》二【滾繡毬】：「敢是母親行有些嗔責？〔梅香云：〕奶奶著俺們看罷燈早回去哩。」

《飛刀對箭》二【尾聲】白：「聚豆腐軍一萬，妳妳軍八千。」

《爭報恩》楔、白：「小妳妳，叫我有甚事？」

上列各例，妳妳是對一般婦女和貴婦人的尊稱。一作嬭嬭，音義同。

（六）

《敬德不伏老》三、白：「妳妳，你去門首看者，有人無人回我。」

《爭報恩》楔、白：「丁都管，你用心伏事兩個妳妳，照顧行李，則今日我就辭別了。」

同劇一【油葫蘆】白：「妳妳，你倒說的好！他是個賊，見了怎不拏住？」

上列各例，是說話人借晚輩的口氣對於對方的敬稱，今猶如此。

（七）

《五侯宴》一【混江龍】：「他將有乳食的奶子與他孩兒喫，卻將那無乳的奶子與俺孩兒喫。」

《灰闌記》二【幺篇】白：「則見他白鬆鬆兩隻料袋也似的大奶奶，必定是養兒子的，纔有這奶食。」

上例，奶奶指乳房。一作奶子，同。

奈（nài）

奈，撮其要義有三：一、謂無奈、奈何、怎奈、如何；二、借爲耐，忍耐之意；三、借爲這，用作指示詞。

（一）

《西廂記》二本二折【朝天子】：「天生聰俊，打扮素淨，奈夜夜成孤另。」

《追韓信》一、白：「想自家空學的滿腹兵書戰策，奈滿眼兒曹，誰識英雄之輩？」

《豫讓吞炭》二、白：「我力寡兵微，怎生抵敵，如何是好？我待出奔長子，奈民力罷敝，無人死守；待走邯鄲，奈民膏竭盡，誰與守之？」

《劉弘嫁婢》三、白：「奈嬌妻幼子，無處歸著，聞知洛陽劉弘，恤孤念寡，救困扶危，故修書一封，明則是托妻寄子。」

上舉各例，意謂無奈、怎奈、奈何、如何。按奈本作柰，俗作奈，古通用，是奈何或柰何的省詞。《漢書・項籍傳》：「騅不逝兮可奈何？虞兮！虞兮！柰若何？」《淮南子・兵略訓》：「唯無形者，無可奈也。」姜夔【琵琶仙】：「奈愁裏恩恩換時節。」皆自漢代以來單用「奈」字之例也。

（二）

《劉知遠諸宮調》二【正宮・尾】：「沙陀村裏難爲住，你且向莊中奈辛苦。」

《五侯宴》五【雙調新水令】：「也是我運拙時乖，捨死的盡心兒奈。」

《玉壺春》三【中呂粉蝶兒】：「教小生如何忍奈？」

《鴛鴦被》三【收尾】：「將俺那俊馬兒奈心等。」

《盛世新聲》【大石・念奴嬌・驚飛幽鳥】：「他那不犯觸朧兒變了，
我奈搶白臉兒難描。」

奈（柰），猶耐也。按「奈」借為「耐」，唐、宋已有之，如杜甫《月》
詩：「天寒奈（耐）九秋」；司空圖《退居漫題》詩：「鶯喧奈細聽。」周邦
彥【少年遊】詞：「衣薄奈（耐）朝寒」，是也。反之，「耐」亦借作「奈」，
如黃庭堅《奉謝泰亨送酒》詩：「非君送酒添秋睡，可耐東池到曉蛙」，「可
耐」，即可奈也。陳與義《夙興》詩：「美哉木枕與菅席，無耐當興戴朝幘」，
「無耐」，即無奈也。因為互借，約定俗成，把本來含意不同的字，變為通
用字。

（三）

《西廂記》四本三折【幺篇】：「雖然久後成佳配，奈時間怎不悲啼？」

《詞林摘艷》卷一小令【梧桐樹】：「花初綻，怕風篩，怎禁奈蜂蝶
戲採。」

奈，這裏用作指示詞，例一同這，例二同那。明人閔遇五注《西廂》云：
「奈時間」，一作「這時間」可證。

奈何

耐何

奈何：一、謂無可如何、怎生得了、沒有辦法之意；二、謂對付、應付、
懲治、處理。

（一）

《董西廂》卷五【高平調・糖多令】：「舊恨怎消磨？新愁沒奈何！」

《氣英布》一【玉花秋】：「那裏發付這殃人貨，勢到來如之奈何？
若是楚國天臣見了呵，其實難迴避，怎收撮？」

《㑳梅香》一、白：「小生累次教人問這親事，夫人回言，終不還個
明白，如之奈何？」

上列各例，奈何即無可如何、怎生得了、沒有辦法之意。現在仍通用。若溯本窮源，可一直追到上古。《書・召誥》：「曷其奈何弗敬？」意謂如何不敬也。屈原《九歌・大司命》：「羌愈思兮愁人，愁人兮奈何！」項羽的《垓下歌》：「雖不逝兮可奈何，虞兮！虞兮！奈若何！」並載《史記》和《漢書》。又《史記・晉世家》：「（晉公子）窮來過我，奈何不禮？」又《史記・范睢傳》、《漢書・周昌傳》等文，皆有「奈何」語，不勝列舉。

（二）

《望江亭》四、白：「今日端坐衙門、看那廝將著甚的，好來奈何的我？」

《鐵拐李》一【醉扶歸】：「〔正末云：〕張千，休教走了，這老子等我慢慢奈何他。〔張千云：〕哥哥，他諸般兒當，諸般兒做，你可怎生奈何他？〔正末云：〕你說奈何不的他，我如今略說幾樁兒，看我奈何的他，奈何不的他。」

《西遊記》四本第十五齣【中呂朝天子】白：「行者，索用機謀，休要膽大心粗，耐何得，親自下手，耐何不得呵，索尋後巷王屠。」

上舉各例，即對付、應付、懲治、處理、戰勝等意，這是意在設法解決問題，與前者徒喚奈何的消極態度，是鮮明的對照。奈，一作耐，同音借用。有時為了叶韻，往往把一個詞拆開使用，如杜甫《江梅》詩：「絕知春意好，最奈客愁何？」「最奈客愁何」，即「最奈何客愁」，也就是說，只有春光好，才最能排遣作客的愁懷。《警世通言・萬秀娘仇報山亭兒》：「元來有三件事，奈何尹宗不得」，亦其例也。

奈向

耐向

《灰闌記》一【天下樂】：「〔張林云：〕妹子也，我也是出於無奈，特特投奔你來，沒奈何，不論多少，費發些盤纏使用，等我好去。〔正旦唱：〕口聲聲道是無奈向。」

《楚金仙月夜杜鵑啼》【雙調・梅花雨】：「怎耐向，泄漏了春光，惹禍招殃，割肚牽腸，又不敢聲揚。」

《詞林摘艷》卷二散套【好事近‧風月兩無功】：「耐向樓頭更鼓聽
沉罷，尚兀自又打三鼕。」

　　奈向、耐向，疑爲「奈何」之誤，向以形近而訛，耐以同音而誤。這種
錯誤，宋人作品中已見，例如：梅堯臣《汝墳貧女》詩：「拊膺呼蒼天，生死
將奈向！」黃庭堅【歸田樂引】詞：「前歡算未已，奈向如今愁無計」，是也。

奈河（nài hé）

《看錢奴》一、白：「我想塵世人心性迷癡，不知爲善，只看那奈河
潺潺，金橋之上並無一人也呵！」

《度柳翠》二【牧羊關】：「你跟我去呵，我著你上明晃晃一條金橋
路；你不跟我去呵，便索向翻滾滾千丈奈河流。」

同劇四：「〔正末云：〕有力之人登彼岸，無力之人落奈河。」

《硃砂擔》三【滾繡毬】：「早來到這奈河兩岸，兀的不是劍樹刀山？」

　　奈河、奈河，或作淶河、奈何。過去迷信說法：人生前不行善，死後
陰魂過不去奈河，永墮其中受罪而無可如何，故曰奈何。清‧顧炎武《山
東考古錄》：「嶽之西南，有水出谷中，爲西溪。自大峪口至州城之西南流
入於泮，曰淶河，其水在高里山之左，有橋曰淶河橋。世傳人死魂不得過，
故曰奈何。」唐‧張讀《宣室志》謂：「董觀死，行至一水，廣不數尺，流
而西南。觀問僧靈習，習曰：『此俗所謂奈河，其源出於地府。』觀視其水
皆血，而腥穢不可近。」按此不過迷信傳說，不必實有其地其事。按，柰、
奈同字異形，今通作奈。

奈煩

《三戰呂布》一【河西後庭花】：「哥也，我題起那廝殺也不打慳，
天生的忒奈煩。」

　　奈煩，同耐煩，謂能忍耐煩瑣，即不性急之意。清‧錢大昕《恒言錄二‧
常語類》：「《嵇康與山巨源書》：『心不耐煩。』《宋書》：『庾炳之爲人，彊急
而不耐煩。』趙氏《賓退錄》、陶氏《輟耕錄》，俱引《宋書‧庾仲文傳》。
然嵇叔夜，魏人，已有此語。」今言「耐心煩兒」，即納著性子，不怕煩瑣
之意。

男女

男女，在元曲中多用爲罵辭；或指兒女及奴僕，釋例如下。

（一）

《董西廂》卷二【黃鍾調・喜遷鶯纏令】：「盡是些沒意頭搊搜男女。覷賊軍，約半萬，如無物。」

《遇上皇》二【隔尾】：「小人則是箇隨驢把馬喬男女，你須是說古論文士大夫。」

《秋胡戲妻》三【堯民歌】：「當也波初，則道是峨冠士大夫，原來是個不曉事的喬男女。」

《兒女團圓》三【梧葉兒】：「他是個不覷事的喬男女，你便橫枝兒待犯些口舌，那廝敢平地下鍬撅。」

《殺狗勸夫》三【幺篇】：「是一個啜狗尾的喬男女，是一個拖狗皮的賊醜生。」

以上各例，「男女」均用來作罵人的話。「男女上面」，冠以「喬」字，是壞上加壞，加重罵詞的程度。

（二）

《忍字記》三、白：「有魔合羅般一雙男女，知他在那裏？」

這裏所舉「男女」是指兒女。《鐵拐李》二折寫到鐵拐李臨死前說的兩句話：「花朶般渾家不能勾戀，魔合羅孩兒不能勾見。」「孩兒」與這裏的「男女」，所指正同，可證。杜甫《歲宴行》：「況聞處處鬻男女，割慈忍受還租庸。」蔣防《霍小玉傳》：「玉工淒然下泣曰：『貴人男女，失機落節，一至於此！』」敦煌變文《舜子至孝變文》：「前家男女不孝，見妾後園摘桃，樹下多埋惡刺，刺我兩腳成瘡，疼痛直達心髓。」《警世通言・玉堂春落難逢夫》：「自家一窩子男女，那有閑飯養他人！」意均同上。

（三）

此外，稱奴僕爲男女，宋元以來，亦頗爲習見，例如：《清平山堂話本・簡帖和尚》：「只見一個男女托個盤兒，口中叫：『鵪鶉餶飿兒！』」《京本通俗小說・西山一窟鬼》：「恰待奔入這店裏來，見個男女。」《張協狀元》戲文：「且待男女叫一聲，先生在？」元本《琵琶記》二十三：「相公指揮，男女怎

敢漏洩？」《紅樓夢》第一百七回：「沒良心的男女，怎麼忘了我們賈家的恩了。」等等，不勝舉。

男兒

男兒：一、指男子漢；二、稱夫壻。

（一）

《陳母教子》二【紅芍藥】：「可正是男兒得志秋，他在馬兒上倒大來風流。」

《金鳳釵》楔【么篇】：「我不信男兒一世貧，你休忘了夫妻百夜恩。」

《殺狗勸夫》四【中呂粉蝶兒】：「你枉做個頂天立地的男兒。」

《舉案齊眉》三【收尾】：「只願的丹墀早把千言對，施展你男兒壯氣。」

《三戰呂布》三、白：「三十男兒鬢未斑，好將英勇展江山。」

男兒，指男子漢。晉·傅玄《豫章行苦相篇》：「男兒當門戶，墮地自生神。」杜甫《偪側行贈畢曜》詩：「已令請急會通籍，男兒性命絕可憐」，此「男兒」是杜甫自指。高適《燕歌行》：「男兒本自重橫行，天子非常賜顏色」，此「男兒」是指志在四方的男子漢。前蜀王衍降後唐，王承旨作詩云：「二十萬人齊拱手，更無一箇是男兒。」其後花蘂夫人記孟昶之亡，作詩云：「君王城上豎降旗，妾在深宮那得知；二十萬人齊解甲，豈無一箇是男兒？」義並同上。

（二）

元刊《替殺妻》三【醉春風】：「待將一個親男兒謀算了。」

《拜月亭》二【哭皇天】白：「男兒呵，如今俺父親將我去也，你好生的覷當你身體。」

《調風月》一【元和令】：「無男兒，只一身，擔寂寞，受孤悶。」

《玉鏡臺》四【豆葉黃】：「你在黑閣落裏欺你男兒。」

《舉案齊眉》二【石榴花】：「你是我親男兒，豈怨身貧困。」

以上各例，為夫壻之稱。一、二、四、五例，是妻對丈夫的稱呼；例三丈夫對妻的自稱。

南衙

《後庭花》三【雙調新水令】：「欽承聖勅坐南衙。」

《留鞋記》三【十二月】：「尚不見留情手帕，卻教我受罪南衙。」

《小張屠》三【煞】：「那爺爺威風整神通大，斷陰司能驅鬼使，判南衙不愛民財。」

《樂府群珠》卷二鍾繼先【南呂小令・貴】：「判南衙，開北省，任西臺。」

　　唐代皇帝的禁衛軍，分爲南北兩衙。《舊唐書・尉遲敬德傳》：「南衙北門兵馬及二宮左右猶相拒戰。」《新唐書・太平公主傳》：「先天二年，與尙書左僕射竇懷貞、侍中岑羲、中書令蕭至忠……謀廢太子，使元楷、慈舉羽林兵，入武德殿，殺太子。懷貞、羲、至忠舉兵，南衙爲應。」皆可爲證。到宋朝南衙猶南府，即開封府，並以親王爲開封府尹。「南衙」變爲首都政府機關。《宋史・畢士安傳》：「眞宗謂寇準等曰：『畢士安，善人也。事朕南府、東宮，以至輔相，飭恭愼行，有古人之風。』」眞宗即位時，壽王兼任開封府尹，士安爲判官。

　　元曲中的「判南衙」、「坐南衙」，並不一定都是實指任開封府尹，一般是泛指高居顯位者。南衙，一作南牙，明人雜劇《英雄成敗》二折：「因中尉田令孜擅政，南牙北司，相爲矛盾」，是其證也。衙門的「衙」，本作「牙」，後通用「衙」。

喃喃篤篤

篤篤喃喃　囊囊突突

《瀟湘雨》四【笑和尚】詞云：「雖然是被風雨淋淋漉漉，也不合故意的喃喃篤篤。」

《誤入桃源》三【尾煞】白：「非是俺喃喃篤篤，爭奈他面生不熟。」

《黑旋風》三【喜江南】白：「你看這呆廝，口裏只篤篤喃喃的説著許多説話。」

《楚昭公》三【天下樂】：「俺只見掩掩澄澄船兒歪，囊囊突突梢公絮。」

喃喃篤篤，一作篤篤喃喃、囊囊突突，意爲連續不斷地自言自語；猶今言嘟囔、嘟嘟囔囔。《水滸》又作喃喃吶吶、喃喃哪哪、喃喃訥訥。《西遊記》又作突突囊囊、囊囊咄咄，並音近義同。今口語中尚有「嘟嘟囔囔」的說法。

難禁

《裴度還帶》一【天下樂】：「好教我十謁朱門九不開，我可便難也波禁，難禁那朽木材。」

《西廂記》三本四折【紫花兒序】：「怒時節把一箇書生來迭噷。歡時節：『紅娘，好姐姐，去望他一遭！』將一箇侍妾來逼臨。難禁，好著我似線腳兒般殷勤不離了鍼。從今後教他一任。」

《介子推》三【朝天子】：「微臣里忍痛難禁，聲疼不罷。」

《西遊記》四本第十四齣【十二月】：「不見了宋玉多才的翰林，撇下這巫娥美貌難禁。」

《對玉梳》一【天下樂】：「俺娘自做師婆自跳神，一會家難禁努目訕筋。」

難禁，謂難以禁受，即受不住、受不了之意，詩詞中常見。禁，力所勝也，見《廣韻》。

難當

難當當

難當，一作難當當；有戲耍、賭氣、難以禁受等義。

（一）

《麗春堂》二【鬭鵪鶉】：「雖然是作耍難當，怎敢失去了尊卑道理？」

《玉壺春》二【梁州第七】：「我去那錦被裏舒頭作耍，紅裙中插手難當。」

三十種本《薛仁貴》：「你把我難當，鬭作，戲耍，睡夢裏拖逗得我心中怕。」

《㑇梅香》三【禿廝兒】：「請學士休心勞意攘，俺小姐則是作耍難當。」

《詞林摘艷》卷一劉庭信小令【塞鴻秋·悔悟】：「愛錢娘枉把人央快，沒來由惹得傍幫謗，多少晃謊荒，每日閑郎浪，姨夫每使鈔難當當。」

以上數例，「難當」與「作耍」連文或對應，並據曲意，「難當」是戲耍或開玩笑之意。一作難當當，意同。唐·劉餗《隋唐嘉話》上：「英公嘗言：『我年十二三爲無賴賊，逢人則殺；十四五爲難當賊，有所不快者，無不殺之。』」

（二）

《度柳翠》三【上小樓】：「〔卜兒云：〕下次下的每，將過氣毬來者。〔做取氣毬科〕〔正末云：〕柳翠，這個喚做甚麼？〔旦兒云：〕師父，這個喚做難當的。〔正末云：〕怎生喚做難當的？〔旦兒云：〕師父，這裏面有個表，這個爲三添氣。郎君子弟要難當作耍呵，吹一口氣，添上些水潤這表，傾了那水，再吹一口氣，拴了這蔥管兒，便難當作耍。去了拋索兒，褪了那口氣，便難當作耍不的了也。〔正末云：〕假若有這口氣呵。〔旦兒云：〕便難當的。〔正末云：〕若無這口氣呵。〔旦兒云：〕便難當不的。〔正末云：〕若是無了這口氣呵，原來便難當不的。柳翠也，你便是比並著這氣毬。」

《紫雲庭》四【得勝令】：「恁那秀才憑學藝，他卻也男兒當自強。他如今難當，日寫在招兒上。相公試參詳，這的喚功名紙半紙。」

《太平樂府》卷五關漢卿小令【一半兒·題情】：「罵你箇俏冤家，一半兒難當一半兒耍。」

以上三例，「難當」又爲賭氣、使氣之意。但《度柳翠》劇中月明和尚和妓女柳翠的對話，用了幾次「難當」這個詞，因爲都是隱語，語涉雙關：既有戲耍意，也有使氣意。張相釋曰：「此一段和尚與柳翠問答，均爲隱語，大意歸結到人生無常，只此一口氣。表面所言，仍爲氣毬戲耍事，而添氣、吹氣等語，隱隱與使氣有關合。蓋賭氣、憋氣爲使氣義，添氣、吹氣，亦使氣意也。」（見《詩詞曲語辭匯釋》卷五。）

（三）

《雍熙樂府》卷十九【小桃紅·西廂百詠四十六】：「著床臥枕在他鄉，針灸都無當，減了風流舊波浪；好難當，瘦得來不似人模樣。」

　　上舉「難當」例，謂難以禁受。此義，今尙沿用。戲文《小孫屠》【金瓏璁】：「清平天地裏，是我屈死難當，哽咽淚汪汪」，亦其例。

囊揣（nāng chuài）

儾惴

　　《西廂記》五本四折【折桂令】：「俺姐姐更做道軟弱囊揣，怎嫁那不值錢人樣猴駒。」

　　《黃粱夢》二【高過浪裏來】：「俺如今鬢髮蒼白，身體囊揣，則恁的東倒西歪，推一交嶮擷破天靈蓋。」

　　《玉壺春》三【十二月】：「那裏怕邐惹著囊揣的這秀才，兀良，我則怕生諕殺軟弱的裙釵。」

　　《周公攝政》四【得勝令】：「今日拜舞雖囊揣，倒大來千自由百自在。」

　　《兒女團圓》二【梁州第七】：「倒將我劈面搶白，欺負咱軟弱囊揣。」

　　《西遊記》六本二十一齣【油葫蘆】：「粧嚴的未必能評論，儾惴的倒敢能勤愼。」

　　囊揣，謂軟弱、怯懦。王伯良注《西廂》云：「囊揣，不硬掙之意。」按，儾，《廣韻》、《集韻》、《韻會》，並奴浪切，去聲，緩也，引申也是軟弱意。故囊揣、儾惴（nàng zhuì），音義並近。《三國志平話》卷中：「周瑜儾軟。」「儾軟」亦囊揣也。今北語仍沿用，寫作「囊膪」。其本義指豬的腹部肥而松軟的肉。這種肉不好吃，買主不歡迎，因此元劇中常借用來嘲諷無用之人。

齈鼻子（nàng bí・zī）

　　《氣英布》三、白：「他是個齈鼻子，一些香臭也不懂的。」

　　齈，猶儾（nàng）。齈鼻子，即儾鼻子，鼻塞不通、發音不清。又作儾（nàng），如《西遊記》第七十六回：「那怪聞說連忙跪下，口裏嗚嗚的答應。原來被行者揪著鼻子，揑儾了，就如重傷風一般。」

猱（náo）兒

㑩兒　猱　㑇

《東坡夢》四【雙調新水令】白：「你本不是妓館猱兒，堪做俺佛門弟子。」

《度柳翠》三【乾荷葉】：「你娘呵，則是倚仗你箇弟子猱兒勢，粘著處休熱相偎，逼綽了便是伶俐。」

同劇四【掛玉鉤】：「這的是弟子歌，又不是猱兒唱。」

《兩世姻緣》一【油葫蘆】：「有那等滴溜的猱兒不覓錢，他們都錯怨天。」

《對玉梳》三【煞尾】：「則我這香名兒貫滿松江府，我與那普天下猱兒每可都做的主。」

《百花亭》一【醉中天】白：「六兒，你看那女子，扭捏做作，必是箇賣俏的㑩兒。」

《替殺妻》三【石榴花】：「那婆娘打扮來便似女猱，全不似好人家苗條。」

脈望館鈔校本《曲江池》三【商調集賢賓】：「我也曾雨雲鄉調㑇釀旦。」

猱兒，又作㑩兒，更簡作猱或㑇。《元曲選》音釋：「猱音撓（náo）」，妓女之謂。猱、㑩、㑇，音義同。據明‧朱權《太和正音譜》云：「猱，妓女總稱謂之『猱』。猱，猿屬，貪獸也。喜食虎肝腦。虎見而愛之，負其背而取虱，遭其首即死，求其腦肝腸而食之。古人取喻，虎譬如少年，喜而愛其色，彼如猱也，誘而貪其財，故至子弟喪身敗業是也。」

又，猱兒與弟子雖同稱妓女，但略有區別：弟子是受過訓練的，屬於官妓；猱兒是指未受過訓練的一般妓女。可參見「弟子」條。

惱犯

惱番

《單刀會》四【鴈兒落】：「則爲你三寸不爛舌，惱犯我三尺無情鐵。」

《黑旋風》四【幺篇】詩云：「從來白衙內，做事忒狡猾，拐了郭念兒，一步一勾搭，惱犯黑旋風，登時火性發，隨你問傍人，該殺不該殺？」

《霍光鬼諫》二【耍孩兒】：「天言聖怒難分解，惱犯著登時斬在雲陽。」

《存孝打虎》二【隔尾】：「這廝將自惱犯，我這裏將皮裘緊拴，大踏步望前捨死的趕。」

同劇三【幺】：「我從來劣性難拿，正惱犯如何收煞？」

《黃鶴樓》四【梁州】：「休惱番石亭驛摔袁祥撞塌頭皮。」

《盛世新聲》【雙調五供養·窮客程】：「惱番了明皇，休學那李太白貶夜郎。」

惱犯，謂觸怒。按惱，謂有所痛恨也，見《說文》。犯，一作番，音近義通。

惱激

激惱　急惱

《昊天塔》二、白：「我想孟良是個懞強的性兒。你使他去，他可不去；你不使他去，他可要去。某等他來時，故意的著幾句話惱激他，不怕他不和俺搭救父親去也。」

《劉弘嫁婢》一【寄生草】白：「我恰纔說了他幾句話，他故意的將這等言語來激惱我。」

《飛刀對箭》二【齊天樂】：「磕答的弓拽折，急惱的元帥怒，他道我該斬該徒。」

激，謂激動感情使之奮發，即俗謂所謂「請將不如激將」也。惱激，猶今俗云攻火、鬪氣。或作激惱、急惱，音義並同。「急」應作「激」。湯顯祖《牡丹亭·圓駕》：「平章聽說女兒成了箇色精，一發惱激。」明·馮北海《不伏老》四折：「俺二人已是如此，也省得家中惱激生氣。」「惱激」云云，均謂動怒發火也。

亦有作別義者，如《水滸》第十四回：「吳用道：『倒來相擾，多激惱他們。』」「多激惱」，謂多麻煩也。

嫇聒

惱聒

《黃粱夢》四【煞尾】：「你正果正是修行果，你災咎皆因我度脱，早則絕憂愁，沒嫇聒。」

《元人小令集》失名失題：「姨夫每惱聒。」

《不伏老》四【四煞】白：「希德此去，但打得過這番惱聒呵，也就有自在處了。」

嫇聒，謂惱怒煩噪。嫇，《廣韻》、《集韻》並音惱。《說文》謂：「有所痛恨也。」嫇、惱通用。聒（guo），《元曲選》音釋：「音果」，意謂喧擾、嘈雜也。

腦箍（nǎo gū）

《蝴蝶夢》一【後庭花】：「下腦箍，使拶子，這其間痛怎支？」

《後庭花》二【哭皇天】：「又不曾麻搥下腦箍，你怎麼口聲的就招伏？」

《救孝子》三【四煞】：「則你那細麻繩用竹簽，批頭棍下腦箍。」

腦箍，舊時酷刑刑具之一，以繩勒箍犯人之頭，迫使招供。《宋史·刑法志二》：「纏繩於首，加以木楔，名曰『腦箍』。」

鬧粧

鬧妝

《射柳捶丸》四【梅花酒】：「呀！你可便看我結束頭巾砌珍珠，繡襖子絨鋪，鬧粧帶兔鶻。」

《暗度陳倉》三【刮地風】白：「繫一條鬧粧螭虎獅蠻帶。」

《鬧銅臺》三【叨叨令】白：「繡襖盤花繫鬧妝。」

鬧妝，是用金銀珠寶之類雜綴而成的腰帶或鞍、轡等飾物。明·胡應麟《少室山房筆叢》卷二十一云：「鬧裝帶，余遊燕日，嘗見於東市中，合眾寶雜綴而成，故曰鬧裝。」「鬧裝」即鬧粧也。白居易《渭邨退居寄禮部崔侍郎、翰林錢舍人》詩：「貴主冠浮動，親王轡鬧裝。」又《和高僕射罷節度讓尚書

授少保分司喜遂游山水之作》詩云：「鞍馬鬧裝光滿路，何人信道是書生。」
《宋史・輿服志》：「仁宗景祐三年詔，官非五品以上，毋得乘鬧裝銀鞍。」
但《警世通言・崔衙內白鷴招親》云：「捧將鬧裝銀鞍馬過來。」想必是闊家
少爺的僭越。清・翟灝《通俗編・服飾・鬧裝花》：「余氏《辨林》：京師兒女
多剪綵爲花或草蟲類，曰鬧嚷嚷，即古所謂鬧裝也。白樂天詩：『貴主冠浮動，
親王轡鬧裝』，是也。又：元強珇【西湖竹枝詞】：『湖上女兒學琵琶，滿頭多
插鬧裝花。』」明・宋濂詩：「南國佳人玉作腰，鬧粧香帶折新雕。」

　　按妝、裝，音義同。

鬧竿兒

鬧桿　鬧竿

　　張小山小令【寨兒令・遊春即景】：「鬧竿兒喬傀儡，艦船上小琵琶。
　　他，醉臥美人家。」

　　《盛世新聲》【南曲・夜行船序・花底黃鸝】：「只見仕女遊人幕天席
　　地，高挑一架鬧竿兒，深深步入杏塢桃溪。」

　　《詞林摘艷》卷一無名氏小令【攤破金字令・春遊】：「花籃兒和鬧
　　桿並食罍，鞦韆下共相隨，花壓帽簷低。」

　　同書卷二陳大聲散套【黃鍾畫眉序・花月滿春城】：「彩樓珠樓相稱，
　　有鬧竿百尺倒掛絨繩，高點起萬枝燈，似落下滿天星。」

　　古代貨郎把各種玩具或諸色雜貨掛在竹竿上揹著兜售，故名鬧竿。吳自
牧《夢粱錄》卷十三「諸色雜貨」條，記小兒戲要家事名目中有「鬧竿兒」
一種。《新編南詞定律》卷二【山漁燈換頭】引《陳巡檢梅嶺失妻》戲文：「香
車寶馬人無數，鬧竿兒挑著葫蘆。」《古今小說・宋四公大鬧禁魂張》：「看時，
卻是人頭、人腳、人手，掛在屋簷上，一似鬧竿兒相似。」

　　鬧竿兒，或作鬧桿、鬧竿。《西湖老人繁勝錄》作鬧竹竿。義並同。

那吒（né zhā）

　　《魯齋郎》一【賺煞】：「也是俺連年裏時乖運蹇，可可的與那個惡
　　那吒打個撞見。」

《燕青博魚》一【初問口】：「從今日拜辭了主人家，綽著這過眼齊眉的棗子棍，依舊到殺人放火蓼兒洼，須認的俺狠那吒。」

《昊天塔》二【幺篇】：「問甚麼惡菩薩，狠那吒，金剛答話，我著釋迦佛也整理不下。」

那吒，佛教中的神名，傳說為毗沙門天王之子，是護衛佛法的，神通廣大，很有法力。《宋高僧傳・道宣傳》：「宣律師於西明寺夜行道，足跌前階，有物扶持，履空無害，熟顧視之，乃少年也。宣遽問：『何人中夜在此？』少年曰：『某非常人也，即毗沙門天王之子那吒也；護法之故，擁護和尚。』」

那吒，或作哪吒，如《張協狀元》戲文：「八臂哪吒渾不怕。」《西遊記》第五十二回：「火德與哪吒答應一聲，這行者將身一抖，那把毫毛復上身來。」或又作哪叱，如明・孟稱舜《英雄成敗》三折：「便是狠哪叱，撞不出百道重圍。」按哪吒、哪叱，音義俱同那吒。

那吒社 （né zhā shè）

《獨角牛》二【耍三臺】：「我是那那吒社裏橫禍來的非災，則今番破題兒和他相搏，他可敢寄著一場天來大利害。」

同劇三、白：「還有這一場社火，乃是那吒社，未曾酌獻。」

《打董達》二【尾聲】：「俺如今慢騰騰坦然行將去，量這廝何足論數。則我這那吒社頗曾習，播清風萬萬古。」

北方舊俗，多日農隙，聚小兒令學技擊，謂之那吒社；蓋因那吒為小兒形也，故名。

內才

《東牆記》三【幺篇】：「不知他有甚衷腸，道甚言詞，訴甚情懷，試取開，看內才，中間梗概，比那嚇蠻書賽那不賽。」

《倩女離魂》一【那吒令】白：「姐姐，那王生端的內才、外才相稱也。」

《碧桃花》楔、白：「覷著他那內才、外才，久以後必然發跡。」

內才，指學識；外才，指狀貌。內、外是相對而言。

內家

內家：一、指宮女；二、指俗家，即非出家人。

（一）

《揚州夢》一【寄生草】：「我央了十箇千歲，他剛嚥了三個半口，
險涴了內家粧束紅鴛袖。」

內家，指宮中婦女，包括后妃宮嬪以及一般婦女。李賀《酬客》詩：「行
處春風隨馬尾，柳花偏打內家香。」薛能《吳姬》詩：「身是三千第一名，內
家叢裏獨分明。」李珣〔浣溪沙〕詞：「風流學得內家妝。」《醒世恒言・勘
皮靴單證二郎神》：「此位內家，原是卿所進奉。」《金瓶梅》第十五回：「是
貴戚皇孫家豔妾來此看燈，不然，如何內家粧束？」《長生殿》十八：「聞道
君王前殿宿，內家各自撤紅燈。」皆其例。

（二）

《紅蓮債》一【拙魯速】：「你便是內家人，內家人也一般盡情。」

此「內家」指俗家，即非出家的人。初刻《拍案驚奇・聞人生野戰翠浮
庵，靜觀尼晝錦黃沙衖》：「靜觀尼此時已是內家裝扮了。」亦其一例。

能能（nēng・neng）

《伊尹耕莘》一【金盞兒】白：「好箇小廝兒！不要哭，與員外做兒，
你是有福的。員外，我著他打箇能能。」

能能，嬰兒試立狀，常與「打」字連用，叫做打能能，第二個「能」字
輕音。今北語仍這樣說，或稱作能個兒，北京口語讀陰平。魯東人稱此為蹚
蹚，浙江人呼曰亭亭。

能（néng）

能，在元曲中，隨文生訓，意義很多，撮要如下：

（一）

《黑旋風》一【一煞】：「有那等打揲臺使會能，擺山棚，博個贏，
占場兒沒一個敢和他爭施逞。」

《西廂記》二本二折【三煞】：「憑著你減寇功，舉將能，兩般兒功效如紅定。」

《三戰呂布》四、白：「曹參謀，此一件大功，皆是聖人齊天洪福，二賴曹參謀舉薦之能。」

《老君堂》四【雙調新水令】白：「大人，非某之能，託賴尊君洪福，並二位將軍之能也。」

以上各例，用作名詞，意為本事、才幹、能力。《書·大禹謨》：「汝惟不矜，天下莫與汝爭能。」《周禮·地官》：「而興賢者、能者。」注：「能者，有道藝者。」疏：「道藝，謂六藝。」所謂「六藝」，包括各方面的本事、才幹及能力。

（二）

《梧桐雨》一、白：「此人猾黠，能奉承人意，又能胡旋舞。」

《蔣神靈應》二、白：「詔令官軍以拒秦，誰能敢去立功勳？」

《西廂記》二本楔子【倘秀才】：「那廝能淫欲，會貪婪，誠可以堪。」

《百花亭》一【金盞兒】：「我向這鬧花深處緊攪截，配合這醉春情，能鶯燕，更和那調春色巧蜂蝶。」

《詞林摘艷》卷四誠齋散套【點絳唇·嬌艷名娃】：「能商謎，慣緒麻，知音兩意難拋下。」

以上各例，意為能夠、勝任、擅長。《孟子·梁惠王上》：「為長者折枝，語人曰：『我不能』，是不為也，非不能也。」《史記·田敬仲完世家》：「寡人弗能拔。」所引兩「能」字，皆勝任之意。

（三）

《董西廂》卷二【黃鍾宮·快活爾纏令】：「疏眉更目秀，鼻直齒能粗。」

《蔣神靈應》一【混江龍】白：「我想漢末晉初，誰能豪傑？某得卿者，勝劉備得諸葛也。」

《李逵負荊》四【殿前歡】：「好一個呼保義能貪色，如今去親身對證休嗔恠。」

《七里灘》一【寄生草】：「酒添的神氣能榮旺，飯裝的皮袋偏肥胖，衣穿的寒暑難侵傍。」

《凍蘇秦》三【絮蝦蟆】：「這都是剝民脂膏，養的能豪旺。」

《連環計》三【二煞】：「他歛黃金盡四方，怕沒紅顏滿洞房，怎麼禽獸般做的能淫蕩？」

「能」在這裏，同恁、同偌，是如此、這樣或那樣的意思，用爲指示形容詞。張九齡《庭梅》詩：「芳意何能早，孤榮亦自危！」「何能早」，何以這樣早也。杜甫《茅屋爲秋風所破歌》：「南邨群童欺我老無力，忍能對面爲盜賊？」「忍能」，忍得這樣也。方岳【喜遷鶯】詞：「怎乾坤許大，英雄能少？」「能」、「許」相對應，亦如此之意也。文天祥【酹江月】詞：「乾坤能大，算蛟龍原不是池中物。」「能大」，謂如此大也。吳文英【三姝媚】詞：「但怪得當年，夢緣能短。」「能短」，那樣短也。

（四）

《金線池》楔【幺篇】詩云：「雖然故友情能密，爭似新歡興更濃！」

《薦福碑》四【水仙子】：「便道你揚州牧能意氣，我則怕又做了死病難醫。」

《東坡夢》一【金盞兒】：「端的箇十分體態能聰俊。」

《氣英布》三【幺篇】：「喀則道遣紅粧來進這黃封酒，恰元來劉沛公手捧著金甌，相勸酬，能勤厚。」

《灰闌記》一、詩云：「我這嘴臉實是欠，人人讚我能嬌艷。」

《馬陵道》三【步步嬌】：「想當初在雲夢山中把天書習，定道是取將相能容易。誰知有這日，把俺七尺軀打滅的無存濟。」

能，在這裏用爲甚辭，有很、甚、極、最、十分等意。王維《達奚侍郎夫人挽歌》：「秋日光能澹，寒川波自翻。」「光能澹」，即光甚淡或光何淡也。韓愈《杏花》詩：「居鄰北郭古寺空，杏花兩株能白紅。」「能白紅」，最白紅也。向滈【阮郎歸】詞：「角聲驚夢月橫窗，此時能斷腸。」「能斷腸」，最斷腸也。

（五）

《五侯宴》楔、白：「我要將這孩兒與了人來呵，可不絕了王家後代？罷，罷，罷，能苦我一身罷，我情願典與太公。」

《任風子》二、白：「俗説：『能化一羅刹，莫度十乜斜。』」

《周公攝政》二【幺】：「休將軍國咨臣下，能把文章教爾曹。」

《金錢記》一【賺煞尾】詩云：「能爲君子儒，莫爲小人儒，酷貪酒和色，枉讀聖人書。」

能，用做願詞，猶寧，有些方言讀寧爲能。按，寧、能雙聲通假。吳文英【過秦樓・詠芙蓉】詞：「能西風老盡，羞趁東風嫁與。」自注：「能，去聲。」是說寧可老死在西風中，也以追隨桃李去嫁與東風爲羞恥也。《三國志平話》卷中：「若不依，能死戰。」「能死戰」，謂寧可戰死也。可參閱「能可」條。

（六）

《伍員吹簫》二【哭皇天】：「你本是滄江上煙波侶，能念我蘆葦中饑餓夫？」

能，怎也。

（七）

《三戰呂布》二【得勝令】：「〔劉末云：〕但得箇大小官職也罷。
〔正末唱：〕但得箇知州，也是我不待屈不能勾。」

能，願也。張飛的意思是說，就是得個知州的官，我也不想屈就，不願意得到。

（八）

《陳州糶米》一【勝葫蘆】：「恁時節，錢財使盡，人亡家破，方悔道不廉能。」

能，害也。

（九）

《冤家債主》四【水仙子】：「怎做的閻羅神有向順，擺列著惡鬼能神。」

《斬健蛟》三【越調鬥鵪鶉】：「有他這能神惡鬼。」

能，獰也，與「惡」爲互文。《東窗事犯》四【倘秀才】有「監押都是惡鬼獰神」句，可爲證。

（十）

《桃花女》三【迎仙客】：「他道是日遊神爲禍祟，我桃花女受災危，怎知有千隻眼先驅能辟鬼。」

能，邪也。

　　除以上十種解釋外，尚有：《三國志平話》卷上：「呂布如無相顧，眾將不能動。」「不能動」，不敢動也。《十二樓》第十二回：「敝連襟與小弟素不相能。」「素不相能」，謂素不相睦或不相得也。

能可

　　《瀟湘雨》二、白：「能可瞞昧神祇，不可坐失機會。」

　　《趙氏孤兒》一【賺煞尾】：「能可在我身兒上討明白，怎肯向賊子行捱推問。」

　　《介子推》二【四塊玉】：「太子呵！你能可眼睜睜服藥酒。」

　　三十種本《博望燒屯》：「常想起卞和般獻璧，能可學韓信般乞食。」

　　《陳州糶米》一【金盞兒】：「我能可折升不折斗，你怎也圖利不圖名。」

　　元本《琵琶記》二十八：「能可信其有，不可信其無。」

　　能可，用作願詞，即寧可之意。有些方言讀寧爲能。按，能、寧雙聲，由開口呼變齊齒呼，口語變化常如此。又能可一作耐可，如李白《秋浦歌》云：「水如一匹練，此地即平天。耐可乘明月，看花上酒船。」蓋「耐」與「能」爲雙聲字，古義通。故王琦《李集》注云：「解爲能可，云即寧可。」

泥中刺

　　《兒女團圓》四【太平令】：「莫怪他泥中隱刺，他又不曾道節外生枝，也不索丁一卯二。」

　　《黃鶴樓》三【水仙子】白：「看玄德公面皮，將這廝搶下樓去，這廝敢泥中隱刺。」

　　同劇三【尾聲】：「小人怎敢泥中刺？〔周瑜云：〕若不看玄德公的面皮，殺了這廝多時了。〔正末唱：〕休！休！休！可不道『大官不覷簾下事』？」

　　《詞林摘艷》卷七王元鼎散套【河西後庭花‧走將來涎涎鄧鄧冷眼兒睄】：「走將來，笑吟吟，粧呆粧婪；硬廝掙，軟廝禁；泥中刺，綿裏針；黑頭蟲，黃口鵺。」

　　泥中刺，意同「笑裏刀」，比喻難以察覺的陰謀。

泥裏陷

泥中陷

《燕青博魚》一、白：「自家燕青的便是。自從壞了我這雙眼，下的山來到這店肆中安下，房宿飯錢都少下他的。那小二哥被大主人家埋怨，今日把我趕將出來。便好道：『男兒不得便，剌頭泥裏陷』，拼的長街市上盤街兒叫化去咱。」

《蘇小卿月夜販茶船》【二煞】：「倚仗你馮魁茶引三千廣，強把蘇卿熱似粘。眼見的泥中陷，赤緊的販茶客富，更和這愛鈔娘嚴。」

《詞林摘艷》卷三王世甫散套【粉蝶兒·浪靜風恬】：「倚仗你茶多強挽爭著買，倚仗著錢多熱死粘，眼見的泥中陷，赤緊的泛茶的客富，更和這愛鈔的娘嚴。」

泥裏陷，一作泥中陷，比喻遭逢困境或災難。

泥媳婦

《魔合羅》一【金盞花】：「他有那關頭的蠟釵子，壓鬢的骨頭梳，他有那乞巧的泥媳婦，消夜的悶葫蘆。」

泥媳婦，一種小孩玩具，即用泥塑成的女娃娃。

擬定

已定　定擬

《西廂記》五本三折【收尾】白：「這妮子擬定都和那酸丁演撒！」
同劇一本二折【四邊靜】白：「那小娘子已定出來也，我則在這裏等待問他咱。」

《破窰記》一、白：「憑著喒兩箇這般標致，擬定繡毬兒是我每，不避驅馳，俺走一遭去來。」

《開詔救忠》二【堯民歌】白：「我若不是走的緊，我這後心頭，擬定著他一槍。」

《樂府群珠》卷四湯舜民小令【普天樂·安命】：「守清貧，無災害，窮通定擬，天地安排。」

擬定，一作已定、定擬，意謂準定、必定、一定、注定；用作副詞，語氣肯定。陳先《題陶源僧》詩：「定擬辭塵境，依師過晚年。」顧非熊《寄陸隱君》詩：「定擬秋涼過南崦，長松石上聽泉聲。」皆其例也。或又作以定，如：《水滸》第二十九回：「這個大漢以定是蔣門神了。」《水滸全傳》第七十四回：「怕人算他，以定是假裝害病的。」按已、以古通用。

年時

　　《董西廂》卷七【仙呂調·點絳唇纏令】：「從別後，臉兒清秀，比是年時瘦。」

　　《詞林摘艷》卷二散套【中呂好事近·天氣煖如春】：「年時蹀躞，軟紅十里香塵；無言自哂對玄冥，錯把東皇認。」

　　《陽春白雪》前集五楊果小令【越調小桃紅】：「常記年時對花飲，到如今，西風吹斷回文錦。」

　　《樂府新聲》下無名氏小令【梧葉兒·正月】：「年時節，元夜時。雲鬟插，小桃枝。今年早不見爾，淚珠兒滴滿了春衫袖兒。」

　　《貨郎旦》四【梁州第七】：「正遇著美遨遊融和的天氣，更兼之沒煩惱豐稔的年時，有誰人不想快平生志？」

　　年時意有二：一、指過去，謂昔年、彼時、往日，如前四例；二、指現時情況，謂年頭、年景、如例五。作為第一解，宋詞中多已見，如宋·蘇庠【菩薩蠻】詞：「年時憶著花前醉，而今花落人憔悴。」這裏「年時」與「而今」相對照，則年時指過去之意甚明。明·陳耀文《花草粹編》三曹元寵【十二時】詞：「年時酒伴，年時去處，年時春色，清明又近也，卻天涯為客。」這裏「年時」與「清明又近」句相應。《六一詞》【浪淘沙】：「此地年時曾一醉，還是春朝。」這裏「年時」與「春朝」相應。宋·劉辰翁【青玉案】詞：「前度劉郎重喚渡。漫山寂寂，年時花下，往往無尋處。」此與「重」字相應。清·洪昇《長生殿·密誓》：「報道今宵七夕，忽憶年時。」此與「今宵」相應。孔尚任《桃花扇·拜壇》：「年時此日，問蒼天，遭的甚麼花甲？」此與「花甲」相應。以上所引年時，指的都是過去。

撚指（niǎn zhǐ）

撚指間

《忍字記》二【南呂一枝花】：「我想這四季韶華，撚指春，回頭夏；我想這利名心都畢罷。」

《黃鶴樓》一【天下樂】：「無撚指黃鶴樓敢番做戰場。」

輯佚《韓翠蘋御水流紅葉》【正宮端正好】：「想一年世事如翻手，撚指間重陽又。」

輯佚《陳文圖悟道松陰夢》【混江龍】：「撚指間朱顏昨日，急回頭白髮明朝。」

撚指，為撚指間之省辭，極喻時間之短促，就像撚轉一下手指那樣快。《三國志平話》卷上：「連飲三鉢，撚指卻早酒帶半酣」，亦其例。撚，一作拈，同音借用。例如《水滸全傳》第七十三回：「拈指間散了殘肉。」

撚酸

脈望館鈔校本《曲江池》一【賞花時】：「〔外醉云：〕大姐，你和別人說話，我不撚酸，你倒撚了。」

《盛世新聲》亥集小令【寨兒令】：「會撚酸，強成歡。」

撚酸，猶今云吃醋，嫉妒之意。馬令《南唐書·舒雅傳》：「韓熙載不拘禮法，嘗與雅易服燕戲，猱雜侍婢，入末念酸，以為笑樂。」後俗有拈酸弄醋語本此。一作捻酸，如：《繡襦記》四、白：「姐姐，有子弟娶到家去，大老婆吃醋捻酸。」《牡丹亭·圍釋》：「便許他在那裏，你卻也忒撚酸。」《今古奇觀·蔡小姐忍辱報仇》：「誰想卞福老婆，是箇拈酸的領袖，吃醋的班頭」，均是。念、捻、拈、撚，音近通用。

撚靶兒的

《硃砂擔》一【金盞兒】白：「你是個貨郎兒，我也是個撚靶兒的，我和你合個夥計，一搭裏做買賣去。」

同劇一【四季花】白：「兄弟，喒都是撚靶兒的，你唱一個，我吃一碗酒。」

《漁樵記》三、白：「老漢是這會稽郡集賢莊人氏，姓張，做著個撚
　　靶兒的貨郎。」

　　撚靶兒的，即賣雜貨的貨郎，這從《磚砂擔》例中邦老前後講的話，就
可以證實。徐嘉瑞說是「收買破物的」（見《金元戲曲方言考》），非。《漁樵
記》中的張懺古雖然吆喝著「笊籬、馬杓、破缺也換那」，但這祇是在出售雜
貨的同時，附帶收買一些廢舊物品，不可喧賓奪主。

念

《竇娥冤》三【快活三】：「念竇娥葫蘆提當罪愆，念竇娥身首不完
　　全，念竇娥從前已往幹家緣。」

《裴度還帶》二【罵玉郎】：「那個肯恤孤念寡存仁義？」

《伍員吹簫》二【哭皇天】：「你本是滄江上煙波侶，能念我蘆葦中
　　饑餓夫？」

《灰闌記》二【山坡羊】：「念妾身求食賣笑，本也是舊家風調，則
　　爲俺窮滴滴子母每無依靠。」

《霍光鬼諫》三【倘秀才】：「感陛下特憐念舊公侯，親自來問候。」

《陽春白雪》後集三劉時中散套【端正好·上高監司】：「怕不人心
　　姦巧，爭念有造物乘除。」

　　念，猶憐，猶愛。「憐念」連文，則成複意詞。唐·儲光羲《同王十三維
哭殷遙》詩：「生理無不盡，念君在中年」，謂人生原無不死，只是憐君死在
壯年耳。李賀《南園》詩：「橋頭長老相哀念，因遺戎韜一卷書。」「相哀念」，
謂相哀憐也。宋·陳師道《寄晁載之兄弟》詩：「念子方壯吾已衰，不見參天
二千尺。」「念子方壯」，謂愛慕你正當壯年也。李清照【鳳凰臺上憶吹簫】
詞：「惟有樓前流水，應念我終日凝眸。」「應念我」，謂應憐我也。元本《琵
琶記》二十六：「夢裏分明有鬼神，想是天憐念。」「天憐念」，謂天憐憫也。
今皮黃劇《磚痕記》：「望侯爺，開大恩，把奴憐念。」「憐念」意同上。

念合

《對玉梳》二【倘秀才】：「休假溫存絮叨叨取撮，佯問候熱剌剌念
　　合。」

念合，即北語之粘合兒，親熱不離之意。《雍熙樂府》【點絳唇套・贈妓名斗兒】：「一任那粘合處涎乾了肉鰾膠」，可證。

娘

《緋衣夢》三【調笑令】：「到來日雲陽鬧市中，殺麼娘七代先靈。」

《燕青博魚》一【六國朝】：「你有甚娘忙公事，莫不去雲陽將赴法？」

《生金閣》二【幺篇】：「多不到半月時光，餐刀刃親赴雲陽，高桿首吊脊梁，木驢上碎分張，渾身的害麼娘椀大血疗瘡。」

《酷寒亭》一【醉中天】：「我待揪扯著他，學一句燕京廝罵，入沒娘老大小西瓜。」

《瀟湘雨》四【笑和尚】詞云：「雖然是被風雨淋淋淥淥，也不合故意的喃喃篤篤，他伴當若打了我一鞭，我也就拷斷你娘的脊骨。」

《東堂老》二【煞尾】：「我著那好言語勸你你不聽，那廝們謊話兒弄你，且是娘的靈！」

《殺狗勸夫》一【鵲踏枝】：「今日個到墳堂中來廝認，是你什麼娘祖代宗親？」

《貨郎旦》二【太平令】：「住了雨也，曬甚娘褐袖？」

《漁樵記》三【醉春風】：「我與你便花白麼娘那小賤人。」

《陳州糶米》一、白：「這百姓每刁潑，挐那金鎚來打他娘。」

娘，猶今粗語他媽的，是宋元人一種口病。在元曲中穿插「娘」字，是為表辱罵、怨詈或驚異，並加強語氣作用。

「娘」字此種用法，宋代已見，如趙師俠【蝶戀花】詞：「茶飲不懂猶自可，臉兒瘦得些娘大。」此「娘」字表驚異，並不含辱罵成份。

在上列各例中，「麼娘」、「沒娘」之「麼」字和「沒」字，猶這麼、那麼，或視為這麼、那麼之省詞。可參閱「麼」字條。

釀（niàng）旦

脈望館鈔校本《曲江池》三【商調集賢賓】：「我也曾雨雲鄉調徕釀旦。」

釀旦，即與妓女調戲之意。「釀」與「調」互文見意，「釀」亦調侃戲謔之謂。全句是說：「我也曾在妓院裏和妓女們調笑取樂。」宋元戲文《柳耆卿詩酒翫江樓》【雙調過曲・鎖南枝】：「若提起，這柳七，誰不識此公是佶倬客？釀旦調侃，是他爲第一。」可證。

捏舌

捻舌　捏舌頭

《燕青博魚》三【滾繡毬】白：「把腳擡的輕著些兒，不要走的響了，著人聽見，又捏舌也。」

《合同文字》三【幺篇】白：「這廝故意的來捏舌，待詐騙喒的家私哩！」

《爭報恩》二【朝天子】白：「只說獐過鹿過，不說鹿過，每日則捏舌頭說別人，今日可是你，還不羞死了哩！」

《翫江亭》三【十二月】白：「我這般躬身叉手，曲背低頭，背著你，街上人都捻舌，排說我哩。」

捏舌，謂弄舌，說閒話；捻，同捏。

涅槃（niè pán）

《西遊記》一本一齣、白：「自佛入涅槃後，我等皆成正果。涅槃者，乃無生無死之地。」

《雙林坐化》二、白：「今有惡魔波旬，在靈山請世尊當入涅槃。」

涅槃，佛教術語。梵語涅槃那之省，亦作涅洹。義譯爲圓寂、滅度。有有餘涅槃、無餘涅槃二種。《琅琊代醉編・涅槃》：「梵語涅槃，此云無爲。《楞伽經》云：乃不生不死之地，一切修行之所依歸。」

恁（nín）

您

《牆頭馬上》四【上小樓】：「恁母親從來狠毒，恁父親偏生嫉妒。」

《漢宮秋》二【隔尾】駕白：「恁不去出力，怎生叫娘娘和番？」

《李逵負荊》四【攪箏琶】白：「哥哥，您兄弟山澗直下砍了一束荊杖，告哥哥打幾下。」

《金錢記》二【滾繡毬】白：「恁兄弟願隨鞭鐙。」

同劇四【沉醉東風】：「也不索頻頻的樓前動樂，誰和恁臺上吹簫？」

《詞林摘艷》卷二散套【南呂春雲怨·暗想嬌質】：「暗想當年成婚姻，玉貌多豐韻。塵朦鸞鏡，也只爲恁，離愁萬種，也只爲恁。」

以上「恁」字，音意同您，蓋「您」字之形誤。又古時您即指你，並非敬稱，與今日用法不同。《劉知遠諸官調》十一【仙呂調·尾】：「恁子母說話整一日，直到了不辨個尊卑。」《董西廂》卷二【正宮·脫布衫】：「思量恁怪那不怪。」清·洪昇《長生殿·製譜》：「恁聰明，也堪壓倒上陽花。」皆其例。

寧奈

寧奈　寧耐

《董西廂》卷五【中呂調·木蘭花】：「紅娘勸道：『且寧奈，有何喜事恁大驚小怪？』」

《牆頭馬上》二【罵玉郎】：「這的擔著利害，把你那小性格且寧奈。」

《金鳳釵》三【鬪蝦蟆】：「休得寧奈，休得停待，一會巡軍朗朗，提將鈴來。」

《老生兒》一【那吒令】：「怎著我空指望，空寧耐，落得這苦盡甘來。」

《灰闌記》三【古水仙子】：「告、告、告狠爹爹寧耐吵，來、來、來聽妹子細說根牙。」

《王粲登樓》二【煞尾】：「他年不作文章伯，異日須爲將相材，待與不待總無礙，時與不時且寧耐。」

《陳州糶米》四【沽美酒】：「小衙內做事歹，小懒古且寧奈。」

寧奈，謂忍耐、安心。按「奈（柰）」應作「耐」。「寧耐」一詞，元以前已習用，例如：宋·劉克莊【鵲橋仙】詞：「回頭調戲竊桃兒，且寧耐等他桃熟。」又【沁園春】詞：「病叟慚惶，尊官寧耐，待鐵拐先生旋出來。」《朱

子全書·易》：「問需卦大指曰：『需者，寧耐之意，以剛遇險時節如此，只當寧耐以待之，且如涉川者多以不能寧耐致覆溺之禍。』」

寧家

寧家住　寧家住坐

《灰闌記》二【浪裏來煞】白：「這事問成了也，干證人都著寧家去。」

《爭報恩》四【竹枝歌】詞云：「趙通判并兒女發回鄉土，四口兒寧家住夫婦團圓。」

《救風塵》四【太平令】白：「您一行人聽我下斷：周舍杖六十，與民一體當差，宋引章仍歸安秀才爲妻，趙盼兒等寧家住坐。」

寧家、寧家住、寧家住坐，意爲回家安分守己過日子，是宋、元時代官府判案的專門用語。《京本通俗小說·菩薩蠻》：「官府只得將僧可常追了度牒，杖一百，發靈隱寺，轉發寧家。」《清平山堂話本·曹伯明錯勘贓記》「曹伯明公名無事，發落寧家。」《水滸》第二十二回：「干連的人盡數保放寧家。」皆其證。按寧家爲寧家住和寧家住坐的省語。

又古俗女子出嫁後回家探望父母，叫做歸寧。如《詩·周南·葛覃》：「歸寧父母」。寧家，當爲「歸寧」之衍伸義。

寧貼

寧帖　寧寧帖帖

《拜月亭》三【尾】：「我這些時眼跳腮紅耳輪熱，眠夢交雜不寧貼。」

《五侯宴》二【梁州】：「若是我無箇孩兒伶俐些，那其間方得寧貼。」

《百花亭》一【金盞兒】：「我正咨嗟不寧貼，一聲查梨條賣也，猛聽了心歡悦。」

《太平樂府》卷八朱庭玉散套【一枝花·女怨】：「敲碎人腸，幾曾寧帖？」

《陽春白雪》後集四王伯成散套【鬪鵪鶉】：「本待要寧寧帖帖剛睡些，怎禁那啾啾唧唧蚩韻切！」

《詞林摘艷》卷一劉庭信小令【折桂令・憶別】：「罷則罷一半兒拖拽，休則休一發寧貼。」

同書卷八宮大用散套【一枝花・天不生仲尼】：「平安信斷連三月，正心緒不寧貼。」

寧貼，謂平安舒貼。貼，一作帖，音意同。王安石《再用前韻寄蔡天啓》詩：「扶疴歸未久，吾見喜寧帖」，亦其例。

牛觔
牛金

《五侯宴》三、白：「我父親是趙太公，祖傳七輩，都是莊家出身。一生粗魯，不尚斯文。伴著的是王留、趙二、牛表、牛觔。」

《伍員吹簫》三、白：「我是喚當村裏後生咱！無路子、沙三、伴哥、牛表、牛觔，你每一齊的都來！」

《秋胡戲妻》二【煞尾】：「牛表、牛觔是你親戚，大戶鄉頭是你相識。」

《黃鶴樓》二【滾繡毬】白：「你看那黃菊近東籬，村老忙將驢驢騎，牛金、牛表扶策走，只喫的東歪西倒醉如泥。」

牛觔，一作牛金，是舊時農村中有錢有勢或好事少年的泛稱。一說：謂雜劇中的小兒，多以沙三、伴哥、王留、牛表、牛觔為名，無所取義，猶如說張三、李四。或作牛筋，如《白兔記》三：「牛筋引鼠哥一隊。」或作牛斤，如《浣花溪》三：「老漢不免喚本村沙三、伴哥、牛斤、牛表來，一齊打掃。」按觔、金、筋、斤，俱同音通用。

牛酒

《誶范叔》一【寄生草】白：「賢士，小官奉命將著那牛酒管待賢士，請滿飲此杯者！」

牛酒，謂牛肉與酒，古時用作賞賜、饋贈、慰勞、祭祀的物品。《戰國策・齊策》：「乃賜單牛酒，嘉其行，後數日，貫珠者復見王。」《史記・孟嘗君傳》：「聞先生得錢，即以多具牛酒而燒券書，何？」《漢書・文帝紀》：「朕初即位，其赦天下，賜民爵一級，女子百戶牛酒。」注：「率百戶共得牛若干頭，酒若干石，無定數也。」杜甫《贈左仆射鄭國公嚴公武》：「西郊

牛酒再（一作至），原（一作九）廟丹青明。」《魏書・世祖紀上》：「帝至遼西，文通遣其侍御史崔聘奉獻牛酒。」杜甫《八哀詩》：「西郊牛酒再，原廟丹青明。」《三國志平話》卷中：「牛酒管待。」《新編五代史平話》卷下：「及周軍至，爭奉牛酒迎勞。」皆其例。

牛鼻子

《勘頭巾》三【掛金索】：「〔丑云：〕……不知那裏走一個人來，和我劈面一撞，撞掉了那廝帽兒，原來是個牛鼻子。〔張千云：〕哦！哥也，我去取頭巾時，也撞見個牛鼻子來。〔正末云：〕孩兒也，那牛鼻子曾問你甚麼話來？」

《竹葉舟》一【天下樂】白：「你看中間一個老禿廝，左邊一個牛鼻子，右邊一個窮秀才，攀今攬古的，比三教聖人還張智哩。」

《風雲會》一【醉中天】白：「氣殺我也，他怎敢說我？殺了這個牛鼻子！」

牛鼻子，舊時對道士的諷稱，俗謂道士為牛鼻子老道；何所取義，待考。一說，因道士結髮為髻，高聳頭頂，有如牛鼻，故名。

扭捏

扭捏著　扭捻

《救風塵》三【倘秀才】：「怕不扭捏著身子蕎入他門。」

《西廂記》一本四折【錦上花】：「扭捏著身子兒百般做作，來往向人前賣弄俊俏。」

《看錢奴》一【六幺序】：「馬兒上扭捏著身子兒詐。」

《百花亭》一【醉中天】白：「六兒，你看那女子，扭捏做作，必是個賣俏的俫兒。」

《詞林摘艷》卷四丘汝晦散套【點絳唇・月朗風清】：「慢騰騰扭捻穿芳徑，笑吟吟做意兒將雕闌凭。」

走路時身體左右擺動、裝腔作勢以取姿，或說話吞吞吐吐，不大方，不痛快，均謂之扭捏。上列元曲諸例，多指動作而言。捏、捻同音通用。現在此語仍沿用，多疊作「扭扭捏捏」或「忸忸怩怩」。

又作紐捏，如《貨郎旦》四【梁州第七】：「紐捏來無詮次。」此「紐捏」，謂編排、編湊，是上舉例意的引申。

膿血債

元刊本《鐵拐李》三〔太清歌〕：「我倚仗著膿血債覓衣食。」

《蝴蝶夢》四【水仙子】：「捱了些膿血債，受徹了牢獄災，今日個苦盡甘來。」

《李逵負荊》四【沈醉東風】：「第一來看著喒兄弟情，第二來少欠他膿血債。」

《爭報恩》二【二煞】：「你後來要還我這膿血債。」

膿血債，指受杖責。受杖刑時，被打得皮破血流，故云。

弄舞（nòng wǔ）

《騙英布》二【牧羊關】：「我將他手掌兒上奇擎，他向我頸邊弄舞。」

弄舞，戲弄之意。《列子・仲尼》：「爲若舞彼來者奚若。」注：「世或謂相嘲調爲舞弄也。」「弄舞」爲「舞弄」的倒文，意同；或寫作侮弄。

耨（nòu）

《金線池》二【二煞】：「有耨處散誕鬆寬著耨，有偷處寬行大步偷，何須把一家苦苦死淹留？」

《西廂記》四本二折【小桃紅】：「一個姿情的不休，一個啞聲兒廝耨。」

《雍熙樂府》散套【一枝花・常存一片心】：「寶釵橫，鴉髻鬖鬖，粉汗濕，耨聲悄悄。」

耨，宋元人俗語。徐文長說：「北人謂相昵曰耨。」（王注《西廂》引）即形容男女間縱情相悅時的情態；爲「弄」字的音轉。今溫州方言尚如此。魯人呼弄爲耨，猶呼嫩爲論，呼挈爲捻。王季思謂耨是嬲（niǎo）的假借字。或曰《西廂》之「耨」字應是呻吟聲。北人謂呻吟曰吽嘍。「廝耨」即「吽嘍」的音轉。明人雜劇《女貞觀》二折：「耨聲俏俏蛾眉縱，弓鞋窄窄纖腰送。」清・洪昇《長生殿・尸解》：「好結果一場廝耨，空落得薄命名留。」皆其例。

奴胎

奴台　駑駘

《牆頭馬上》二【紅芍藥】：「〔嬤嬤云：〕都是這梅香小奴才勾引來
的。〔正旦唱：〕枉罵他偷寒送煖小奴才，要這般當面搶白。〔嬤嬤
云：〕不是這奴胎是誰？」

《青衫淚》一【天下樂】：「則索倚定門兒手托腮，想別人奴胎，也
得個自在。」

《羅李郎》二【尾煞】：「我把你那背義的奴胎，不道的素放了！」

《金錢記》三【滿庭芳】白：「我則道你是個三貞九烈閨中女，呸！
原來你是個辱門敗戶小奴胎。」

《謝金吾》一【鵲踏枝】：「割捨了我個老裙釵，博著你個潑駑駘。」

《詞謔》附載散套【大石調·念奴嬌】：「請使長快疾行，交（教）
奴台喫頓拷。」

奴胎，罵辭，卑賤之稱，猶奴才。或作奴台、駑駘，音意並同。台為「胎」
字的省寫。《荊釵記》四十一：「假乖張賤奴胎，把花言抵搪。」《牡丹亭·婚
走》：「不是俺鬼奴台妝妖作乖。」皆其例。用「胎」字作為罵辭，就是說，
在娘胎裏已是奴才，猶如說賤種。現在鄂語有「坯子」或「賤坯子」的說法，
與「奴胎」之意略近。

弩門

《哭存孝》一、白：「米罕整斤吞，抹鄰不會騎，弩門并速門，弓箭
怎的射。」

《射柳捶丸》三、白：「也不會弩門速門。」

《岳飛精忠》一、白：「弩門並速門，撒袋緊隨身。」

弩門，蒙古語：弓，見明·火源潔《華夷譯語·器用門》。

弩杜花遲

《存孝打虎》二【尾聲】白：「有弩杜花遲，準備著相持。」

弩杜花遲，蒙古語：拳師。明・火源潔《華夷譯語》謂：拳曰「弩杜兒哈」，拳師曰「弩杜花遲」。按遲，猶赤，平仄之別耳；蒙古語慣例，凡稱某類人皆繫以「赤」字，偶爾用「遲」字。

女直

《金安壽》四【慶宣和】白：「女直家多會歌舞，您兩個帶舞帶唱，我試看咱！」

《村樂堂》一、白：「小官完顏，女直人氏，完顏姓王，僕察姓李，自跟著狼主，累建奇功，加某爲薊州同知之職。」

《射柳捶丸》一【鵲踏枝】白：「相公，小官舉一人，乃是婁宿太尉之子完顏，女直人氏，小字延壽馬。此人驍勇，膽略過人，善能騎射。」

女直，即女眞；其族向來附屬於契丹，女眞避契丹主興宗宗眞之諱，改眞爲直。女眞，是位於我國東北邊區的一個種族名，爲黑水靺鞨之後。唐時靺鞨（mòhé）來朝，太宗召問來使，言及女眞之事，中國始知其名。女眞分生女眞與熟女眞兩種，在松花江以西的，繫籍於遼，名熟女眞。在松花江以東的，雖屬遼而不繫籍，名生女眞。宋徽宗時，生女眞部長完顏阿骨打叛遼（即契丹，時契丹已改稱爲遼），自立爲大金帝，一傳而滅遼北宋，爲女眞全盛時期。及蒙古族興，金爲所滅，其族漸衰敗。後清人在關東，自稱珠巾，即女眞之音轉，後改稱滿洲。故金眞、金人、滿族，實一脈相承。若再上推，三代之肅愼，實即女眞之遠祖。詳見《文獻通考・四裔考・女眞》。

暖堂

暖堂院

《看錢奴》三【後庭花】：「你不肯冬三月開暖堂，你不肯夏三月捨義漿。」

《詞林摘艷》卷一劉庭信小令【醉太平・走蘇卿】：「尋葫蘆鋸瓢，拾磚瓦攢窯，暖堂院番做乞兒學。」

暖堂，或作暖堂院，謂設爐取暖的房子，或以收容凍餒無歸者。敦煌變文《維摩詰經菩薩品變文乙》：「暖堂掃灑，清風而不起埃塵；幽室鋪陳，滿座而旋成瑞氣。」據此知唐已有暖堂之設矣。

煖痛

暖痛　軟痛

《虎頭牌》四、白：「經歷，今日同夫人牽羊擔酒，與叔叔煖痛去來。」

《舉案齊眉》四【得勝令】詩云：「他家忒煞賣弄，打的屁股能重，燒酒備下三餅，到家自己煖痛。」

《延安府》三【白鶴子】白：「大人做事忒喬，拿住我則管便敲，俺兩箇自家暖痛，頭燒酒呷上幾瓢。」

《羅李郎》一【金盞兒】白：「父親，今日打您孩兒幾下，明日我那眾弟兄知道呵，湯哥著他老爹打了一頓，眾人安排酒軟痛，又是一醉。」

舊俗，當人受杖責後，親友備酒食安慰之，謂之煖痛。或作暖痛、軟痛。軟，音近而訛。

那撚（nuó niǎn）

《麗春堂》二【石榴花】：「已拋下二擲，似啄木尋食，從來那撚無凝滯，疾局到底便宜。」

那撚，謂以手指撚動、拋擲骰（shǎi）子。那，同挪。撚，同捻。故那撚即挪捻，轉動貌，形容擲骰子的樣子，如上例。一作挪動解，如徐渭《雌木蘭》一折：「等待得腳兒鬆大步重那撚，直翻身戳到黑山尖。」「大步重那撚」，謂大步挪動。

那（nuò）

那：一、同奈何；二、用作語尾助詞。

（一）

《博望燒屯》二、白：「我欲待統兵迎敵，爭那俺軍師管通病體在身，未曾行兵。」

《藍采和》三【滾繡毬】：「你這火奶腥未落朱顏子，纏定那十二初分藍采和，養性無那。」

《詞林摘艷》卷六曾瑞卿散套【端正好‧一枕夢魂驚】：「氣難吞吳魏亡了諸葛，道不行齊梁喪了孟軻，皆因天數難那。」

　　那，爲「奈何」的切音。《左傳》宣公二年：「棄甲則那。」王念孫疏證：「棄甲則那，言棄甲則奈何也。」顧炎武《日知錄》云：「直言之曰那，長言之曰奈何，一也。」李白《長干行》：「自憐十五餘，顏色桃花紅。那作商人婦，愁水復愁風。」王維《酬郭給事》：「強欲從君無那老，將因臥病解朝衣。」杜甫《送郭中丞》：「漸衰那此別，忍痛獨含情。」「那」字，均「奈何」之意也。

（二）

　　《救風塵》三【幺篇】白：「周舍，你爭甚麼那？你的便是我的，我的就是你的。」

　　《凍蘇秦》三【梁州第七】：「天那！我幾時能勾氣昂昂博得這衣錦還鄉？」

　　同劇三【牧羊關】白：「哥也，你是謊那？可是眞個？」

　　那，用作語尾助詞，讀如諾（nuò），不讀納（nà）。《後漢書・韓康傳》：「公是韓伯休那？乃不二價乎？」李賢注：「那，語餘聲也，音乃賀反。」按「乃賀反」，亦讀「諾」也。

搓沙

搦沙　搏沙　搏殺

　　《合汗衫》二【絡絲娘】：「好家私水底納瓜，親父子在拳中的這搓沙，寺門前金剛相廝打。」

　　《風雲會》一【寄生草】：「亂紛紛國政如搏沙，虛飄飄世事如嚼蠟。」

　　《誤入桃源》一【那吒令】：「人情似啖馬肝，世味如嚼蜂蠟，嘆紛紛塵事搏（搏）沙。」

　　《太平樂府》卷八喬夢符散套【一枝花・雜情】：「現如今如嚼蠟，似咬瓦，若搏沙。」

　　同書卷九楊立齋散套【哨遍】：「世事搏殺嚼蠟，等閒榮辱休驚訝。」

　　《詞林摘艷》卷三陳大聲散套【粉蝶兒・三弄梅花】：「恩情如搦沙，情苦似嚼蠟，知他在那廂猥笑臉，虛擔著許多驚怕。」

搢，同搦（nuò），握也，俗言攥（zuàn）。沙，非常細碎的石粒，捏不攏來。故常用搢沙、搦沙形容離散、不能團聚，不堅牢。摶（tuán），以手揉物成圓形之謂。故摶沙意同搢沙；或作摶殺，沙、殺通用。或又作捻沙，如明人雜劇《花前一笑》四：「霎時間捻沙般的，團成親戚」，是也。按捻（niē），同捏，捻沙，意同搢沙。

甌摳（ōu kōu）

歐摳　甌兜

《董西廂》卷二【雙調・文如錦】：「生得眼腦甌摳，人材猛浪。」

甌摳，窪下、深陷貌。又作歐摳、甌兜（見《流星馬》三、白：「眼歐摳，眉倒竪，達達番軍。」《那吒三變》二、白：「一箇箇甌兜臉醜頭怪腦。」）；《紅樓夢》又作摳摟，如第五十二回云：「再熬上半夜，明兒眼睛摳摟了，那可怎麼好？」又有作「窩甌」的，如云窩甌眼，音近義並同。

偶斗

偶陡

《來生債》三【金蕉葉】：「我則見雲偶斗空中亂擺，恰便似千百面征鼙亂凱。」

《陳倉路》二【十二月】：「蕩起這黃塵偶陡，則他殺氣凝眸。」

《盛世新聲》【中呂粉蝶兒・花落春愁】：「空目不斷雲山偶陡，我則怕大江流不盡離愁。」

偶斗，狀雲塵涌起之詞；或作偶陡，音意同。

偶煙（ǒu yiān）

煙偶

《博望燒屯》三、白：「揚起灰塵，煙又是那草偶，灰塵又狂天的起，風又是刮，俺在上風頭，他在下風頭，刮下煙去，則說俺真箇埋鍋造飯哩，順著蚰蜒小道兒，我直走到哈密裏去也。」

同劇同折、白：「依著元帥，將這折槍、破鞍子、蒿草偶起煙來了也。」又白：「夏侯惇那廝……偶煙計走了也。」

北語謂燒草時，壓住火焰，不使盛燃，使發濃煙，稱爲偎煙。把垃圾廢物堆集一處，經過日曬雨淋，變成肥料，叫做漚肥。通寫作漚。偎煙之偎，即漚意。偎、漚同音通用。「偎煙」或倒作「煙偎」，或分開用，義同。

藕牙

藕芽

《詞林摘艷》卷三蘭楚芳散套【粉蝶兒・如月如花】：「我則見窄弓弓藕牙兒剛半扎，踐香塵，踏落花。」

《樂府群珠》卷一失註【山坡羊・思念】：「藕生芽，恰開花，怎生般纏得些娘大？」

《盛世新聲》【黃鍾・喜遷喬・寶髻高盤鳳釵插】：「十指纖纖似藕芽。」

藕（ǒu），荷的根莖；藕芽，藕上生的嫩芽，這裏用以形容少女手（如例三）足（如例一、二）之尖小。《金瓶梅》第八回：「似藕生芽，如蓮卸花，怎生纏得些娘大？」亦形容足小之例。

慪氣（òu qì）

《老生兒》二【幺篇】白：「他見了我呵，必然要受他一場慪氣，如今也顧不得了。」

《隔江鬥智》三、詩云：「周公瑾枉施三計，反受我一場慪氣，這的是自送殘生，只可惜把小喬孤單半世。」

慪氣，謂惹氣、鬥氣、動氣。或作慪氣。如《醒世恒言・灌園叟晚逢仙女》：「受了這般潑男女慪氣。」此語現在仍通行，如楊朔《三千里江山》：「（姚志蘭）鼓著腮幫子跟他媽慪氣。」

怕

「怕」在元曲中，隨文生訓，解法很多，擇要條舉如下。

（一）

《謝天香》三【滾繡毬】：「姐姐每背教誨，怕不是好意？爭奈我官人行，怎敢便話不投機？」

《金線池》一【醉扶歸】白：「我老人家如今性子淳善了，若發起村來，怕不筋都敲掉你的！」

《楚昭公》三【紅繡鞋】白：「怕不是鄉閭，大家看個風水，實是船小，載不起這幾個人。」

《張天師》一【賺煞尾】：「你若有十分的至誠心，我怕沒有九轉丹相送？」

《西廂記》三本四折【天淨沙】：「〔紅云〕因甚的便病得這般了？〔末云：〕都因你行！——怕說的謊——因小侍長上來，當夜書房一氣一個死。」

《殺狗勸夫》二【倘秀才】：「你兩個若沒俺哥哥，怕不餓殺你這頰？」

《西遊記》三本九齣、白：「妾身火輪金鼎國王之女，被通天大聖攝在花果山中紫雲羅洞裏，怕不有受用，爭奈不得見父母之面，好生煩惱人也呵！」

《劉行首》二【滾繡毬】：「你怕不楊柳腰，容貌好，久以後那裏每著落？」

《凍蘇秦》一【青哥兒】白：「以先生之才，怕不進取功名，易如拾芥？」

《小尉遲》三【鬼三台】白：「看了我父親的武藝呵，怕不好？則是氣力不加」。

以上各例，「怕」字用為反問辭，猶云難道或豈。

（二）

《董西廂》卷二【正宮·尾】：「怎禁那和尚高聲罵：打脊賊徒每，怎敢反國家？怕更有當風的快出馬！」

《拜月亭》一【金盞兒】：「您昆仲各東西，俺子母兩分離，怕哥哥不嫌相辱呵，權為個妹。」又云：「怕不問時，權做弟兄；問著後，道做夫妻。」

同劇二【二煞】：「我寧可獨自孤孀，怕他大（待）抑勒我則（別）尋個家長，那話兒便休想。」

元刊本《魔合羅》【後庭花】：「怕不知處，則問李德昌絨鋪，俺街坊都道與。」

《范張雞黍》二【二煞】：「怕少盤纏，立文書問隔壁鄰家借；怕無布絹，將現錢去長街上鋪內截。」

《對玉梳》一【青哥兒】：「這些時白馬紅纓衫色新，怕不月風門，翠袖紅裙，繡被鴛褥，玉軟香溫，有一日使的來赤手空拳，夢撒撩丁，前弔磚，後弔瓦，槌著胸，跌著腳，哭哭啼啼，悲悲切切恰還魂，敢恁時馬死黃金盡。」

《酷江亭》一【混江龍】白：「我無甚麼與大姐。金銀玉頭面三副，每一副二十八件，每一件兒重五十四兩，怕大姐愛逛時都戴在頭上，壓破頭可不干我事。」

以上各例，「怕」字用爲反設辭，猶云倘或、如果、若其。宋・張炎【掃花游・賦高疏寮東墅園】詞：「山空翠老。步仙風。怕有採芝人到；野色閒門，芳草不除更好。」怕有，倘有也。元・張之翰【木蘭花慢】詞：怕過狐山山下，一杯先酹林逋。」怕過，倘過也。知宋代已有此用法。

（三）

《看錢奴》二【滾繡毬】：「他道我貪他香餌終吞釣，我則道留下青山怕沒柴。」

《西遊記》五本十七齣、白：「既到此間，怕得許多！只得向前通關。」

《連環計》三【二煞】：「他飲黃金滿四方，怕沒紅顏滿洞房，怎麼禽獸般做的能淫蕩？」

《硃砂擔》二【黃鍾尾】白：「我拚的直到他家去所算了他父親，怕那婦人不隨順我！」

《黃花峪》四【刮地風】：「怕那寺院中埋伏著，您都來答救，我著這莽拳頭，向這廝嘴縫上丟。」

《隔江鬥智》二白：「我想孫安小姐，若肯依我這二計，怕不穩穩的取了荊州九郡！」

《太平樂府》卷四王愛山小令【上小樓・自適】：「日三竿，睡正美，蒙頭衲被，起得遲怕畫不著卯曆。」

以上各例，「怕」字是反其意而用之，即不怕之意。

（四）

《樂府群珠》卷三張小山小令【折桂令・次韻】：「占得春饒，鶯怕歌喉，柳妒蠻腰。」

「怕」與「妒」互文，「怕」亦「妒」意也。

（五）

《玉鏡臺》二、白：「梅香，門首覷者！則怕學士來時，報復我知道。」

《漢宮秋》二、白：「我且向妝臺邊梳洗一會，收拾齊整，只怕駕來好伏侍。」

以上二例：怕，謂待也，等也。則怕、只怕，猶言只待、只等。《玉鏡臺》一折、白：「梅香，門首覷者，只待學士來時，報復我知道。」一云怕，一云待，語意正同。例二下文，駕白：「久不臨朝，今日方纔升殿，等不的散了，只索再到西宮看一看去。」「等」和「怕」相應，皆可證。

（六）

《替殺妻》三【二煞】：「怕你灑半碗漿水把我題名喚，提一陌錢把我呪念著燒。」

同劇三【三煞】：「怕有錢時截取疋整布絹，無錢時打我條孝繫腰。」

《樂府群珠》卷四雲龕子小令【迎仙客・道情】：「混元珠，無價寶，赤水溪邊收拾了。色輝輝，光皎皎，手怕定，占斷人間妙。」

以上前二例，怕，盼也；例三，怕，把也。怕、盼雙聲；怕、把疊韻；均屬通假字。明・施君美《幽閨記》七「驀忽地怕有便人，寄取一封平安家信。」怕有，盼有也。

怕不待

怕不大

怕不待，隨文生意，舉其要有三。

（一）

《裴度還帶》一【油葫蘆】：「待著我折腰屈脊的將詩賣，怕不待要尋故友訪吾儕。」

《拜月亭》二【梁州】：「怕不大傾心吐膽，盡筋竭力把個牙推請，則怕小處盡是打當。」

《五侯宴》二【隔尾】白：「妾身怕不待要與人，誰肯要？」

《西廂記》四本三排【朝天子】：「跟面前茶飯怕不待要吃，恨塞滿愁腸胃。」

《伍員吹簫》二【煞尾】：「急回來滅了楚，那其間到此處，拜你個沒半面的恩烈丈夫，我怕不待忍住，忍不住痛苦。」

《金錢記》三【鬭鵪鶉】：「我則索勉強勉強的到口。怕不待酒醉春風散客愁？」

《小張屠》一【天下樂】：「怕不待時時的殺個豬，勤勤的宰個羊，覓幾文鄧通錢將我娘侍養。」

上列各例，用作反問詞，是怎麼不、何嘗不、豈不要、難道不想之意。待，一作大，同音假借（大念 dài）。

（二）

《魯齋郎》三【紅繡鞋】：「怕不待打迭起千憂百慮，怎支吾這短嘆長吁？」

《調風月》一【村裏迓古】：「怕不待言詞硬、性格村，他怎比尋常世人？」

《蝴蝶夢》一【柳葉兒】：「怕不待的一確二，早招承死罪無辭。」

《漢宮秋》三【川撥棹】：「怕不待放絲韁，咱可甚鞭敲金鐙響？」

《任風子》一【鵲踏枝】：「怕不待鼓腦爭頭，爭奈他赤手空拳！」

《金錢記》一【寄生草】：「那姐姐怕不待厖兒俊俏可人憎，知他那眉兒淡了教誰畫？」

以上各例，意為縱然、盡管，把意思推開一層，多用於上下呼應句。

（三）

《燕青博魚》一【鴈過南樓】：「則我這挈雲手，怕不待尋覓那等瞎
生涯；我能舞劍，偏不能疙踏踏敲象板；會輪鎗，偏不會支楞楞撥
琵琶，著甚度年華？」

上例「怕不待」與「偏不能」，「偏不會」對舉，意同。

拍拍

丕丕

《合汗衫》二【越調鬬鵪鶉】：「穩拍拍乘舟騗馬。」

《劉行首》二【煞尾】：「你不肯頂簪冠，披鶴氅，閒遙遙，穩拍拍，
蓬萊方丈把玄機曉。」

《對玉梳》四【雙調新水令】：「俺如今福祿雙全，穩拍拍的綠窗下
做針線。」

《賺蒯通》四【得勝令】：「只不如守著農莊，倒也穩拍拍常爲田舍
郎。」

《黃粱夢》四【叨叨令】：「我這裏穩丕丕土坑（炕）上迷颩沒騰的
坐。」

《東堂老》一【幺篇】白：「自從俺父親亡過，十年光景，只在家裏
死丕丕的閒坐。」

拍拍，或作丕丕，狀穩靜之詞；拍、丕，一聲之轉。

拍惜

摑惜　將惜

《董西廂》卷五【大石調・洞仙歌】：「拍惜了一頓，嗚咽了多時，
緊抱著噷，那孩兒不動。」

《兩世姻緣》二【浪裏來】：「入門來畫堂春自生，緊緊的將咱摟定，
那溫存，那將惜，那勞承。」

《詞林摘艷》卷七喬夢符散套【集賢賓・隔紗窗日高花弄影】緊緊
的將他來守定，那溫存，那拍惜，那勞承。

《盛世新聲》亥集小令【水仙子】：「一半兒羞一半兒親，放乜斜摳惜溫存。」

《詞林摘艷》卷七誠齋散套【集賢賓・二十年到今無信息】：「直等的粉臉上溶溶香汗濕，嬌羞無力。那溫存，那摳惜，那昏迷。」

愛憐曰惜。拍惜，即體貼、愛撫之意；或作將惜、摳惜意並同。重言之則曰「拍拍惜惜」，如《古今小說・宋四公大鬧禁魂張》：「宋四公把那婦女抱一抱，撮一撮，拍拍惜惜。」又明・朱有燉《小桃紅》一折：「丰丰韻韻兜的你情內忺，拍拍惜惜攻的你心上疼，暗地裡摩挲著檀棍十分硬。」

《元曲選》音釋：「摳，乖上聲。」

排房

《劉知遠諸宮調》卷一【正宮・尾】：「翁翁姓李，排房最大。」

《老生兒》三【小桃紅】：「則嗏這弟兄兒女總排房，向這一個墳塋裏葬，輦輦流傳祭祖上。」

《桃花女》楔白：「我們住的村坊，也有百十多家，出名的只有三姓：一姓彭，一姓任，一姓石。卻好依年紀兒排房去。那姓彭的名彭祖，叫彭太公；姓任的名任定，叫任二公；我夫主名石之堅，叫石二公。」

《爭報恩》二【紅繡鞋】：「〔孤云：〕嗤聲！那個和你排房那？」

排房，猶云排行，謂兄弟姊妹，按年齡以名字或行次相排列。兄弟二名而用其一字者，始於東漢，如丁鴻字孝公，弟字仲公。孔僖二子曰長彥、季彥，是也。單名以偏傍為排行者，亦始於東漢，如荀淑兄子昱字伯脩，曇字元智，是也。兄弟行次，稱一為大者，始於兩漢，武帝稱太后微時金王孫女曰大姊，是也。（上說見清・俞樾《曲園雜纂》）排行早於兩漢的，如《左傳》文公十一年長狄兄弟四人：僑如、焚如、榮如、簡如。此種風俗，源遠流長，至今猶存。

排軍

《昊天塔》二、白：「某乃花面獸岳勝是也。官封帥府排軍之職，佐於六郎哥哥麾下。」

同劇二【煞尾】詩云：「岳排軍緊守營盤，孟火星誰敢當攔？眾頭
領休離信地，楊六郎暗下三關？」

排軍，或作牌軍。元代軍隊組織，十人爲一牌，設牌頭。排軍之稱，或
由此而來。參見「牌子」條。《京本通俗小說·碾玉觀音下》：「那人是誰，卻
是郡王府中一個排軍，從小伏侍郡王，見他樸實，差他送錢與劉兩府。」《水
滸》第二回：「只恐門前兩箇牌軍，是殿帥府撥來伏侍你。」

按岳勝是楊景手下的頭領，二十四個指揮使之一，故其排軍之職，地位
較高，非一般的士兵。待考。

排捏
排說

《百花亭》一【賺煞】白：「只怕有那殺風景的哨廝每排捏呵！」

《漁江亭》三【十二月】白：「我這般躬身叉手，曲背低頭，背著你，
街上人都捻舌，排說我哩。」

編排謊言或就事誇大、渲染，對人進行詆毀，謂之「排捏」或「排說」。

排衙

《蝴蝶夢》二：「〔張千領祗候排衙科，喝云：〕在衙人馬平安，喏！」

《虎頭牌》三：「〔正末引經歷、祗候排衙上，正末唱：〕【雙調新水
令】賀平安報偌可便似春雷。你把那明丟丟劍鋒與我準備。他悞了
限次，失了軍期，差幾個曳剌勾追。」

《鐵拐李》二：「〔皂隸人等排衙科，云：〕早衙清淨，人馬平安。」

《村樂堂》四：「〔張千排衙上，云：〕喏！在衙人馬平安，攧書案。」

封建時代，官員開庭審案時，陳設儀仗，吏役們站班，排列整齊，依次
參見，舉行一定的儀式，稱爲「排衙」。唐·元稹《紀懷》詩：「疏足良甘分，
排衙苦未曾。」白居易《雨雪放朝因懷微之》詩：「不知雨雪江陵府，今日排
衙得免無？」宋·王禹偁《除夜寄羅評事》詩：「應笑排衙早，寒靴踏曉冰。」
又詩云：「綠楊陰下吏排衙。」皆其例。

排門（兒）

《蝴蝶夢》三【正宮端正好】：「排門兒叫化都尋遍，討了些潑剩飯和雜麵。」

《五侯宴》一【尾聲】：「你穿著些有背子，排門兒告些故疏。」

《破窯記》二【倘秀才】白：「我道你做甚麼買賣，原來是排門兒搠筆爲生。」

《盛世新聲》【南呂一枝花・柳拖煙翡翠染】：「金線池捨殘生拚死和他淨，姻緣簿排門兒隨機變。」

《太平樂府》卷九睢景臣散套【般涉調哨遍・高祖還鄉】：「社長排門告示。」

排門（兒），謂挨門逐戶。梁・何遜《七召》：「於是整容投刺，屨履排門。」宋・孟元老《東京夢華錄》卷十「十二月」條有「排門教化」語。《金史・陳規傳》：「排門擇屋。」或作「排家」，如《水滸》第十回：「爭奈官司追捕甚緊，排家搜捉。」以上各例，意並同。

排岸司

《岳陽樓》一【金盞兒】詩云：「爲吾累積陰功厚，上帝加吾排岸司。」

《瀟湘雨》楔、白：「〔淨扮排岸司上，詩云：〕腿上無毛嘴有髭，星馳電走不違時；沿河兩岸長巡哨，以此加爲排岸司。」

同劇四【貨郎兒】：「排岸司救了咱性命，崔老的與我配了姻緣。今日呵，誰承望父子和夫妻兩事兒全。」

排岸司，管水上巡哨、船舶交通諸事的機關，主管人稱「監排岸司」，簡稱則逕呼「排岸司」，如上諸例。宋代有此設置。宋・陸游《老學庵筆記》卷十：「紹聖、元符之間，有馬從一者，監南京排岸司。適漕使至，隨眾迎謁。漕一見怒甚，即叱之曰：『聞汝不職，未欲按汝，何不亟去，尚敢來見我耶？』從一皇恐，自陳湖湘人，迎親竊祿，求哀不已。漕察其語南音也，乃稍霽威，云：『湖南亦有司馬氏乎？』從一答曰：『某姓馬，監排岸司耳。』漕乃微笑曰：『然則勉力職事可也。』初蓋誤認爲溫公（司馬光）族人，故欲害之。自是從一刺謁，但稱南京排岸而已。傳者皆以爲笑。」

牌子

《馮玉蘭》四【駐馬聽】：「〔祗候打科〕〔驛官云〕⋯⋯牌子，著些力氣打，打死了又不要償命哩。」

舊時公人（衙役），爲證明身分，懸掛腰牌，因稱牌子。明・柯丹丘《荊釵記》三十一：「牌子，這可是王狀元的行館麼？」明・施君美《幽閨記》二十五：「是誰呀？牌子買飯吃的。」皆其例。公人的頭目，謂之牌頭，即衙役頭，如《古今小說・沈小霞相會出師表》：「是李牌頭同去的。」《二刻拍案驚奇・許察院感夢擒僧，王氏子因風獲盜》：「牌頭怎生可憐見，替我回覆一聲，免我見官。」《元史・兵志》：「十人爲一牌，設牌頭」。「牌頭」之名，當由此而來；約相當於後來之「班長」。牌子，則爲一般士兵。

《馮玉蘭》劇中的「牌子」，即祗候，而祗候也是衙役的一種稱呼。

盤纏

盤纏：一指旅費；二指日常生活費。

（一）

《竇娥冤》楔、白：「正待上朝取應又苦盤纏缺少。」

《虎頭牌》二【阿那忽】：「再得我往日家緣，可敢齎發與你些個盤纏。」

《合汗衫》一【混江龍】白：「孩兒是徐州安山縣人氏，姓陳名虎，出來做買賣，染了一場凍天行的症候，把盤纏都使用的無了。」

同劇一【天下樂】：「〔張孝友取銀科，云：〕五兩銀子在此。〔正末云：〕這銀子呵，〔唱：〕我與你做盤也波纏，速離了俺門。」

《爭報恩》楔、白：「要回那梁山去，爭奈手中無盤纏。」

以上各例，「盤纏」指旅費。今俗語也叫作盤川、盤費、盤程。

（二）

《後庭花》一【醉中天】白：「這些東西，唠一世兒盤纏不了。」

《老生兒》三、白：「從那日伯伯與了我兩錠鈔，在這破瓦窰中都盤纏了也。」

《鐵拐李》二【滾繡毬】：「怕你子母每受窮，典賣盤纏，比如包屍裏骨棺函內爛，把似遇節迎寒您子母每穿，省可裏熬煎。」

《灰闌記》一【天下樂】白：「因爲貧難，無以度日，要尋我妹子，討些盤纏使用。」

同劇三、白：「我是屈受罪的人，死在旦夕，那討半分盤纏送你？」

《兒女團圓》二【梁州第七】白：「您將這錢鈔家中做盤纏去。」

以上「盤纏」，是指日常生活費用：前二例用爲動詞，後四例用爲名詞。或作「盤繳」，如明・馮惟敏雜劇《僧尼共犯》一折：「若是不念經，不應付，那裡有盤繳來也？」或作「絞纏」，如《西遊記》第四十七回：「連絞纏也不過二百兩之數。」

按「盤纏」一語，五代以來即有之，如，元・馬端臨《文獻通考》：「長興元年見錢每貫十文，悍草每束一文盤纏。」所云「長興」，是五代後唐明宗年號。南宋・蕭德藻《樵夫》詩：「一擔乾柴古渡頭，盤纏一日頗優游。歸來碙底磨刀斧，又作全家明日謀。」《清平山堂話本・楊溫攔路虎傳》：「要歸京去，又無盤纏。」這也是南宋作品。但清・翟灝《通俗編・貨財》云：「元曲章：戶部例，有『長行馬尌酌盤纏』條。按：二字元以前未見用者，方回《聽船歌》：『三日盤纏無一錢』，亦是降元以後作。」翟說不足據。

盤子頭

《伍員吹簫》一【村裏迓鼓】：「惱得我伍員心怒。〔費得雄云：〕我與你報這等喜信，不見挈出一些兒賞錢，倒打將起來。〔正末唱：〕打這廝十分的口強。〔費得雄云：〕官兒，你休惹事！如今兵馬司正尋這等盤子頭的哩。」

盤子頭，朱居易《元劇俗語方言例釋》謂「好勇鬥狠者」，不詳何據，待考。

盼

盼顧　顧盼

盼，一謂看也，引申爲看待、照顧；二謂經過；三與「望」字相當，謂盼望也。

（一）

《岳陽樓》二【哭皇天】：「只爲你瘦伶仃無人盼，纔長大便爭攀。」

《西廂記》一本四折、白：「那小姐好生顧盼小生。」

《生金閣》一【後庭花】：「量小生有甚福，感銜内相盼顧。」

《替殺妻》一【天下樂】：「人也似好人付親兄弟廝顧盼。」

　　盼，視、看的意思；曹植《與吳季重書》：「左顧右盼，謂若無人。」顧、盼互文爲意，可證。引申爲看待、照顧。或作盼顧、顧盼。義同。《宋書・謝晦傳》同被齒盼。」盼，顧多相連爲文，如上舉《西廂記》等例。

（二）

《看錢怒》三【商調集賢賓】：「遇了些山隱隱更和這水茫茫，盼了些州城縣鎮，經了些店道村坊，遙望那東岱嶽萬丈巔峰，怎不見泰安州四面牆匡？」

《貶黃州》三【紫花兒序】：「見了些鷗行鷺聚，經了些鶴怨猿啼，盼了些鳳舞龍飛。」

　　此「盼」字，謂經過，與上下文「過」、「經」對應爲義。

（三）

《漢宮秋》一【混江龍】：「他每見絲管聲中尋玉輦，恰便似斗牛星畔盼浮槎。」

古名家本《緋衣夢》二【感皇恩】：「不肯盼志公樓春榜動，剗的等深秋。」

　　此「盼」，謂盼望也。例二，明鈔本《王潤香夜月四春園》二【感皇恩】作：「不想望至公樓春榜動，剗的可便分秋。」更證明盼、望義相當。

盼程途

盼途程　程途盼

《楚昭公》三【醉春風】：「俺一家四口兒盼程途，俺端的苦、苦。」

《澠池會》二【尾聲】：「我則怕盼程途心急馬行遲。」

同劇一【尾聲】：「且歸到驛亭中，疾便把程途盼。」

《降桑椹》四【么篇】白：「小官不敢久停久住，回聖人的話，走一遭去。則今日就盼途程，乘駿馬款款先行。」

同劇四【尾聲】：「整扮行裝不可遲，俺可便盼途程去得疾。」

《追韓信》二【鴈兒落】：「丞相道將咱來不住的趕，韓信則索把程途盼。」

盼程途，倒作盼途程、程途盼，意爲趕路，與「趲路」、「趁程途」同，可互參。

拚（pàn）

拚 攛 判

《竇娥冤》一【賺煞】白：「我如今拚的好酒好飯，養你爺兒兩箇在家，待我慢慢的勸化俺媳婦兒。」

孤本元明雜劇本《裴度還帶》三【脫布衫】：「一箇他哭啼啼，攛生就死，一箇他急煎煎痛傷懷抱。」（按「攛」原作「棄」，趙校改）

《梧桐雨》二【紅芍藥】：「拚著個醉醺醺直吃到夜靜更闌。」

《貶黃州》一【金盞兒】：「拚著夢魂遊故國，想像赴高唐。」

《昇仙夢》二、白：「太平年乘時宴賞，拚歸來鼓腹醄醄。」

《馬陵道》四、白：「龐涓、你豈不知歸師勿掩，窮寇勿追，你苦苦趕我做什麼？料你的本領我也不怕，我判的和你併個你死我活。」

同劇四【鬪鵪鶉】：「俺如今拚的個不做不休，這就是至誠心爲人爲徹。」

《醉寫赤壁賦》一【尾聲】：「可惜玉山頹，儘教恁金波漾，拚了箇前合後仰。」

《梨園樂府》上荊幹臣散套【醉春風】：「歡娛一笑拚千金。」

拚，甘心情願之詞，有「豁出去，不顧一切」之意，拚，或作拚、攛、判，音義並同。張相說：「自宋以後多用拚字或拚字，而唐人則多用判字。」這種大致的劃分，是符合實際的。杜甫《赴成都草堂途中》詩：「肯藉荒庭春草色，先判一飲醉如泥。」白居易《酬舒三員外》詩：「已判到老爲狂客，

不分當春作病夫。」元稹《採珠行》詩：「海波無底珠沈海，採珠之人判死採。」宋·晏幾道【鷓鴣天】詞：「彩袖殷勤捧玉鍾，當年拚卻醉顏紅。」王沂孫【水龍吟】詞：「把酒花前，剩拚醉了，醒來還醉。」以上略舉唐詩宋詞，以見一斑。元承宋後，在元雜劇中習用「拚」、「拵」，但「判」字仍在使用，如《馬陵道》例是也，「搬」字當係從「拵」字的原狀演化而來，宋人已有這樣寫的，如黃庭堅的【採桑子】詞：「度鬼門關，已搬兒童作楚蠻。」

襻（pàn）

《梧桐雨》二【鮑老兒】：「鄭觀音琵琶準備彈，早搭上鮫綃襻。」

衣服上鈕扣的圍套曰襻，或類似帶子一類的東西亦曰襻，如紐襻、鞋襻等。《漢書·賈誼傳》：「今民賣僮者，爲之繡衣絲履偏諸緣。」顏師古注：「偏諸，若今之織成，以爲腰襻及縹（biāo）領者也。」梁·庾信《鏡賦》：「衫正身長，裙斜假襻。」梁·王筠（或題劉峻）《詠邊夜》：「襻帶雖安不忍縫。」唐·韓愈《崔十六府攝伊陽以詩及書見投因酬三十韻》：「妻瘦剩腰襻。」宋·王洙等《類篇》：「衣繫曰襻。」又作動詞，引申爲繫上或縫上，如今口語所說：「用繩子襻上」、「用針襻上幾針」。

襻胸（pàn xiōng）

《救風塵》三【滾繡毬】：「好人家將那篦梳兒慢慢地鋪髻，那裏像咯解了那襻胸帶，下頦上勒一道深奇。」

襻胸，即抹胸，又名襪腹，爲胸間小衣，以尺方之布製成，緊束前胸，以防風之內侵，俗謂之兜肚。「襻胸帶」，即繫兜肚的帶子。

厖道

龐道兒　臉道兒

元刊本《薛仁貴》【太平令】：「生得厖道整身子兒詐，帶著朵像生花。」

《連環計》三【滾繡毬】：「油掠的鬖髻兒光，粉搽的臉道兒香。」

《梨園樂府》下盧摯小令【雙調梧葉兒·贈歌妓】：「醇一味，龐道兒。」

《太平樂府》卷三張小山小令【柳營曲·明月樓】：「我志誠，你胡伶，一雙兒可人厖道撐。」

　　厖，龐字之異體。龐和體，均指面龐，臉盤。「道」字，是在稱呼人體某一部分時所用的語尾助詞，如說「腳」則稱「撇道」。它和「老」（頂老、爪老、稍老等。）、「腦」（臉腦、眼腦等）在元曲中的語詞性質相同。

　　臉道兒，或作歛道，例如：《劉知遠諸宮調》二：打扮身分別樣，生得歛道鄒搜。」戲文《張協狀元》：「甚般歛道？你好似一雙卓（桌）子。」按「歛」應作「臉」，音近訛爲「歛」。

　　龐道（兒），或省作龐，例如《北詞廣正譜》一：「則他爲撇正龐甜，引的人魂離殼。」「撇正龐甜」，即「撇道正、龐道甜」，意謂腳兒周正臉兒媚也。

傍牌

　　《三戰呂布》三、白：「鳴鑼擊鼓驚天地，征人戰馬踐塵埃；傍牌遮箭魚鱗砌，硬弩雕弓密密排。」

　　《博望燒屯》二、白：「前排五百鴈翎刀，後擺三千傍牌手。」

　　《射柳捶丸》三、白：「我騎一匹撒因的抹鄰，眾小番都騎癩象，把旛桿當做長槍，沒傍牌就是臉上，也不怕射了鼻子，也不怕射了眼眶。」

　　《岳飛精忠》一、白：「不披鎧甲不遮身，人人頭上頂碓嘴，沒有傍牌使車輪，未曾上陣先喝酒。」

　　傍牌，一作旁牌，古謂之盾，是用來抵擋兵刃的。騎兵所用的爲圓形，步兵所用的爲長形，皆木質，用皮革包裹使之堅固，也有用籐作的。漢・賈誼《過秦論》：「伏尸百萬，流血漂櫓。」五代・邱光庭《兼明書》：「一名干，一名楯，一名櫓，《漢書》曰：『血流漂櫓。』櫓，即干，俗呼爲傍牌，或作旁排，《逸雅》又曰彭排。」按宋・高承《事物紀原》又作「傍排」，皆一物之異名。

傍州例

旁州例　傍州

　　《竇娥冤》二【罵玉郎】：「勸普天下前婚後嫁婆娘每，都看取我這般傍州例。」

　　《陳摶高臥》三【叨叨令】：「向那華山中已覓下終焉計，怎生都堂內纏看旁州例。」

《虎頭牌》三【步步嬌】：「你可便先看取他這個傍州例。」

《賺蒯通》二【朝天子】：「我想那雍齒合誅，丁公無罪，漢蕭何特下的救他出井底，倒將他斬訖，那的也須放著傍州例。」

《醉寫赤壁賦》二【哭皇天】：「韓吏部，李翰林，他今日立下傍州。他每是遭流的罪、罪首。」

　　例，斷案之例。傍州例，別的州縣所判的案例；引申作爲例子、榜樣的意思。《元史·刑律志·下》：「刑律之條格，畫一之法也。斷例，則因事立法，斷一事爲一例也。」傍，或作旁，音義同。又簡作「傍州」，略去「例」字，是爲押韻之故。

龐兒

厐兒　朧兒　胧兒　鮑兒

《西廂記》一本一折【元和令】：「顚不剌的見了萬千，似這般可喜娘的龐兒罕曾見。」

同劇一本二折【小梁州】：「可喜娘的龐兒淺淡妝，穿一件縞素衣裳。」

《紫雲庭》三【紅繡鞋】：「呵！兀的是俺那心愛的龐兒舊哥哥。」

《㑇梅香》二【雁過南樓】：「呀！他將那不犯觸的胧兒變了。」

《金錢記》一【寄生草】：「怕不待胧兒俊俏可大憎。」

《詞林摘艷》卷六史直夫散套【端正好·花下燕鶯期】：「俊朧兒淺淡粧，身穿著縞素衣。」

同書卷四唐以初散套【點絳唇·漏盡銅龍】：「且看咱隔墙兒窺宋，俊胧兒嬌怯海棠風。」

《太平樂府》卷三無名氏小令【柳營曲·風月擔】：「倚仗他性兒謙，鮑兒甜，曲弓弓半彎羅襪織」。

同書前調：「眼角眉尖，意順情忪，且是可意娘鮑兒甜。」

　　龐兒，即臉兒。明·徐渭《南詞敘錄》曰：「龐兒，貌也。」貌，即指臉，又作厐兒、胧兒、鮑兒，意俱同。按：厐、胧、朧，皆爲「龐」字的變形。鮑、龐爲一聲之轉。

龐眉

《城南柳》三【隔尾】：「見一個龐眉老叟行在前面。」

《盛世新聲》【六國朝・祥光縈繞】：「有一箇綠鬢紅顏名姓高，有一箇皓首龐眉常不老。」

龐眉，謂眉毛有黑白雜色也，年老貌。《文選》王褒《四子講德論》：「厖眉耆耇（gōu）之老。」注：「厖，雜也。」厖即龐。據《文選・思玄賦》注稱：漢武帝輦過郎署，見顏駟龐眉皓髮，問曰：「叟何時爲郎，何其老也？」因知以「龐眉」喻老人，由來已久。

龐眉，又作朧眉，形容發怒時豎眉之狀。北魏・張揖《博雅》云：「朧，腫也。」故朧眉，意又猶豎眉。與「努目」連文，猶今云橫眉瞪眼，形容怒貌，例如：明・無名氏雜劇《鎖白猿》一折：「則見他攞袖揎拳，努目朧眉。」明・無名氏《怒斬關平》四折：「你不是人善人欺，便努目朧眉，都唱叫揚疾。」同上《魚籃記》三折：「你正是瞞神譎鬼，做甚麼努目厖眉？」以上龐、朧、厖，同字異體。《元曲選》音釋：「厖，音忙。」

拋躱

拋趓

《董西廂》卷六【黃鍾宮・刮地風】：「薄倖的冤家好下得，甚把人拋躱？」

《謝天香》一【醉扶歸】詞云：「鎮日相隨莫拋躱。」

《西廂記》二本三折【月上海棠】：「有意訴衷腸，爭奈母親側坐，成拋趓，咫尺間如間隔。」

《貨郎旦》一【混江龍】：「也只爲婚姻事成拋趓，勸不醒癡迷楚子，直要娶薄倖巫娥。」

拋躱，拋閃、遺棄之意。或作拋趓，音義同。後二例，「成拋趓」，謂造成阻隔也。

拋撒

《看錢奴》一【天下樂】：「〔正末云：〕你這廝平昔之間，扭曲作直，拋撒五穀，傷殘物命，害眾成家，你怎生能勾發跡那？〔靈派侯云：〕尊神，此人前世拋撒淨水，今世凍死餓死，也不爲過。」

同劇同折【那吒令】：「前世裏拋撒，今世裏餓殺」。

拋撒，猶今云作賤、揮霍、浪費。現在湖北方言中，還有此用法，多對浪費食物、糧食而言。

拋閃殺

拋撒

《虎頭牌》二【醉也摩娑】：「則被你拋閃殺業人也波天！則被你拋閃殺業人也波天！」《合汗衫》三【脫布衫】：「則被你拋閃殺您這爹爹和您妳妳。」

《李逵負荊》二【倘秀才】：「不爭你搶了他花朵般青春艷質，這其間拋閃殺那草橋店白頭老的。」

《倩女離魂》三【普天樂】：「拋閃殺我年少人，辜負了這韶華。」

《拜月亭》三【尾】：「那清疏，那淒切，生分離，廝拋撒。」

《智勇定齊》三【聖藥王】：「拋撒金鼓，漾了紅旗。」

《詞林摘艷》卷二散套【仙呂侍香金童】「傳言玉女」：「厭此離別願相守，拋撒下西廂吟詠女嬌羞，相思病兩邊迤逗。」

拋閃殺，謂捨棄、拋棄；殺，表極、甚之意。一作拋撒，意同。按拋、撒、閃，都是棄的意思。

匏瓜（páo guā）

《裴度還帶》一【尾聲】：「想吾豈匏瓜也哉？更怕我辱末了您門前下馬臺」。

《薦福碑》三【十二月】：〔范仲淹云：〕孔子有言，吾豈匏瓜也哉？」

《金錢記》一【仙呂點絳唇】：「吾豈匏瓜，指望待一舉登科甲。」

匏瓜，俗叫瓢葫蘆，葫蘆的一種，果實比葫蘆大，外壳乾老後，對半剖開，可以做水瓢。舊時常用匏瓜比喻未得官職的人，語出《論語·陽貨》：「吾豈匏瓜也哉，焉能繫而不食？」三國·王粲《登樓賦》亦有句云：「懼匏瓜之徒懸兮。」曹植《洛神賦》：「歎匏瓜之無匹兮，詠牽牛之獨處。」意亦同。

咵搶（pēi qiǎng）

《凍蘇秦》三【梁州第七】：「有那等不曉事的，倒將我來咵搶。」

咵搶，即「搶白」的倒文。搶音如嗆（qiàng），即噎和嗓磕之謂。元·馬致遠《青衫淚》四折：「倒噎的俺老虔婆血糊淋刺。」鄭光祖《王粲登樓》一折：「嗓磕老夫不識賢哩！」語意與「咵搶」正同。「咵」呼上聲，喝罵之意也。今北語亦曰「噌」（cēng），當爲「搶」之聲轉。

陪房

《爭報恩》楔、白：「我丁都管，元是大夫人帶過來的陪房」。

同劇楔子、白：「這廝是俺帶過來的陪房，喚做丁都管。」

《符金錠》三【般涉調·耍孩兒】：「我將這繡毬兒拋下，準備著齊整的陪房。」

陪房有二義：一指嫁女時隨同前往的僕婢，如一、二兩例。《紅樓夢》第六回：「你竟帶了小板兒先去找陪房周大爺」，亦其例也。二指嫁妝，如例三。唐代嫁女的陪房財物曰「陪門財」。《新唐書·高儉傳》：「三品以上，納幣不得過三百匹；四品、五品二百；六品、七品百；悉爲歸裝，夫氏禁受陪門財。」

賠錢貨

陪錢貨

《黃粱夢》四【叨叨令】：「至如將小妮子攙舉的成人大，也則是害爹娘不爭氣的賠錢貨。」

《曲江池》四【鴈兒落】：「我便是鳴珂巷陪錢貨。」

《兩世姻緣》四【太平令】：「也是他買了個賠錢貨無如之奈。」

《樂府群珠》卷四小令【普天樂·居】：「又道孩兒是賠錢貨。」

舊時婦女沒有獨立的經濟地位，出嫁前依靠家裏生活，出嫁時又要備辦嫁妝，故俗稱女兒爲賠錢貨，實爲封建社會對婦女的歧視。明·湯顯祖《牡丹亭·圓駕》：「便君王使的箇隨風柂，那平章怕不做賠錢貨」，亦其例也。賠，虧損意；一作陪，同音假借。

噴撒

撒噴

脈望館鈔校本《曲江池》一【賞花時】：「〔末白：〕孤老海饒噴撒了，俺辭了回去也。」

同劇三【醋葫蘆】：「〔孤噴撒科，孤云：〕好也！好也！原來你這等不成器，不肖子弟玷辱我家，留你何用？六兒與我打死這廝！」

《曲江池》二【黃鍾煞】：「到家裏決撒噴，你看我尋個自盡，覓個自刎。」

噴撒，即噴，怒貌；撒，語助詞，無義。按《說文》：「吒，叱怒也。」今俗語猶謂叱人曰噴。唐・元稹《望雲騅歌》：「上前噴吼如有意」，噴吼，即怒吼也。倒文作撒噴，義同。今浙東方言，說受責者爲吃噴頭，蓋其遺也。

盆弔（吊）

奔吊

《蝴蝶夢》三【叨叨令】白：「把他盆弔死，替葛彪償命去。」

《單鞭奪槊》二【滾繡毬】詩云：「我元吉天生有計謀，生拿敬德下牢囚；只待將他盆吊死，單怕他一拳打的我做春牛。」

《還牢末》二【浪裏來煞】白：「我央及你，我與你兩錠銀子，你把李孔目盆吊死了可不好！」

《董西廂》卷二【牆頭花】：「待蹉踏怎地蹉踏？待奔吊如何奔吊？」

盆弔（吊），一作奔吊，爲古代酷刑之一。據《水滸》第二十八回，牢卒告訴武松說：「他到晚，把兩碗黃倉米飯和些臭鯗魚來與你吃了，趁飽帶你去土牢裏去，把脖子捆翻著，一床乾藁薦把你卷了，塞住了你七竅，顛倒豎在壁邊；不消半個更次，便結果了你性命。這個喚做盆吊。」又作「繃吊」，宋・李元弼《作邑自箴》「處世」條：「凡勘罪人，切不可非理拗拶繃吊。」又云：「凡繃吊罪人，直上大繩，謂之定命繩。」按盆、奔、繃，爲一聲之轉。

宋居易釋「盆弔」爲「蒙頭弔死的一種慘刑」（見《元劇俗語方言例釋》），誤。

膨脝（pēng hēng）

《盆兒鬼》一、詩云：「別家做酒全是米，我家做酒只靠水；吃的肚裏脹膨脝，雖然不醉也不餒。」

膨脝，形容脹漲大貌。宋・陸游《朝饑食齏麵甚美戲作》詩：「一杯齏餺飥（bó tuō），老子腹膨脝。」明・孟稱舜《英雄成敗》二折：「喫了大饅頭，肚裏脹膨脝。」意均同上。《方言》謂物大動轉不靈便曰膨脝，亦近是。又膨脝，或作彭亨，如韓愈《石鼎聯句》詩：「龍頭縮菌蠢，豕腹漲彭亨。」又《城南聯句》詩：「苦開腹彭亨。」皆其例。

捧臂

《陳母教子》三【紅繡鞋】白：「你看我打一輪皂蓋飛頭上，擺兩行朱衣列馬前，佳人捧臂，壯士擎鞭。」

《誶范叔》一【醉扶歸】白：「你看俺為官的，喫堂食，飲御酒，佳人捧臂，壯士擎鞭，出則高牙大纛，入則峻宇雕梁，堂上一呼，堂下百諾，何等受用！」

《勘頭巾》二、詩云：「擎鞭壯士廳前立，捧臂佳人閣內行；沉醉早筵方欲散，耳邊猶聽管絃聲。」

《盛世新聲》【南呂一枝花・銀磨鳳翅盔】：「有擎鞭壯士，捧臂金釵。」

捧臂，猶言扶臂。按「捧」，兩手承托之意，引申曰扶。

丕（pī）丕

噼噼　呸呸　撲撲　拘拘

丕丕，用作副詞，狀心跳、大步走的聲音；或作噼（pǐ）噼、呸（pēi）呸、撲（pū）撲、拘（jū）拘，義俱同。

（一）

《倩女離魂》二【小桃紅】：「諕的我心頭丕丕那驚怕，原來是響璫璫鳴榔板捕魚蝦。」

《豫讓吞炭》三【雪裏梅】：「他乞（氣）丕丕心驚，我惡狠狠跳出。」

《董西廂》卷四【中呂調‧粉蝶兒】:「待側近,轉躊躇,齰齰地把心不定。」

《牆頭馬上》三【掛玉鉤】:「氳氳地臉上羞,撲撲的心頭怯,喘似雷轟,烈似風車。」

《魔合羅》二【黃鍾醉花陰】:「好教我這會兒心焦,按不住小鹿兒拘拘地跳。」

《村樂堂》二【烏夜啼】:「不信你那撲撲的小鹿兒心頭撞,打疊起無顏色,無情況。」

以上各例:丕丕、齰齰、撲撲、拘拘,都是形容心跳的副詞。

(二)

《哭存孝》三【中呂粉蝶兒】:「我呸呸的走似風車,不付能盼到宅舍。」

同劇四【慶東原】:「踏踏的忙那(挪)步,呸呸的不住腳。」

《硃砂擔》一【後庭花】:「則聽的擦擦的鞋底鳴,丕丕的大步行。」

上舉各例:呸呸、丕丕,形容邁開大步朝前走的聲音。為顯示行動的繼續,兩個疊字詠之不足,則用三個疊字,如《盛世新聲》【大石六國朝‧風吹羊角】:「我則見三箇人丕丕丕的走將來」,是也。

丕的(pī‧de)

丕地

《忍字記》一【河西後庭花】:「我恰纏胸膛上撲的著,他去那甎街上丕的倒。」

《魔合羅》二【神仗兒】:「他將那水調,我瀝的嚥了,不覺忽的昏迷,把我丕的來藥倒。」

《爭報恩》楔、白:「那廝不由分說,將我亂打,被我可又則一拳,丕的打倒在地。」

《灰闌記》二【醋葫蘆】:「俺男兒氣中了丕地倒,醒來時俺姐姐自扶著。」

丕的,猛然、急遽倒下之貌。的,一作地,用為副詞語尾,音義同。

批頭棍

《緋衣夢》三【調笑令】：「批頭棍大腿上十分的楞，他不肯招承，到來日雲陽鬧市中，殺麽娘七代先靈。」

《後庭花》一【金盞兒】：「我其實精皮膚捱不過那批頭棍，你大古裏言而有信，你休惱犯那女魔君。」

《勘頭巾》一【油葫蘆】：「你且休論這兩家憑傷損，你先合該答四十批頭棍。」

《神奴兒》四【攪箏琶】：「只你這批頭棍，屈打死那平民。」

批頭棍，棍子或板子頭上的部份是劈開的，不是平滑的，打起人來使人更加疼痛；這種刑具稱爲批頭棍。繩頭、線頭分開不齊，現在口語叫做「批頭」。批頭棍，意當同此。

劈面

僻面　匹面

《勘頭巾》【掛金索】白：「不知那裏走一個人來，和我劈面一撞，撞掉了那廝帽兒。」

《㑳梅香》三【調笑令】：「劈面的便搶，和俺那病裏王；呀！怎生來翻悔了巫山窈窕娘。」

《伊尹耕莘》三【脫布衫】：「統雄兵劈面相持，驅貔虎搶鼓奪旗。」

《霍光鬼諫》一【六幺序】：「倒將我迎頭阻，僻面搶。」

同劇三【滾繡毬】：「將霍禹匹面毆。」

《兒女團圓》二【梁州第七】：「倒將我劈面搶白，欺負咯軟弱囊揣。」

劈面，謂迎面、正對著臉。宋・楊萬里《方虛日斜再行宿烏山》詩：「日已衰容去，風仍劈面來。」《警世通言・萬秀娘仇報山亭兒》：「合哥道：『三千貫賞錢，劈面地來！』」《金瓶梅》第九回：「武二匹面向李外傳打一拳來。」劈，或作僻、匹，音近借用。

劈排定對

《獨角牛》一、白：「我和獨角牛劈排定對，爭交賭籌。」

同劇三【滾繡毬】白：「這東壁庙，有甚麼好男子好漢，出來劈排
定對，爭交賭籌來！」

劈排，即鋪排；定對，猶放對、比武。劈排定對，即鋪排比武之意。明・
方以智《通雅》：「《諺原》、《方言》：東齊曰鋪頒，猶秦晉言抖擻，今謂治辦、
鋪設。亦有鋪扮、鋪排之語，是其轉聲。」劈排或作劈牌，音義同；如《水
滸全傳》第七十四回：「劈牌定對的好漢，在那房裏安歇？」又云：「正是那
個貨郎兒劈牌定對。」又云：「飛報任原說，今年有劈牌放對的。」皆其例。

霹靂火（pī lì huǒ）

《張天師》三【紅繡鞋】白：「吾今宣召天上火、地下火、山頭火、
霹靂火、爐中火，將你圍在中間，立化一池黃水。」

《神龍殿欒巴噀酒》【梁州】：「這火是霹靂火撥斷天關。」

《柳毅傳書》一【賺煞】：「俺為甚麼懶上鳳凰臺，羞對鴛鴦浦，則
為那霹靂火無情的丈夫。」

《元人小令集》失名《失題》二之一：「只願的霹靂火燒了麗春園。」

《爾雅・釋天》：「疾雷為霆霓。」注：「雷之急激者謂霹靂。」「霹靂火」，
激擊所生之火，人們稱為天火或烈火，如一至三例；《警世通言・旌陽宮鐵樹
鎮妖》：「那火，也不是天火，也不是地火，也不是人火，也不是鬼火，也不
是雷公霹靂火，卻是那洋子江中一個火龍吐出來的。」亦其例。引申，比喻
人之急性，亦曰霹靂火，如例四；《清平山堂話本・楊溫攔路虎傳》：「霹靂火
性氣難當」，《水滸》中的秦明，因性情急躁，人稱「霹靂火」，皆其例。

皮袋

皮囊

《鐵拐李》四【上小樓】：「上的街，化了齋，別無妨礙，只望完全
了乞兒皮袋。」

《七里灘》一【寄生草】：「酒添的神氣能榮旺，飯裝的皮袋偏肥伴，
衣穿的寒暑難侵傍。」

《藍采和》二【賀新郎】：「你敢化些淡虀湯，且把你那皮囊撐。」

皮袋，一作皮囊，指肚皮。佛教則把人、畜的身體，叫做皮袋。元·高文秀《遇上皇》一【金盞兒】：「你教我住村舍伴芒郎，養皮袋住村坊。」此「皮袋」則指身體。

皮解庫

《金線池》一、詩云：「不紡絲麻不種田，一生衣飯靠皇天；盡道吾家皮解庫，也自人間賺得錢。」

脈望館鈔校本《曲江池》二【滾繡毬】：「從今後鐵銚盤少去煎，銅磨笴再休轉，紙湯瓶不須執扇，你將那水塌房、皮解庫關閉的完全。」

解庫，當鋪。皮解庫，是對妓院嘲謔的隱語。明·無名氏雜劇《南牢記》一【仙呂點絳唇】：「正是能開皮解庫，會做撮合山」，亦其例。

皮燈毬

皮燈籠

《兒女團圓》一【寄生草】：「你休恁般生嫉妒，休那般沒智識，量這一個皮燈毬，犯下甚麼滔天罪？」

《樂府群玉》卷二王日華《風月所舉問汝陽記》【凌波仙】：「小機關背地裏商量下，把咱做皮燈籠看待咱。」

皮燈毬，即用皮做的燈毬。這種燈的燈光暗淡不明，因用來比喻人的糊塗，不明事理。一作「皮燈籠」，義同。元·陶宗儀《輟耕錄》卷十九「闌駕上書」條：「歌曰：『官吏黑漆皮燈籠，奉使來時添一重。』如此怒謠，未能枚舉，皆百姓不平之氣，鬱結于懷，而發諸聲者然也。」這是形容吏治的黑暗，比糊塗更甚了。

皮裏抽肉

《謝天香》四【么篇】：〔柳云：〕大姐，你怎生清減了？〔正旦唱：〕你覷我皮裏抽肉，你休問我可怎生骨岩岩臉兒黃瘦。」

皮裏抽肉，形容身體消瘦不堪之詞。

罷軟（pí ruǎn）

《灰闌記》二、白：「可惡這鄭州百姓，欺侮我罷軟，與我起個綽號，都叫我做模稜手。」

罷，同疲；罷軟，謂缺乏主見、軟弱無能。《漢書‧賈誼傳》：「坐罷頓不勝任者。」罷頓，即罷軟，《今古奇觀‧沈小霞相會出師表》：「那邢部尚書許論，是箇罷軟沒用的老兒。」《西遊記》第二十七回：「天下和尚也無數，不曾像我這個老和尚罷軟。」皆其例。罷軟亦謂體弱，如《金史‧僕散安貞傳》：「興定元年十月，詔安貞曰：防河卒多老幼罷頓不勝執役之人，其令速易之。」清人編《六部成語‧吏部‧罷軟》注云：「無力曰軟，遲延曰罷。」

匹似閑

譬似閑

《董西廂》卷一【般涉調‧哨遍纏令】：「盛說法，打匹似閑唵諢；正念佛作偈，把美令兒胡嘄。」

同書卷三【宮調‧樂神令】：「夫人可來積世，瞧破張生深意，使些兒譬似閑腌見識、著衫子袖兒淹淚。」

同書卷八【大石調‧伊州袞】：「衙門外，打牙打令諢，匹似閑咶哨！」

《追韓信》二【駐馬聽】：「且相逢覷英雄如匹似閑。」

匹似閑，意謂不打緊（即無關緊要）、沒價值（即平常、等閑）。又作譬似閑、匹如閒、譬如閒。「譬似閑」見上舉《董西廂》卷三例。「匹如閒」，見宋‧劉過【水調歌頭】詞：「得之渾不費力，失亦匹如閒。」「譬如閒」，見宋‧柳永【錦堂春】詞：「認得這疏狂意下，向人誚譬如閒。」蓋「匹」與「譬」，「似」與「如」，「閑」與「閒」，意俱同，作者行文習慣而隨意使用耳。

擗掠（pì lüè）

《董西廂》卷一【中呂調‧碧牡丹】：「一間兒半，擗掠得幾般來清楚。」

同書卷三【仙呂調‧賞花時】：「客館先來擗掠得雅。」

《太平樂府》卷六曾瑞卿散套【蝶戀花‧閨怨】：「強解開悶套頭，硬剁斷愁羈絆，先擗掠淒涼兩般。」

同書卷八朱庭玉散套【梁州第七・妓門庭】：「才擗掠的花牋脫酒，恰塡還的酒債伶俐。」

擗掠，謂打掃、收拾。

擗踊（pǐ yǒng）

《周公攝政》二【迎仙客】：「聽言絕擗踊一聲險氣倒。」

拊心曰擗，頓足曰踊，擗心頓足，形容悲痛已極。《孝經・喪親》有「擗踊哭泣，哀以送之」語。《晉書・劉元海載記》：「七歲遭母憂，擗踊號叫，哀感旁鄰。」或作「擗踴」，如曹植《文帝誄》：「擗踴郊野，仰想穹蒼。」唐・劉肅《大唐新語》卷十二：「復擗踴悲號，不自勝。」或作「躄（bi）踊」，如元本《琵琶記》三十八【五供養】白：「生不能供甘旨，死不能盡躄踊，葬不能事窀穸（zhūn xī）：以此思之，何以為人？」按擗、躄音同，「踴」為「踊」的繁體。

偏

偏，在元曲中含義較廣，約如下述：

（一）

《董西廂》卷六【雙調・倬倬戚】：「是則是這冤家沒彈剝，陡恁地精神偏出跳，轉添嬌，渾不似舊時了。」

《紅梨花》一【油葫蘆】：「秀才每從來我羨他，提起來偏喜恰。」

《七里灘》一【寄生草】：「酒添的神氣能榮旺，飯裝的皮袋偏肥胖，衣穿的寒暑難侵傍。」

《留鞋記》一【油葫蘆】：「你道我年紀小，喜事遲，我則怕鏡中人老偏容易。」

《樂府群珠》卷四周德清小令【朱履曲・賞雪偶成】：「休說羊羔味偏佳。」

以上「偏」字，皆用作甚辭。「偏出跳」，謂容光、氣色特別煥發、漂亮也。「偏喜恰」，謂甚為高興也。「偏肥胖」、「偏容易」、「味偏佳」之「偏」字，都是「很」的意思。清・劉淇《助字辨略》卷二：「偏，畸重之詞也。《世說》：『謝公因子弟集聚，間《毛詩》何句最佳。遏稱曰：『昔我往矣，楊柳

依依，今我來思，雨雪霏霏。』公曰：『訏謨（xū mó）定命，遠猷辰告』，謂此句偏有雅人深致。』」按「偏有」即「頗有」之意。可見此用法南北朝已見。唐·李華《海上生明月》詩：「照水光偏白，浮雲色最明。」偏、最互文。宋·陸游《冬夜》詩：「投老難逢身健日，讀書偏愛夜長時。」「偏愛」，最愛也。明·湯顯祖《牡丹亭·圓駕》：「你得便宜人，偏會撒科。」「偏會撒科」，謂很會耍賴也。以上皆其例。

（二）

《貨郎旦》四【煞尾】白：「又誰知蒼天有眼，偏爭他來早來遲。」

《飛刀對箭》二【尾聲】白：「俺這裏大旗頭、小旗頭，偏能吃飯。」

《延安府》三、白：「某今陞帳，威勢偏別，擺白虎得勝於轅門，列黃旛豹尾於帳下。」

《女貞觀》三【幺】白：「這裏許多人出家，偏你禁不得，故思凡。」

　　以上「偏」字，用作僅詞，表示適用範圍的局限性，猶只、獨、單單。「偏爭他來早來遲」，與俗諺所云「只爭來早與來遲」（見《碔砂擔》二、《薦福碑》三）語意正同，故「偏」猶「只」。「偏能」，猶只能也。「威勢偏別」，謂威勢與眾迥異也，故「偏」猶「獨」，偏偏禁不得」，謂單單你忍受不了也。此用法早見於六朝以來詩詞中，如：鮑照《梅花落》詩：「中庭雜樹多，偏為梅咨嗟。」「偏為」，只為也。唐·岑參《送王伯倫應制授正字歸》詩：「戰勝時偏許，名高人共聞。」偏、共互文見義。五代·孫光憲【浣溪沙】詞：「風月但牽魂夢苦，歲華偏感別離愁。」但、偏互文見義。

（三）

《陳州糶米》四【煞尾】：「我只道他州他府潛逃匿，今世今生沒見期；又誰知冤家偏撞著冤家對。」

《太平樂府》卷六趙明道散套【夜行船·寄香羅帕】：「鹿頂盒兒最喜，羊脂玉納子偏宜。」

《盛世新聲》中集杜仁傑散套【商調集賢賓·七夕】：「天階夜凉清似水，鵲橋圖高掛偏宜。」

《梨園樂府》上馬致遠散套【夜行船】：「綠樹偏宜屋角遮，青山正補牆頭缺，更那堪竹籬茅舍！」

戲文《錯立身》十二【調笑令】：「趄搶嘴臉天生會，偏宜扶（抹）土搽灰。」

以上「偏」字，用作副詞，意為可可、恰巧、正好。例一「偏撞著」，謂可可碰著。例二、三、四「偏宜」謂正好。例三「偏」與「正」互文，更是顯證。唐·皇甫冉《曾東游以詩寄之》：「正是揚帆時，偏逢江上客。」溫庭筠【更漏子】詞：「玉爐香，紅蠟淚，偏照畫堂秋思。」皆其意。

除以上三種比較特殊的用法外，「偏」字有時還用作轉折詞，猶反而、反倒，如《看錢奴》二：「似這等無仁義愚濁的卻有財，偏著俺有德行聰明的嚼虀菜。」有時用作「竟」字講，表示出乎意料，如《陳州糶米》四：「難道你王粉頭直恁駿，偏不知包待制多謀策。」有時可解作「多」字，如明雜劇《開詔救忠》一：「只少鑾輿共靜鞭，與王車駕不爭偏。」「不爭偏」，猶云差不多也，有時又可解作「深」字，如《四賢記》三：「金吾不禁馳銀箭，一任駿游步街，此夜歡呼與獨偏。」「興獨偏」，謂與味獨深也。《樂府群珠》卷四玄虛子小令【普天樂·題情】：「情懂的不知心，精細的偏薄倖。」此「偏」字，可解作「又」字，亦可解作「卻」字；「偏薄倖」，謂又薄情或卻薄情也。凡此，均隨文而異，不勝列舉。

偏生（piān shēng）

《合汗衫》三、白：「只是我偏生見那小廝不得，常是一頓打就打一個小死，只要打死了他，方纔稱心。」

同劇四【得勝令】白：「悔氣！偏生又撞著那個披枷帶鎖的。我死也！」

《殺狗勸夫》楔、白：「雖然是我的親手足，爭奈我眼裏偏生見不得他。」

同劇一【青歌兒】：「天那！你於人有那般那般慈憫，偏生我是這般這般時運。」

偏生，猶云偏偏，表示出於意外或相反意義之副詞；生，助詞，無義。《二刻拍案驚奇》第三十五回：「偏生他今日不在書房中，待走到他家裏去與他說」。《紅樓夢》第七十回：「偏生這日王子騰將侄女許與保寧侯之子為妻。」皆其例。

偏衫

褊衫

《董西廂》卷二【大石調‧尾】：「把破設設地偏衫揭將起。」

《西廂記》二本楔子【正宮端正好】：「颩了僧伽帽，袒下我這偏衫。」

《東坡夢》一【後庭花】白：「賒了一副豬臟沒錢還他，把我褊衫都當沒了，至今穿著皂直掇哩！」

偏衫，袈裟之類法衣，即僧尼袒露出右臂的上衣。《六物圖》：「此方往古並服祇支，至後魏時，始加右袖，兩邊合謂之偏衫，截領開裾，猶有本相，故知偏衫左肩即本祇支，右邊即覆肩也。」宋‧贊寧《僧史略》：「後魏宮人見僧自恣偏袒右肩，乃一施肩衣，號曰偏衫。」宋‧釋道誠《釋氏要覽》：「偏衫：古僧衣律制，只有僧祇支，此長覆左膊及掩右腋，蓋襯三衣，故即天竺之儀也，竺道祖《魏錄》云：魏宮人見僧袒一肘，不以爲善，乃作偏袒，縫於僧祇支上相從，因名偏衫，今開脊接領者，蓋遺魏制也。」

褊（biǎn）衫之褊，應從偏，訛爲褊。

偏錢

《百花亭》一【金盞兒】白：「你怕小人落了偏錢，你兩個自對主兒商量去。」

偏錢，猶今云外塊，即額外收入，如舊時飯館收小費之類。

偏不的

《燕青博魚》一【六國朝】：「哎喲！那廝雨點也似馬鞭子丟，不俫，偏不的我風團般著這拄杖打。」

《李逵負荊》三【後庭花】：「打這老子沒肚皮攬瀉藥，偏不的我敦葫蘆摔馬杓。」

偏不的，猶云怪不的。

偏憐子

《昊天塔》一【後庭花】：「這個是你那佘太君的偏憐子。」

偏憐子，謂受父母偏寵的幼兒。唐・元稹《遣悲懷》詩：「謝公最小偏憐女，自嫁黔婁百事乖。」偏憐女，指偏寵的幼女，可互證。《遼史・章肅皇帝傳》「諺云：偏憐之子不保業，難得之婦不主家」，亦其例。

諞（pián）

《陳母教子》二【菩薩梁州】白：「我勸這世上人休把這口忿諞過了。」

《黃鶴樓》三、白：「若論乖覺非是諞，跳下床來不洗臉，精細伶俐敢爲頭，道我是智慧聰明俊俏眼。」

《盛世新聲》亥集小令【滿庭芳】：「得讓時盡讓你，爭甚麼名和利，諞甚麼能和會？」

諞，以花言巧語向人顯示、誇耀、逞能之意也。許愼《說文》：「諞，便巧言也。」《書・秦誓》：「惟截截善諞言。」孔安國傳：「惟察察便巧，善爲便佞之言。」《論語・季氏》：「友便（諞）辟，友善柔，友便（諞）佞，損矣。」按便，讀平聲，同諞，古文作諞，今文作便。

片雲遮頂

《裴度還帶》一【青哥兒】白：「小生但得片雲遮頂，不在他人之下。」

《合汗衫》一【天下樂】白：「若不死呵，但得片雲遮頂，此恩必當重報也。」

片雲遮頂，表示還活著的意思。敦煌變文《捉季布變文》：「若得片雲遮頂上，楚將投來總安存。」或作「片雲蓋頂」，如《幽閨記》【北鴈兒落帶過得勝令】：「若得片雲蓋頂，救了小將之難，他日重修廟宇，再整金身。」按遮、蓋意同。

騙馬

騙

騙馬有二意：一謂躍而上馬；二謂調哄婦女。

（一）

《老生兒》楔、白：「老的也，想著你幼年時南頭裏販貴，北頭裏販賤，乘船騙馬，渡江泛海，做買做賣，掙閣下許來大家私。」

《合汗衫》二【越調鬪鵪鶉】：「穩拍拍乘舟騙馬。」

《黃花峪》二【梁州】：「舞劍輪鎗並騙馬，則消的步走如飛。」

《襄陽會》三【紅繡鞋】白：「能行戰馬上不去，整整的騙到四十遭。」

騙馬或省作騙。《集韻》云：「騗，躍而乘馬也，或書作騙。」王伯良注《西廂記》說：「躍而上馬，謂之騙馬。」《雍熙樂府·詠西廂小桃紅》詞：「騙上如龍馬」，是也。宋·程大昌《演繁露》云：「嘗見藥肆鬻腳藥者，榜曰騙馬丹。歸檢字書，其音為匹轉，且曰雍而上馬。已又見唐人武懿宗，將兵遇敵而遁。人為之語曰：『長弓度短箭，蜀馬臨階騙。』言蜀馬既已短小，而又臨階為高，乃能躍上，始悟騙之為義。」唐·杜佑《通典》曰：「武舉，制土木馬於里閭間，教人習騙。」據此知唐代已有此語。宋朝馬戲，也叫騙馬，詳《東京夢華錄》，亦取其在馬上翻騰跳躍的意思。現在此語仍流行于民間。一隻腳登在馬鐙上，另一隻腳跨上馬鞍；這種翻跨上馬的動作叫做騙。《任風子》二【滾繡毬】：「我騙上牆，騰的跳過去。」以跨馬動作，引申為跨牆，為騙之引申義。

（二）

《西廂記》三本三折【得勝令】：「不想去跳龍門，學騙馬。」

此「騙馬」，當是調哄、勾引婦女之意，蓋引申前意，是當時的俗語。但亦可作譏嘲張生跳牆的調侃語理解。

騙口張舌

片口張舌　張舌騙口

《馬陵道》四【十二月】：「你道是同心共膽，還待要騙口張舌。」

《漁樵記》三【一煞】白：「都是你這老蒜麻嘴，說謊吊皮，片口張舌，噷出來的。」

《玉壺春》三【鮑老兒】：「動不動神頭鬼臉，投河逿井，拽巷邏街，張舌騙口，花言巧語，指皂為白。」

　　騙口，即騙嘴，謂誇海口，說大話，吹牛皮。元、明間無名氏雜劇《桃園結義》一、白：「不是我騙口，憑著我這管刀筆，一拳爲主。」無名氏雜劇《慶賞端陽》二【普天樂】白：「不是你老子騙嘴，若論著我的本事，那裡數孫武子也？」皆其例。重言之，則曰騙口張舌、片口張舌、張舌騙口。騙，一作片，同音借用。

票臂

　　《灰闌記》二【醋葫蘆】白：「〔孤做票臂科〕〔祗從出，喚云：〕老娘街坊人等，衙門中喚你哩！」

　　同劇四【得勝令】白：「〔做票臂，張林做出科，下。〕」

　　票臂，元劇術語，意謂揮臂使手式，打招呼。《漢書・揚雄傳下》：「票崑崙。」注：「師古曰：『票猶搖動也。』」「票崑崙」，謂搖動崑崙山也。

撇末

　　戲文《錯立身》十二【金焦葉】：「子（只）這撇末區（軀）老，賺我學那劉耍和行蹤步跡。」

　　《雍熙樂府》卷十七【風流小僧】：「細樂中響盞是天王磬，撇末中靠背是菩薩幀，舞旋中歌曲是禮佛聲。」

　　《盛世新聲》亥集小令【寨兒令】：「撇末添鹽，嗹作胡咶。」

　　撇，猶云裝，如裝假曰撇假，《西廂記》三本四折【紫花兒序】白：「見了他撇假偌多話。」裝清曰撇清，《燕青博魚》三【滾繡毬・幺篇】：「你這個養漢精，假撇清。」故裝末曰撇末（末爲戲劇角色名稱），即演劇的意思。《誠齊樂府・桃源景》楔子【賞花時】：「你道我嗹作的吞子忒獻鬥，你道我撇末的場中無對手。」《悟眞如》【耍孩兒】：「撇末中再沒心留戀，花叢裏休將腳踏。」亦其例。

撇著

　　脈望館鈔校本《救風塵》一【寄生草】白：「鹿牙這科子糙手！他撇著坐，你那裏人情去里？」

撇著，即側著、歪著。撇著坐，言宋引章不願理睬趙盼兒，不面對她。《金瓶梅》第十二回：「見撇著兩根金裹頭銀簪子」，這個「撇著」，是別著的意思，撇、別疊韻，通假。

撇清（piē qīng）

《金線池》三【堯民歌】：「撇甚麼清！投至得你秀才每忒賽情，先接了馮魁定。」

《玉鏡臺》二【隔尾】：「你便溫柔起手（首）里須當硬，我呆想望迎頭兒撇會清。」

《燕青博魚》三【幺篇】：「你這個養漢精，假撇清，你道是沒姦夫，抵死來瞞定。」

裝作置身事外，與己無關，而以花言巧語為掩飾，表示自己清白，謂之撇清。明·無名氏雜劇《南牢記》二【幺】白：「你休撇清，每日你腰裏帶的搐口荷包，袖子裏袖的汗巾川扇，不是情人與你的，是那裏來的？」《紅樓夢》第九十二回：「這與子又假撇清，何苦呢！」皆其例。

撇嵌

撇欠　撇抗

《紫雲庭》一【仙呂點絳唇】：「我每日撇嵌為生，俺娘向諸宮調裏尋爭競。」

《蕭淑蘭》二【絡絲娘】：「人前面古怪剛直假撇欠，只怕您背地裏荒淫愚濫。」

《雍熙樂府》卷四散套【金殿喜重重·秋思】：「終日懸望，恰原來搗虛撇抗！誤我一向，到此纔知言是謊。」

撇嵌，即批亢，剛直無所畏懼之意，或作撇欠、撇抗，義並同。《史記·孫子吳起列傳》：「批亢搗虛，……則自為解耳。」批，撇開；亢，敵人兵多勢強之處；搗，攻擊；虛，敵人虛弱無備之處。這是古時用兵作戰避實就虛之意。此與《雍熙樂府》例語法相合，因知元劇蓋沿用《史記》語意而微變其字形與含義而已。批、撇，雙聲；亢、抗，音同；亢、嵌，雙聲。

撇道
撇

《仗義疏財》三【滾繡毬】:「你看我撇道兒勾一尺,爪老兒墨定黑。」

《陽春白雪》前集四商挺小令【潘妃曲】:「金縷唐裙鴛鴦結,偏趁些娘撇。」

同書後集一王嘉甫散套【八聲甘州・六幺遍】:「窄弓弓撇道,溜刀刀渌老。」

《北詞廣正譜》一湯舜民【刮地風】:「則爲撇正龐甜,引的人魂離殼。」

元代行院中俗稱腳爲「撇道」,猶稱臉爲「臉道」,稱龐爲「龐道」,稱淚爲「淚道」,等等,「道」字的作用,和「老」、「腦」一樣,都是在稱人體某一部分時所用的語尾助詞。或簡作「撇」,略去「道」字,如上所舉:「偏趁些娘撇(道)、「撇(道)正龐(道)甜」,是也。「撇道」或作「撇刀」(《雍熙樂府》收王嘉甫【八聲甘州】套,作「撇刀」),道、刀同音通假。

明・王驥德《曲律》卷三「論訛字第三十八」條云:「又『撇道』,北人調侃謂『腳』也。湯顯祖《還魂記》末折『把那撇道兒搊長舌搯』,是以『撇道』認作頦子也,誤甚。」近人吳梅《霜厓曲跋・仗義疏財劇》:「曲中用方言頗多,如樺老謂衙役也,撇道謂腳也,爪老謂面也,幫老謂夥盜也。」按:「爪老」指手,謂「面」,非。

撇漾
撇樣

《拜月亭》二【賀新郎】:「家緣都撇漾,人口盡逃亡,閃的俺一雙子母每無歸向。」

《調風月》二【十二月】:「把襖子疏剌剌惚開上拆,將手帕撇漾在田地。」

《三戰呂布》一【鵲踏枝】:「直殺的他敗將投降,戰馬空還,敗殘軍將追也那後趕,他每可都撇漾了些金鼓旗旛。」

《風光好》二【牧羊關】:「有句話須索商量,你休將容易恩情,等閒撇漾。」

《詞林摘艷》卷九荊幹臣散套【醉花陰・閨情】：「行時思坐時想，
甚時撇樣？」

撇漾，平拋曰撇，上拋曰漾，合言之意謂拋棄。漾，同颺，音同撇。或
作撇樣。如《摘艷》例。或作瞥樣，如戲文《張協狀元》：「是事一齊瞥樣。」
按瞥與撇，樣與樣，俱因同音而誤同。

頻婆

《雙赴夢》三【石榴花】：「往常開懷常是笑呵呵，絳雲也似丹頰若
頻婆。」

頻婆，一作蘋婆、頻婆果，蘋果的別名。明・李時珍《本草綱目》：「奈，
梵言頻婆。」又云：「奈與林檎，一類二種，實似林檎而大，一名頻婆。」按
佚名《採蘭雜志》及明・王世懋《學圃餘疏》均謂頻婆即蘋果。

嬪風 (pín fēng)

《隔江鬥智》一【混江龍】：「常則是《嬪風》作範，《女戒》爲師。」

《嬪風》即《豳風》，《詩經》十五國風之一，嬪爲豳的訛寫。《詩・豳
風・東山》：「親結其縭，九十其儀。」箋云：「女嫁，父母既戒之，庶母之
申之，九十其儀，喻丁寧之多。」

聘胖

品碰

明鈔本《四春園》二【尾聲】白：「聘胖響一聲，蹦破一路馬。」

《李雲卿》四、白：「滴溜聘胖掉下來，跌破腦袋敦了口。」

《岳飛精忠》一、白：「聽的砲響諕了魂，滴溜品碰吊下來。」

聘胖，一作品碰，象聲詞，狀跌落聲，同「乒乓」。

平人

《魔合羅》三【後庭花】：「攬這場不分明的腌勾當，今日將平人來
無事講。」

同劇三【浪裏來煞】：「我直教平人無事罪人償。」

《鴛鴦被》三、白：「我爲甚麼打你？專打你這不依本分，誆騙平人，不近道理。」

《合同文字》四【得勝令】白：「律上說歐（毆）打平人，因而致死者抵命。」

平人，謂無罪之人或平民，如上舉諸例是也。此語古已有之。《後漢書·和熹鄧皇后紀》：「又詔赦除建武以來諸犯妖惡，及馬、竇家屬所被禁錮者，皆復之爲平人。」同書《皇甫規傳》：「臣每惟賢等擁眾四年，未有成功，懸師之費且百億計，出於平人，回入姦吏。」注：「平人，齊人也。」按「齊人」即「平民」。

平身

《哭存孝》二【菩薩梁州】：「我這裏便施禮數罷平身，抄著手兒前進。」

《裴度還帶》四【殿前歡】：「〔山人做撒帳科，云：〕狀元穩坐紫驊騮，褐羅繖下逞風流；新人繡球望著狀元打，永遠相守到白頭。〔喝平身住〕」

《薦福碑》四【駐馬聽】：「謝罷禮，君恩勑賜平身立。」

《三戰呂布》二【得勝令】白：「平身！可不早說？」

平身，謂直立、禮畢，恢復原來的狀態。《元史·禮樂志一》「元正受朝儀」條：「曰拜，曰興，曰平身。」凡行跪拜禮，由拜起立曰平身。孔尚任《桃花扇·選優》：「〔副淨跪介：〕光祿寺卿臣阮大鋮恭請萬安。〔小生：〕平身！〔副淨起介。〕」此又爲一例。一般凡把身體直立起來，都叫平身，如《三戰呂布》例是也。

平康巷

《岳陽樓》一【幺篇】：「我則待朗吟飛過洞庭湖，須不曾搖鞭誤入平康巷。」

《貶黃州》一【油葫蘆】：「翠鬟擁出芙蓉帳，又不是醉鞭悞入平康巷。」

《貶夜郎》一【寄生草】：「錦橙嫩擘銷金帳，便似醉鞭誤入平康巷。」

《雲窗夢》三【滾繡毬】：「如今這麗春園使不的馮魁俊，赤緊的平
康巷時行有錢的親。」

《樂府群珠》卷二無名氏小令【金字經・述懷】：「醉鞭平康巷少年
長樂坊。」

　　平康巷，即平康里，唐朝京城長安的一條街名。唐・孫棨《北里志》云：
「平康里，入北門，東迴三曲，即諸妓所居之聚也。」每年新進士游宴其中，
時人謂爲風流之地。後來就用「平康巷」泛指妓院所在。或簡作「平康」，如
《宣和遺事》亨集：「古來貪色荒淫王，那肯平康宿妓家」，是也。

評跋（píng bá）

評訬　評駁　評薄

　　評跋，有評議、忖量二義；又作評訬、評駁、評薄，音近意同。

（一）

《曲江池》四【鴛鴦煞】：「這的是萬古綱常。眾口評跋。暢道罪惡
滔天。何時解脱？」

《桃花女》二【滾繡毬】：「他這般唱叫揚疾。不傢。便可也爲甚麼？
有甚的好話評跋？」

《風雲會》二【紅芍藥】：「不爭讓位在荒郊。枉惹得百姓每評訬。」

《舉案齊眉》四【折桂令】：「俺和你夫婦商量。休教外人把俺評跋。」

《爭報恩》三【小桃紅】：「告哥哥休打謾評訬，權等待些兒個。」

《隔江鬥智》三【醋葫蘆】：「我怕您無人處將我廝評跋。」

　　以上各例，「評跋」、「評訬」謂評論、評議。明・徐渭《南詞敘錄》云：
「以言論人曰評，以文論人曰跋。」宋・張炎【摸魚子】詞：「乾坤靜裏閒
居賦，評泊水經茶譜。」《陽春白雪》七奚秋崖【解連環】詞：「聽幽禽兩兩，
沙際評泊：道世間多少閑愁，總輸扁舟，五湖遊樂。」宋・周輝《清波雜錄》
卷十一：「朱耆壽詞：天應不錯，教公議細評泊。」以上「評泊」，均評論意，
同評跋。明・湯顯祖《牡丹亭・圓駕》「你便是鬼三台，費評跋。」清・洪
昇《長生殿・彈詞》：「把鈿盒金釵親納，評跋作昭陽第一枝。」亦其例也。
《元曲選》音釋：「跋，巴毛切。」

（二）

《襄陽會》二【幺篇】：「是和非心上自評跋。」

《忍字記》四【中呂粉蝶兒】：「好教我無語評跋，誰想這脫空禪客僧瞞過。」

《來生債》一【賺煞】：「暗評跋，忽笑哂，則被這錢使作的喒如同一個罪人。」

《雙赴夢》三【哨遍】：「提起來把荊州摔破，爭奈小兄弟也向壕中臥！雲霧裏自評薄，劉封那廝於禮如何！」

《太平樂府》卷三馬謙齋小令【柳營曲‧懷古】：「曾窨約，細評薄將業兵功非小可。」

《樂府群珠》卷二泲東漁父小令【罵玉郎過感皇恩‧採茶歌】「丁卯即事」：「暗劃度，細評駁，多敢是天時人事有崎嶇。」

以上各例，評跋，或作評薄、評駁，意指本人思量、忖度。曲中所云「自評跋」、「無語評跋」、「暗評跋」、「曾窨約，細評薄」、「暗劃度，細評駁」等，顯然是個人的思想活動，而非兩個人以上對話，如前面（一）例所云：「廝評跋」、「眾口評跋」，等等。

作此解者，唐、宋詩詞中屢見不鮮，例如：唐‧韓偓《遙見》詩：「悲歌淚濕淡燕脂，閒立風吹金縷衣；白玉堂東遙見後，令人評泊畫楊妃。」宋‧史達祖《蝶戀花》詞：「幾夜湖山生夢寐，評泊群芳，只怕春寒裏。」薛夢桂【醉落魄】詞：「樽前不用多評泊，春淺春深，都向杏梢覺。」以上義並同。

間亦有兼上述兩解者，如《詞林摘艷》卷六曾瑞卿散套【端正好‧一枕夢魂驚】：「千載風雲過，將古今英俊評跋：誰才能？誰霸道？誰王佐？只落的高塚麒麟臥！」《太平樂府》卷一馬九皋小令【蟾宮曲‧雲】：「一個飲羊羔紅爐畫閣，一個凍騎驢野店溪橋，你試評跋：那個清高？那個篾豪？」這兩個例子，既可解為思量、忖度，亦可解為評論、評議。

評論

論評　平論

評論：一謂批評、討論；二指尋思、揣度；三謂決罪。

（一）

《雲夢窗》一【村里迓鼓】：「恰纔俺二人評論，評論這百年姻眷。」

《漁樵記》三【幺篇】：「你道他纔出身，便認眞和咱評論。」

《樂府群珠》卷四湯舜民小令【普天樂·閑書】：「說來往（枉）論評，題起空開議。」

以上「評論」，意爲討論、批評。《後漢書·范滂傳》：「評論朝廷。」《三國志·魏志·李通傳》注：「未曾評論時事，臧否人物。」晉·葛洪《抱朴子·明本》：「其評論也，實原本於自然；其褒貶也，皆準的乎至理。」《隋書·楊異傳》：「評論得失。」《孔子家語·顏回》：「武叔多稱人之過，而已評論之。」此語今仍爲普通用語，例作「論評」，義同。

（二）

《殺狗勸夫》一【那吒令】：「哥哥你自忖量，你自評論，您直恁般愛富嫌貧。」

《合同文字》四【掛玉鈎】詩云：「老夫低首自評論，就中曲直豈難分？」

《太平樂府》卷一吳西逸小令【蟾宮曲·寄友】：「便休題魚龍市朝，好評論鶯燕心交。」

上舉各例，意爲尋思、揣度、忖量、沈吟。明·施君美《幽閨記》九：「且自沈吟，謾自評論。」明·柯丹丘《荊釵記》六：「細評論，黃金滿籯，不如教子一經。」皆其例也。

（三）

《介子推》二【牧羊關】：「觸突著皇后合依平論，免突著天子合問緣由。」

平論，謂決罪；爲第一義的引申。

馮（píng）夷

《裴度還帶》二【梁州】：「鱗甲縱橫上下飛，可端的羨殺馮夷。」

《貶黃州》二【幺篇】：「馮夷飲罷瓊林宴，醉把鮫綃剪。」

《太平樂府》卷一徐甜齋小令【蟾宮曲·名姬玉蓮】：「荊山一片玲瓏，分付馮夷，捧出波中。」

　　神話傳說：馮夷，水神，即河伯。《莊子·大宗師》：「馮夷得之，以游大川。」司馬相如《大人賦》：「使靈媧鼓瑟而舞馮夷。」三國·曹植《洛神賦》：「馮夷鳴鼓，女媧清歌。」蘇軾《後赤壁賦》：「攀栖鶻之危巢，俯馮夷之幽宮。」或作「冰夷」，如《山海經·海內北經》：「從極之淵，深三百仞，維冰夷恒都焉。」或作「無夷」，如《穆天子傳》卷一：「天子西征，鶩行，至于陽紆之山，河伯無夷之所都居。」郭璞注：「無夷，馮夷也。」

　　又指天神，如漢·劉安《淮南子·原道訓》：「昔者馮夷、大丙之御也，乘雲車，入雲霓。」

　　元曲諸例，均指水神。馮，讀如「平」。

頗（pō）頗（兒）

《謝天香》二、白：「這詞上說『可可』二字，明明是譏諷老夫，恰才張千說記的顛倒爛熟，他念到『事事』，將『可可』二字則推忘了；他若念出『可可』二字來，便是誤犯俺大官諱字，我扣廳責他四十，這廝到聰明著哩！〔張千云：〕也頗頗的。」

《曲江池》楔、白：「從幼兒教他讀書，頗頗有些學問。」

《黃鶴樓》三：「〔劉末云：〕這小的是一對好眼。〔俊俏眼云：〕我頗頗兒的。」

　　頗頗，頗字重言，很是的意思。《醒世恒言·賣油郎獨佔花魁》：「雖則糶米爲生，一應麥、豆、茶、酒、油、鹽、雜貨，無所不備，家道頗頗得過」。同書《張廷秀逃生救父》：「張權自到蘇州，生意順溜，頗頗得過。」皆其例。現在北語還有這種說法。

潑（pō）

潑：一用爲詈辭；二爲窮苦之意；三謂胡搞、蠻干。

（一）

《冤家債主》一【油葫蘆】：「引著些個潑男潑女相扶策，你、你、你則待每日上花臺。」

《梧桐雨》四【倘秀才】：「枉著金井銀牀緊圍遶，只好把潑枝葉做柴燒，鋸倒。」

《岳陽樓》三【倘秀才】：「哎！村物事，潑東西，怎到得那裏？」

《虎頭牌》二【月兒彎】：「伴著火潑男也那潑女，茶房也那酒肆，在那瓦市裏穿。」

《紅梨花》一【那吒令】：「潑賤才，堪人罵，再休來利齒能牙。」

《金錢記》三【滿庭芳】白：「兀那潑賤人，你做的好勾當！」

《殺狗勸夫》三【幺篇】：「有什麼狗衣飯，潑前程？」

以上各例，「潑」用爲咒罵之辭，含有惡劣、卑賤、厭惡等意。咒罵的範圍，包括人、物、事：如「潑男潑女」、「潑賤才」，罵的是人；「潑枝葉」，罵的是物；「潑前程」，罵的是事。

（二）

《存孝打虎》二【賀新郎】：「覷了這窮身潑命難把功名幹。」

《東堂老》三【剔銀燈】：「我其實可便顧不得你這窮親潑故。」

《劉行首》一【油葫蘆】：「我這般窮身潑命誰瞅問？」

《詞林摘艷》卷七無名氏散套【集賢賓·碧澄澄綠楊官渡口】：「小人有破房兒一兩間，潑家屬三四口。」

上舉前三例，「潑」與「窮」相對照，當爲貧窮困苦之意。《摘艷》一例，潑、破互文，亦窮苦之意。再參之以《對玉梳》一折：「不強如那窮身破命。」可證明潑、破、窮，其義一也。

（三）

《蝴蝶夢》二【黃鍾尾】：「割捨了，待潑作：告都堂，訴省部；撅皇城，打怨鼓；見鑾輿，便唐突。」

《降桑椹》一、白：「得也麼，潑說！」

《九世同居》二【煞尾】白：「這廝潑說，且一壁有者！」

這裏的「潑」，是蠻橫、胡亂之意。「潑作」即蠻幹，「潑說」即胡說，總之，即言行不循規範之意。明·陳耀文《花草粹編》十二載王實之【慶元春】詞：「狂生真個狂哉！潑性氣年來全未灰。」按此「潑」字，有任性意，與「蠻」字意近。

潑天

《看錢奴》二、白：「這幾年間暴富起來，做下潑天也似家私。」

《老生兒》一、白：「我當日與這劉員外家做女婿，可是爲何，都則爲這老的他有那潑天也似家私。」

《合汗衫》四【沽美酒】：「若說著俺祖先，好家私似潑天。」

《兒女團圓》楔、白：「有小叔叔是韓弘道，嬸子兒張二嫂，潑天也似家私，他掌把著。」

《神奴兒》一【賺煞尾】白：「潑天也似家私，都是俺兩口兒的。」

潑天，極甚之辭。按「天」，至高至大，寬廣無邊，故常用以比喻超乎尋常的事物，如強調福分大，則曰「天來大福」（見《董西廂》卷一），如強調煩惱深，則曰「這場煩惱天來大」（見《爭報恩》三折），如強調相隔之遠，則曰「巫山遠隔如天樣」（見《西廂記》一本二折），等等，不勝列舉。「天」字上若再冠以「潑」字，是極言之又極言也。「潑天也似家私」，是形容家產富厚，遮天蓋地，簡直無法估量也。

王季思等注則云：「潑天，即拍天，形容氣勢的高盛。」（見《元雜劇選注》）

潑皮

潑頑皮

《勘頭巾》二、白：「〔令史問丑云：〕這個是甚麼賊？〔張千云：〕這是潑皮賊。〔令史云：〕我正要打這潑皮賊。〔做打科云：〕我直打的你認的我便罷，潑皮賊！潑皮賊！」

《玉鏡臺》二【四塊玉】：「我不曾將你玉筍湯，他又早星眼睜，好罵我這潑頑皮沒氣性。」

《緋衣夢》二、白：「你舊景潑皮，歇著案裏，你快去！」

《伍員吹簫》三【鬥鵪鶉】：「元來是怕媳婦的喬人，嚇良民、嚇良民的潑皮。」

《舉案齊眉》三【麻郎兒】：「那些兒輸與這兩個潑皮，白白的可乾受了一場惡氣。」

潑皮，一作潑頑皮，猶云無賴、流氓。《元典章・刑部・遷徙》：「亦有曾充軍役雜職者，亦有潑皮凶頑，皆非良善。」明・無名氏雜劇《打董達》二折：「他正是潑皮的頭兒。」《水滸》第十二回：「原來這人是京師有名的破落戶潑皮。」《紅樓夢》第二十四回：「這倪二是個潑皮，專放重利債，在賭博場吃飯，專愛喝酒打架。」此語現在仍通行。

潑釤（pō shān）

《蕭淑蘭》三【聖藥王】：「一迷裏口似潑釤怎撲揞，那裏肯周而不比且包含。」

釤，鎌也，見《玉篇》，今通作鐮，俗曰鐮刀，這裏比喻鋒利。口似潑釤，極言口舌之鋒利也。《雍熙樂府》卷一散套，【醉花陰・離懷】：「要相逢怕甚牙兒吵？」「牙兒吵」，亦口齒鋒利之意，可互相印證。唐・杜牧《自宣州赴官入京路逢裴坦》詩：「我初到此未三十，頭腦釤利筋骨輕。」按「釤利」猶「銛利」，喻思路銳敏，來的快，如刀之鋒刃然。據此知「釤」乃鋒利的狀詞，「潑釤」，極言之也。

潑毛團

《漢宮秋》四【幺篇】：「則俺那遠鄉的漢明妃雖然得命，不見你個潑毛團，也耳根清淨。」

《張天師》二、白：「我央及你波，我與你唱喏，怎生不動？我與你下跪，又不動。我與你下拜，也不動。釘子釘著你哩，潑毛團是好無禮也！」

《㑳梅香》三、白：「潑毛團好無禮也！小生不才殺波，也是個白衣卿相；今日用著你，故意的不晚。」

潑，詈辭。毛團，指有毛的動物，是對禽獸的泛稱。潑毛團，被用爲咒罵語，猶今云「混賬東西。」或作「潑花團」，如《初刻拍案驚奇・劉東山誇技順城門，十八兄奇蹤村酒肆》：「賤婢今日山中遇此潑毛團，爭持多時，才得了當。」云「花團」者，因老虎皮毛有花紋故也。

潑兔巴

《勘金環》一【後庭花】：「你看你那粉遮著蒼驢臉，我見他身穿著潑兔巴。」

潑，宋元俚語，賤濫之稱；兔巴，指兔皮。宋・龐元英《文昌雜錄》卷四：「資陽縣民支漸，葬母於賴錫山漢中，廬於墓側，每有野狸白杷兔來看上土。」「巴」即「杷」字省寫，通用。

潑兔巴，即破濫兔皮。

潑殘生

《楚昭公》二【收尾】：「眼睜睜見死可也無人救，索把這潑殘生告天保佑。」

《灰闌記》二【浪裏來煞】：「則我這潑殘生，怎熬出這個死囚牢？」

《馬陵道》二【正宮端正好】：「禍臨頭誰人救，則我這潑殘生，眼見的千死千休。」

《硃砂擔》一【青哥兒】：「我纔出門桯，向花苑閒行，見風弄殘燈，正月白三更，親見個妖精待把我欺凌，只一拳險送了這潑殘生。天也！兀的不憂成我病？」

《黃粱夢》四【叨叨令】：「覷著你潑殘生，我手裏難逃脫。」

將死未死之人曰殘生，「潑」為詈詞，表示厭惡。對自己說，則潑殘生，謂苦命，含自憐自惜意，如一至四例；湯顯祖《牡丹亭・驚夢》：「潑殘生，除問天」，義同。如對對方說，則潑殘生，謂狗命，含咒罵意，如上舉第五例。

潑煙（烟）花

《曲江池》四【鴛鴦煞】：「都為我潑賤煙花，把你個名兒污。」

《風光好》三【叨叨令】白：「〔陶穀怒云：〕這個潑煙花賦誣人！我那裏與你會面來？」

《東堂老》一【六幺序】：「那潑煙花，專等你個腌材料，快準備著五千船鹽引，十萬擔茶挑。」

《貨郎旦》四【三轉】：「諸般綽開，花紅布擺，早將一個潑賤的煙花娶過來。」

《陳州糶米》三【哭皇天】：「潑煙花王粉蓮，早被俺親身兒撞見，可便肯將他來輕輕的放免？」

煙花，舊爲妓女的代稱。唐・黃滔《閨怨》：「塞上無煙花，寧思妾顏色。」潑，詈詞。潑煙花，猶今言臭婊子。「煙」、「烟」同字異體。

婆娑沒索

《黃粱夢》的【叨叨令】：「那漢子去脖項上婆娑沒索的摸。」

婆娑沒索，狀「摸」之副詞。按，婆娑應作摩娑，即撫摸意。沒索，一般寫作摸索。沒、摸雙聲通用。

叵羅（pǒ luó）

《詞林摘艷》卷八無名氏散套【一枝花・麒麟閣上臣】：「玉醍醐，金叵羅，肉臺盤，淡氤氳，香靄蓮花帳。」（亦見於《盛世新聲》【南呂一枝花・宦居八輔臣】）

《雍熙樂府》卷十一（元）景元啓散套【新水令】：「酒斟金叵羅。」

叵羅，古時敞口的酒器。《北齊書・祖珽傳》：「神武宴僚屬，於坐失金叵羅。竇泰令飲酒者皆脫帽，於珽髻上得之。」宋・吳曾《能放齋漫錄》卷六「金叵羅」條：「東坡詩：『歸來笛聲滿山谷，明月正照金叵羅。』按《北史》，祖珽盜神武金叵羅，蓋酒器也。韓子蒼詩云：『勸我春風金叵羅。』」

叵耐

叵耐　叵耐　頗耐　叵奈　頗奈　頗奈　可奈

叵耐：一謂可恨或可惡；二猶潑賴；三謂波折、不幸；四謂怎奈、豈奈。

（一）

《張生煮海》一【賺煞】詞云：「叵耐這鬼恠妖魔，將花言巧語調唆。」

《貨郎旦》一【賺煞】白：「自家魏邦彥的便是。前月打差便去，叵耐張玉娥無禮，投到我家來，早嫁了別人。」

《貶黃州》三、白：「叵耐蘇軾毀我，已令臺官彈劾，貶謫黃州安置。」

《存孝打虎》三【聖藥王】：「叵耐他，小覷咱。」

《神奴兒》四【折桂令】：「叵奈頑民播弄錢神，便應該斬首雲陽，更揭榜曉諭多人。」

《哭存孝》二、白：「頗奈存孝無禮，你改了姓便罷，怎生領飛虎軍來殺我？」

《伍員吹簫》一、白：「頗奈費無忌無禮，在父王根前百般讒譖，將俺老相國伍奢父子，滿門家屬，誅盡殺絕。」

《謝金吾》三【收尾】詩云：「可奈潑婆娘，公然劫法場。」

《隔江鬥智》二、白：「我主公依舊取了荊襄九郡，可奈周瑜道是前番曾領兵助俺破曹，現在柴桑渡口扎營，數次設計圖取荊州。」

《樂府群珠》卷一克齋小令【上小樓·章臺怨妓】：「想起來，甚頗耐：當時歡愛，都撇在九霄雲外。」

　　叵耐（pǒ nǎi），或作叵耐、叵耐、頗耐，頗奈、頗奈、可奈。按：叵、叵、頗均為「不可」的切音。耐、奈通用。叵與叵，奈與奈，均為同字異體。該詞本應作叵奈或頗奈，後取其偏旁整齊，多作叵耐。其音原謂不可奈何，引申為詈詞，猶可恨或可惡。可奈，音近意同。

　　上溯詞源，唐已用之，例如：唐·劉餗《隋唐嘉話》下：「婁（師德）體肥行緩，李（昭德）顧待不即至，乃發怒曰：『叵耐殺人田舍漢！』」唐·無名氏【鵲踏枝】詞：「叵耐靈鵲多漫語，送喜何曾有憑據？」敦煌變文《捉季布變文》：「漢王聞語深懷怒，拍案頻眉叵耐嗔。」又《頻婆娑羅王後宮綵女功德意供養塔生天因緣變文》：「然後端居正殿，卻歸香林，扼腕揚眉，鋪脣叵耐。」叵耐猶叵耐也。據此知叵耐在唐代各體文中已普遍使用。蒙元以降，繼續流行，清·洪昇《長生殿·合圍》：「叵耐楊國忠那廝，與咱不合，出鎮范陽」，亦其一證。

（二）

《唐三藏西天取經·餞送郊關開覺路》【青哥兒】：「堪恨那無知無知叵耐，見一人倒在倒在塵埃。」

《玉壺春》三【上小樓】：「覷不的千般像態，十分叵耐，走將來摔碎瑤琴，擊破菱花，拆散金釵，扳下頦，撞腦袋，自行殘害。聽不的他死聲咷氣，惡叉白賴。」

以上「叵耐」、「阞耐」，猶潑賴，無賴、惡棍之意。清・葉堂（懷庭）《納書楹曲譜》載《西天取經》劇作「潑賴」，意義較顯。

（三）

《衣襖車》四【中呂粉蝶兒】：「也是我運拙時乖，誰承望一場頗奈。」

以上「頗奈」，意爲波折、不幸。戲文《張協狀元》二十九【醉太平】：「這場阞（叵）耐殢人羞」，亦其一例。

（四）

《來生債》一【幺篇】：「誰待殷勤？頗奈錢親！錢聚如兄，錢散如奔。」

上例，頗奈，謂怎奈、豈奈。

破

「破」字在金元戲曲裏，多用爲語助詞，有時也用作動詞，或舞曲名。

（一）

《董西廂》卷一【高平調・木蘭花】：「張生當時聽説破，道：『譬如閑走，與你看取則箇！』」

同書卷六【雙調・倬倬戚】：「我圍著這妮子做破大手腳。」

《薦福碑》二【滾繡毬】白：「怎生出的這惡氣？我則題破這廟宇，便是我平生之願。取出我這筆墨來，有這簷間滴水，磨的這墨濃，蘸的這筆飽，就這搗椒壁上，寫下四句詩。」

同劇同折同曲、白：「叵耐張鎬無禮，……題破我這廟宇，更待乾罷！」

上舉各「破」字，用作語助，猶「了」。「聽説破」，即聽説了；「做破大手腳」，即搞了大事情（此指男女私情）；等等。」

（二）

《董西廂》卷二【正宮・甘草子纏令】：「聽説破，聽説破，把黃鬐撋定，徹放眉間鎖。」

同書同卷【黃鍾宮・尾】：「伊言欲退干戈，有的計對俺先道破。」

《後庭花》三【鴛鴦煞】：「我說破陰魂莫更潛身怕，只要你秀才肯做迷心耍。」

《貨郎旦》一【後庭花】：「他那裏鬧鑊鐸，我去那窗兒前瞧破。」

上舉各「破」字，亦用作語助，猶「著」。「聽說破」，即聽說著，與上文解作「聽說了」不同，細玩各自前後文意，自可分曉。從語法上說，「了」，字做語尾助詞，表過去式；「著」字作語尾助詞，表現在進行式，也有的「破」字作助詞具有兩重性，既可解爲「了」，亦可解爲「著」，如《西廂記》二本三折【清江引】：「怎想湖山邊，不記西廂下，香美娘處分破花木瓜。」香美娘指鶯鶯，花木瓜指張君瑞，「處分破」，猶云處分了或處分著，兩解皆通。

上述用法，唐、宋已見。敦煌變文《季布罵陣詞文》：「一從罵破高皇陣，潛山伏草受艱辛。」「罵破」，猶罵了也。宋·周邦彥【過秦樓】詞：「笑撲流螢，惹破畫羅輕扇。」「惹破」，猶惹著也。例多，不列舉。

（三）

《董西廂》卷七【越調·雪裏梅花】：「恨他恨他，索甚言破，是他須自隱。」

《破窰記》四【收江南】白：「既今日說破機關，將兩處冤讎盡解。」

《謝金吾》二【尾聲】：「兒也！你若得飛出城門，便是你一命脫，我少不的到聖人前自言破。」

上舉各「破」字，意謂揭穿、剖析、點明。例一「破」與「隱」對應，例二「破」與「解」互文，都是明證。故例證中「言破」、「說破」云云，都是說穿、點明、交待清楚之意，與用作語助詞意別。敦煌變文《維摩詰經菩薩品變文》：「不如對我世尊，一一分明說破。」明·柯丹丘《荊釵記》三十一：「把就兒裏分明說破，免孩兒疑慮生。」《古今小說·史弘肇龍虎風雲會》：「一似你先時破我的肉是狗肉，幾乎教我不撰一文。」皆其例。

（四）

《魯齋郎》一【混江龍】：「經旬間不想到家來，破工夫則在那媔樓串。」

《西廂記》四本一折【煞尾】：「你是必破工夫明夜早來些。」

上舉「破」字，用作動詞，猶云擠、抽、或安排。「破工夫」，即擠時間、抽空、安排時間之意。

（五）

《太平樂府》卷九高安道散套【哨遍‧嗓淡行院】：「唱破子把腔兒
莽誕。」

這裏的「破」字，是舞曲中段落的專稱。唐代大曲中音律繁會之處稱爲
「入破」，或簡稱「破」。大曲每套凡十餘遍，分別歸入散序、中序、破三大
段中。「入破」即「破」的第一遍。白居易《臥聽法曲霓裳》詩：「朦朧閑夢
初成後，宛轉柔聲入破時。」宋‧孟元老《東京夢華錄》卷九「宰執親王宗
室百官入內上壽」條所記：「又唱破子畢，小兒班首入進致語，勾雜劇入場，
一場兩段」，是也。《警世通言‧金明池吳清逢愛愛》：「唱一個嬌嬌滴滴曲兒，
舞一個妖妖媚媚的破兒。」「破兒」當即破也。

破缺

《漁樵記》三、白：「〔正末扮張憨古上，叫云：〕笊籬、馬杓、破
缺也換那！」

同劇三【煞尾】白：「〔張云：〕誤了我買賣？〔搖鼓叫科云：〕笊
籬、馬杓、破缺也換那。」

破缺，猶今云破爛、殘廢品。

破敗

《調風月》四【掛玉鉤】：「是箇破敗家私鐵掃帚。」

《冤家債主》四【得勝令】白：「大哥哥幹家做活，第二箇荒唐愚魯，
百般的破敗家財。」

《破窰記》二【倘秀才】白：「大嫂，有甚麼人到俺家裏來？我一腳
的不在家，把我銅斗兒家緣都破敗了也。」

破敗，猶今云糟蹋、毀敗、揮霍。《史記‧李將軍傳》：「匈奴兵破敗廣
軍」，謂以兵力攻破、擊敗廣軍也；蘇軾《超然亭記》：「伐安邱、高密之木，
以修補破敗」，謂以木材修補建築物的毀壞之處也；《醒世姻緣》第四回：「這
樣人就像媒婆似的，咱不打發他個喜歡，叫他到處去破敗咱」，謂破壞咱們
的名聲也。此三例與上舉曲例意均近，但語意、用法微有區別。

破腹

《硃砂擔》一【喜秋風】白：「我有些破腹，你替我一替；你不替，我就作踐在這裏。」

同劇一【賺煞尾】白：「他破了腹，要阿屎哩！」

破腹，謂瀉肚，俗稱拉稀、跑肚。《水滸》第三十九回：「卻見宋江破腹瀉倒在牀，眾囚徒都在房裏看視。」

破綻

破賺　破折

《漢宮秋》一【金盞兒】白：「當初選時，使臣毛延壽索要金銀，妾家貧寒無湊，故將妾眼下點成破綻，因此發入冷宮。」

同劇一【醉扶歸】：「便宣的八百姻嬌比並他，也未必強如俺娘娘帶破賺丹青畫。」

《劉知遠諸宮調》十二【般涉調·耍孩兒】：「因吾打得渾身破折，到得朋頭露腳。」

《梧桐雨》一、白：「不期我哥哥楊國忠，看出破綻，奏准天子，封他為漁陽節度使，送上邊庭。」

《老君堂》一【尾聲】：「也是我一時間疎散，倒做了機謀中破綻。」

《金錢記》一【金盞兒】：「這嬌娃是誰家？尋包彈，覓破綻，敢則無纖掐。」

破綻，本意是指衣縫綻裂，《朱子語類·自論為學工夫》：「卻回頭看釋氏之說，漸漸破綻罅漏百出。」元·方回《登屋東山作》詩：「壞屋如敝衣，隨意補破綻」。凡有破裂痕迹、不完整者，皆謂之「破綻」，如上所舉前三例屬之。引申上意，凡言行、思路不謹嚴者，也叫「破綻」，猶今言漏洞，後三例是也。《京本通俗小說·志誠張主管》：「後來只為一句話破綻些，失了主人之心。」《水滸》第二回：「這棒也使得好了，只是有破綻，贏不得真好漢。」洪昇《長生殿·製譜》：「要覓破綻，並無毫髮」。

破綻，或作破賺、破折，義同。

破盤

《老生兒》三、白：「祭祀已畢，我可破盤咱！」

同劇同折白：「則等俺老兩口兒燒罷紙要破盤哩。」

《殺狗勸夫》一、白：「咱祭過了祖宗也，兩個兄弟把盞破盤！」

舊時在墳地裏吃祭祖後的酒物，謂之破盤。《孟子・離婁下》：「齊人……卒之東郭墦間之祭者，乞其餘不足，又顧而之他。」此「破盤」風尙之濫觴歟？又俗稱事之敗露，亦曰破盤。

破題兒

《西廂記》四本三折【滾繡毬】：「卻告了相思回避，破題兒又早別離。」

《秋胡戲妻》一【賺煞】：「卻正是一夜夫妻百夜恩，破題兒勞他夢魂。」

《剪髮待賓》三【耍孩兒】：「起初時今夜魂夢驚，破題兒不展愁眉。」

《西遊記》五本十七齣【六幺序】：「俺兩箇破題兒待弄玉偷香。」

《獨角牛》二【耍二臺】：「到今番破題兒和他相搏，他可敢寄著一場天來大利害。」

破題，文章裏點明題意之處，叫做「破題」。唐宋詩賦、明清八股文，其題之要意，多在起首兩句，就剖析無遺，使讀者一目了然，謂之「破題」。唐・李肇《國史補》：「李程試《日五色賦》，既出闈，楊於陵見其破題云：『德動天鑒，祥開日華。』」宋・歐陽修《六一詩話》云：「梅聖俞嘗於范希文席上賦《河豚魚》詩云：『春洲生荻芽，春岸飛楊花』。河豚食絮而肥，南人多以荻芽爲羹，知詩者謂破題二句已道盡河豚佳處。」《劉貢父詩話》云：「有閩士，作《清明象天賦》，破題云：『王道如何，仰之彌高。』」清・趙翼《陔餘叢考・破題》：「今八股文起二句曰破題。」元曲中因以「破題」比喻事情的開端或第一次，如上舉諸例是也。

破礶子

破礶子

《李逵負荊》三【浪裏來煞】白：「他拐了我女孩兒，左右弄做破礶子，倒也罷了。只可惜那李逵哥哥，一片熱心，賭著頭來，這須不是要處。」

《鴛鴦被》二【黃鍾尾】白：「既然昨夜李小姐來與別人成了親事，左右是個破罐子了。」

破礶子，比喻女子已非處女之詞；現在仍被使用著，如孫犁《風雲初記》：「你不同俗兒，她是一個破罐子。」罐一作礶，俗體，不見一般字書。

撲的

撲地　鋪的

撲的（地），或作鋪的，其意有二：一用爲表聲詞；二謂忽然、突然。

（一）

《李克用箭射雙鵰》【柳青娘】：「我則見他下的戰騎，怎敢道説兵機，撲的來跪膝。」

《黃花峪》一【金盞兒】：「那裏去則我這拳著處撲的塵埃中躺。」

《忍字記》一【河西後庭花】：「我恰纏胸膛上撲地著，他去那甎街上丕的倒。」

《調風月》三【紫花兒序】：「呼的關上籠門，鋪的吹滅殘燈。」

以上各例，用作表聲副詞：有時形容吹氣滅燈的噴撲聲，如例四；有時形容拳擊命中（zhòng）聲，如例二、三；有時形容跪倒聲，如例一；《京本通俗小說·錯斬崔寧》：「也是人急計生，被他綽起一斧，正中劉官人面門，撲地倒了。」亦其例。

朱居易解「鋪的」爲「忽的」（見《元劇俗語方言例釋》），誤。

（二）

《麗春堂》一【勝葫蘆】：「忽的呵弓開秋月，撲的呵箭飛金電，脱的呵馬過似飛熊。」

撲的，與忽的互文見意，忽然、突然之謂也。

撲俺

撲揞　俺撲　掩撲

《西廂記》二本楔子【二】：「我從來欺硬怕軟，喫苦不甘，你休只因親事胡撲俺。」

《蕭淑蘭》二【聖藥王】：「一迷裏口似潑鈸怎撲揞？那裏肯周而不比且包含。」

《調風月》三【天淨沙】：「先教人俺撲了我幾夜恩情。」

《樂府群玉》卷二王日華小令【鳳引雛・答】：「滿懷寬，被馮魁掩撲了麗春園。」

撲俺，亦作撲揞；或倒作俺撲、掩撲：並爲博掩之訛。博爲博塞，掩爲意錢。《後漢書・王符傳》：「或以游博持掩爲事。」注云：「掩謂意錢也。」同書《梁冀傳》：「性嗜酒，能挽滿、彈棊、格五、六博、蹴踘、意錢之戲。」意錢，即擲錢也。《一切經音義》十二引《纂文》曰：「掩撲、掩跳，錢戲也。俗謂之射數，或云射意也。」可見撲掩，就是擲錢以射正反面之數而博勝負，故擲錢也就是射數、射意。此爲撲掩之本義。王伯良注《西廂記》引碧筠齋本作「撲掩」。舊時。兒童有一種賭勝負的遊戲：用一銅錢，使之旋轉，急以手掩撲，使錢倒下；令對方猜測錢之正面或反面在上，猜中者爲勝，亦可用以賭錢，當即「意錢」之遺意。故元曲引申用爲猜測等義。

上列元曲諸例，則以「撲俺」爲猜測、捉摸、佔有等義，亦射意之謂，蓋其引申義也。

掩、俺、揞均雙聲字，通用。

撲旗

《太平樂府》卷九高安道散套【哨遍・嗓淡行院】：「撲紅旗裏著慣老，拖白練纏著腜䏺。」

撲旗，一種舞曲名。宋・周密《武林舊事》卷二「舞隊」條所記名目中，就有「踏橇（宋刻作「踏蹺」）、撲旗、抱羅裝鬼。」可見「撲旗」在宋代舞劇演出中已很通行。戲文《錯立身》五【六幺序】：「問甚麼粧孤扮末諸般會，更那堪會跳索撲旗。」又同劇【幺篇】：「折莫大（待）擂鼓吹笛，折莫大（待）裝神弄鬼，折莫特（待）調當撲旂。」皆其例也。「撲旂」即撲旗。

撲堆著

僕瑋著

《西廂記》一本三折【禿廝兒】：「早是那臉兒上撲堆著可憎，那堪那心兒裏埋沒著聰明。」

同劇同本四折【得勝令】：「妖嬈，滿面兒撲堆著俏；苗條，一團兒衙是嬌。」

《詞林摘豔》卷三無名氏散套【哨遍・鷹犬從來無價】：「是看咱，僕琟著秀氣，抖搜著精神。」

同書卷四丘汝晦散套【點絳唇・月朗風清】：「過松棚緩步穿芳徑，他撲堆著笑臉兒相迎。」

撲堆著，吳曉鈴注《西廂》，解爲「透露」。王季恩注《西廂》曰：「撲堆，意即鋪堆；下折亦有『滿面兒撲堆著俏』語，《雍熙樂府》錄本曲並作『鋪堆』。」兩相比較，以王說更確切。撲堆，狀滿臉堆笑的情態，作動詞用。戲曲中習用此語表情達意，如明・葉憲祖雜劇《團花鳳》二折：「我看你撲堆著多狐媚」，亦其例也。此句著一「多」字以配合「撲堆」，則滿臉迷人的媚態，更躍然紙上。撲堆，或作僕琟，形誤，義同。

鋪持

鋪遲　鋪尺

《調風月》二【上小樓】：「剪了鞋簷，染了鞋面做鋪持。」

《殺狗勸夫》二【五煞】：「將一領布衫攎做了鋪遲。」

《任風子》三【普天樂】：「這手帕做布撚，好做鋪尺。」（元刊本作「鋪持」）

北語呼碎布片爲「鋪襯」或「鋪陳」，用來打補釘或打隔帛兒，做鞋幫和鞋底。爲適應需要，過去小市攤販曾有經營這種買賣的。北京前門外珠市舊地名爲「鋪陳市」，就是此類物品的收售集散地點。鋪襯、鋪陳，或作鋪持、鋪遲、鋪尺。按持、遲、尺，雙聲；皆「襯」字或「陳」字的聲轉、通假字。

鋪苫（pū shān）

輯佚《蘇小卿月夜販茶船》【耍孩兒】：「覷不的喬鋪苫，看了他村村棒棒，怎和他等等潛潛。」（亦見於《詞林摘豔》卷三）

故意做態，目中無人，謂之鋪苫。鋪、苫，意相近，均有蓋遮義。北人把佯不瞅人，叫做鋪苫著眼兒。徐嘉瑞解作「鋪張」（見《金元戲曲方言考》），非。

鋪排

鋪擺

《調風月》三【幺】：「這一場了身不正，怎當那廝大四至鋪排，小夫人名稱？」

《黃粱夢》二【幺篇】：「是你辱門敗戶先自歪，做的來漏蘿搭菜，把花言巧語枉鋪排。」

《玉壺春》三【石榴花】：「你道是箏閒玉鴈懶鋪排，琴被暗塵埋。」

《盛世新聲》【南呂四塊玉・信物存】：「把局兒牢鋪擺，情人終久再歸來，美滿夫妻百歲諧。」

鋪排，用爲動詞，謂鋪設、安排。明・方以智《通雅・諺原》：「《方言》：『東齊曰鋪頒，猶秦晉言抖擻也。』今謂治辦、鋪設；亦有鋪扮、鋪排之語，是其轉聲。」《紅樓夢》第四十回：「賈母道：『就鋪排在藕香榭的水亭子上』」，亦其例也。「鋪排」若轉爲名詞用，則當排場、場面講，如《初刻拍案驚奇・念親恩孝女藏兒》：「要另立箇鋪排，把張家來出景」，是也。按「鋪擺」也是聲轉，義同。

鋪謀（pū móu）

定計鋪謀　運計鋪謀　運智鋪謀

鋪謀：一謂定計；二謂佈置。

（一）

《董西廂》卷三【中呂調・棹孤舟纏令】：「白甚鋪謀退群賊，到今方知是枉。」

《牆頭馬上》四【十二月】：「這是你自來的媳婦，今日參拜公婆，索甚擎壺執盞，又怕是定計鋪謀。」

《後庭花》二【烏夜啼】：「哥也，你可憐見同衙共府，你休要運計鋪謀。」

《伊尹耕莘》三、白：「奈無人運智鋪謀，已差汝方去徵聘伊尹去了。」

上舉各例，鋪謀，即定計之意，猶出謀畫策。或作鋪模，如《清平山堂話本·簡帖和尚》：「怎見一僧人氾濫鋪模受典刑」，是也。按鋪模之模，以音近而訛。「鋪謀」疊言之，則曰定計鋪謀、運計鋪謀、運智鋪謀。

（二）

元刊本《魔合羅》一【金盞兒】：「好出落，快鋪謀。」

元曲選本《魔合羅》一【金盞花】：「我出門來覷覷，他能迭落，快鋪謀。」

上舉之例，鋪謀，即佈置之意。

蒲梢

《太平樂府》卷九馬致遠散套【耍孩兒·借馬】：「近來時買得匹蒲梢騎，氣命兒般看承愛惜。」

蒲梢，良馬名。《史記·樂書》：「後伐大宛，得千里馬，馬名蒲梢。」應劭注曰：「大宛舊有天馬種，蹋石汗血，汗從前肩膊出如血，號一日千里。」《漢書·西域傳贊》：「蒲梢、龍文、魚目、汗血之馬充於黃門。」顏師古注引孟康曰：「四駿馬名也。」漢·張衡《東京賦》：「駙承革之蒲梢，飛流蘇之騷殺。」《廣韻》作「蒲捎」。唐·元稹《江邊》詩：「高門受車轍，羊廄稱蒲捎。」皆其例。

蒲團

《陳摶高臥》二【隔尾】：你與我緊關上洞門，休放個客人，我待靜倚蒲團自在眠。」

《東坡夢》二【梁州第七】：「怎知俺九年面壁，蚤明心見性蒲團底。」

《劉行首》四【水仙子】：「任紛紛兔走烏飛，草菴內談玄妙，蒲團上講道德，萬事休題。」

《猿聽經》二【牧羊關】：「我這裏上側畔蒲團倒，近經案吹笙簫，我這裏轉身跳躍觀覷了。」

蒲團，坐具，是用蒲草織成的圓墊，僧人於坐禪或跪拜時用之。唐・許渾《晨別僴然上人》詩：「吳僧誦經罷，敗衲依蒲團。」歐陽詹《永安寺照上人房》詩：「草席蒲團不掃塵」，皆其例。

蒲墩
蒲蓋

　　《李逵負荊》二【叨叨令】白：「那老兒拿起瓢來，揭開蒲墩，舀一瓢冷酒來汩汩的嚥了。」

　　《來生債》一【賺煞】白：「我如今把這銀子放在水缸裏，誰知道水缸裏有銀子？揭起蒲蓋，〔做丟銀科云：〕撲鼕！休道無那賊，便有那賊呵，他怎知道水缸裏有這銀子！」

用蒲草編織的缸蓋，叫做蒲墩或蒲蓋。《本草・蒲席》：「青齊間人謂蒲薦爲蒲席，亦曰蒲蓋。」按，用蒲草編織的日用品種類很多，隨其形狀，用途不同而名稱各異。

蒲輪

　　《趙禮讓肥》四、白：「想得當今賢士，再無有過如趙禮、趙孝的。已曾將他名姓，著令所在地方，安車蒲輪，傳送入朝去了。」

爲乘坐舒適，用蒲草包裹車輪，謂之蒲輪；古代徵聘賢者時用之，以示敬賢之意。《漢書・武帝紀》：「遣使者安車蒲輪，束帛加璧，徵魯申公。」顏師古注：「以蒲裹輪，取其安也。」《南史・劉虯傳》：「永明三年，刺使廬陵王子卿表劉虯及同郡宗測、宗尚之、庾易、劉昭五人，請加蒲車束帛之命，詔徵之。」梁・庾信《哀江南賦》云：「階庭空谷，門巷蒲輪。」

或作蒲車，如《史記・封禪書》：「古者封禪爲蒲車，惡傷山之土石草木。」司馬貞《索隱》：「謂蒲裹車輪，惡傷草木。」

鋪馬（pù mǎ）
驛馬

　　殘本《像生番語罟罟旦》三【古竹馬】：「白梨河站上人煙少，走乏的鋪馬痛傷懷。」

《東窗事犯》四【後庭花】：「馳驛馬，踐塵埃，度過長江一派。」

　　鋪馬，即驛馬。《元史·兵志》謂：「凡驛站，陸則以馬以牛，或以驢或以車；而水則以舟。其給驛傳璽書，謂之鋪馬聖旨」《元典章·兵部·鋪馬》：「鋪馬不載死人。」《水滸全傳》一百二十回：「盧俊義聽了聖旨，宣取回朝，便同使命離了廬州，一齊上了鋪馬來京」。或又作「站馬」，如湯顯祖《牡丹亭·圍釋》：「大北裏宣差傳站馬，虎頭牌滴溜的分花。」宋·范成大《攬轡錄》：「站馬，驛馬，一名鋪馬。」

鋪席 （pù xí）

《羅李郎》三【金菊香】：「好門面，好鋪席，好庫司。門畫雞兒，行行買賣忒如斯。」

《鐵拐李》一【醉扶歸】：「你問他開鋪席為經商，可也做甚手作。」

《魔合羅》一【金盞花】白：「你在那裏住坐？有甚麼門面、鋪席？兩鄰對門是甚麼人？說的我知道。」

　　鋪席，謂商店、鋪面。商店被稱為鋪席，已見於北宋，如宋·耐得翁《都城紀勝》「鋪席」條云：「又有大小鋪席，皆是廣大物貨，如平津橋沿河，布鋪、扇鋪、溫州漆器鋪、青白碗器鋪之類」，是也。

七八

七七八八

《後庭花》三【鴛鴦煞】：「暢道殺人賊不在海角天涯，我先知一個七八。」

《趙禮讓肥》一【青哥兒】：「現如今心似油煤，肉似鉤搭，死是七八，那個提拔？」

《符金錠》三【么篇】白：「伺候著，七八丟下繡球兒來也。」

《堅瓠集》元人無名氏小令【歸來樂】：「杯中物直飲到七七八八。」

　　七八，估量之詞，意猶多半、大概、七八成。宋·王灼《碧雞漫志》卷二：「晁無咎、黃魯直皆學東坡，韻製得七八。」《警世通言·蘇知縣羅衫再合》：「此時徐能七八已醉，欲推不飲。」《金瓶梅》第五十八回：「這咱晚，

七八有二更，放了俺門去罷了。」明人雜劇《團花鳳》二折：「這等事眼見得七八了。」《初刻拍案驚奇·顏阿秀喜拾檀那物，崔俊臣巧會芙蓉屏》：「崔縣尉查得十有七八了，不久當使他夫妻團圓。」皆其例也。重言之，則曰七七八八，義同。

七件事

七件兒　七事兒　七事家　七事子

七件事：一指七種生活必需品；二指人的身體內臟心肝肚肺等七物。

（一）

《玉壺春》一、詩云：「早晨起來七件事，柴、米、油、鹽、醬、醋、茶。」

《劉行首》二、詩云：「早起開門七件事，柴、米、油、鹽、醬、醋、茶。」

《詞林摘艷》卷一劉庭信小令【折桂令·憶別】：「七件兒全無，做甚麼人家！柴似靈芝，油似甘露，米若丹砂，醬甕兒恰纔夢撒，鹽瓶兒又告消乏，茶也無多，醋也無多。七件事尚且艱難，怎生教我折柳攀花？」

以上各例，七件事，指的是柴、米、油、鹽、醬、醋、茶七種生活必需品。宋·吳自牧《夢粱錄》卷十六：「蓋人家每日不可闕者，柴、米、油、鹽，醬、醋、茶。」物一件，俗亦曰一事，白居易《張常侍池凉夜閒謔贈諸公》詩：「管弦三兩事」，是也。」「七件兒」，意同。現在口語中仍有此說法。

（二）

《青衫淚》一【賺煞】：「若信著俺當家老妳妳，把惜花心七事兒分開。」

《還牢末》四【二煞】：「少不得將你心肝百葉，做七事家分開。」

《周公攝政》四【折桂令】？「把這兩個七事兒分開，轉送交普天之下號令明白。」

《趙禮讓肥》三【憑闌人】：「由你將我身軀七事子開，由你將我心肝一件件摘。」

《爭報恩》四【鴈兒落】：「把這廝剮割的七事子，判了個十分罪。」

　　以上各例，指心肝肚肺等七物。七件事、或作七事兒、七事家、七事子、義並同。《水滸》第四十六回：「楊雄又將這婦人七件事分開了，卻將釵釧首飾都拴在包裹了。」是又一例。

七林林

緝林林　七林侵　七淋侵　齊臨臨

《黃粱夢》二【商調集賢賓】：「我這裏七林林轉過庭槐，慢騰騰行過廳堦，孤椿椿靠定明亮隔。」

《氣英布》二【梁州第七】：「喒也曾淫浸浸臥雪眠霜，喒也曾磕擦擦登山驀嶺，喒也曾緝林林劫寨偷營。」

《豫讓吞炭》三【紫花兒序】：「悄蹙蹙潛踪躡足，七林林約柳分花，誰敢停時霎？」

《硃砂擔》二【梁州第七】：「七林林低隴高丘，急旋旋淺澗深溝。」

同劇二【倘秀才】：「我與你登澀道，七林林過曲欄。」

《盆兒鬼》一【油葫蘆】：「卻被這海棠枝七林林將頭巾來抹，又被這薔薇刺急顫顫將紬衫來掛。」

《小張屠》三【石榴花】：「我這裏入深村過長街，齊臨臨踏芳徑步蒼苔。」

《詞林摘艷》卷一劉庭信小令【醉太平·憶舊】：「虧心的議者，七淋侵幾千般等的雕鞍卸，滴留撲數十場摔的菱花缺。」

《誠齋樂府》卷二【金盞兒·仗義疎財】：「打得他七林侵尋鬼窟，荒篤速拜神壇。」

　　七林林，又作緝林林、七林侵、七淋侵、齊臨臨。意謂悄悄地、慢慢地。宋·宋祈《宋景文公筆記》云：「自山林來則必凌突淮河，戢戢林林，躞跕蹴然。」此「戢戢林林」即「緝林林」。明·劉元卿《賢奕編》卷四：「北直隸山東人，以屋為烏，以陸為路，以閣為果，無入聲韻。入聲內以緝為妻，以葉為夜，以甲為賈，無合口字。」此即七、緝通用之說也。又《元曲選》音釋：七、緝，均為倉洗切。

七香車

《董西廂》卷六【黃鍾宮·出隊子】：「怎奈紅娘心如鐵，把鶯鶯扶上七香車。」

《牆頭馬上》三【駐馬聽】：「憑男子豪傑，平步上萬里龍庭雙鳳闕，妻兒貞烈，合該得五花官誥七香車。」

《玉壺春》四【太平令】：「請受了五花誥身榮顯貴，七香車表正容儀。」

《風光好》四【中呂粉蝶兒】：「一自當時，向煙花簿豁除了名氏，打疊起狂蕩心兒，專等那七香車，五花誥，絕無人至。」

七香車，舊時貴婦人所乘的華麗車子。《太平御覽》卷七七五載：《曹操與楊彪書》云：「今贈足下畫輪四望通幰（xiǎn）七香車二乘。」梁·簡文帝《烏棲曲》：「青牛丹轂七香車。」唐·盧照鄰《長安古意》：「長安大道連狹斜，青牛白馬七香車。」王維《洛陽女兒行》：「羅幃送上七香車，寶扇迎歸九華帳。」或作「七香輪」，如明·朱有燉雜劇《神仙會》二折：「我若得八位裏安神三品職，管教你五花的官誥七香輪」。

七禁令

《三戰呂布》一【尾聲】：「十載武夫閑，九得兵車看；八卦陣如何等閑？七禁令將軍我小看。」

《風雲會》二【賀新郎】：「七禁令五十四斬從公道，丁寧休犯法違條。」

《延安府》四【沉醉東風】：「則你那七禁令何當是你掌？」

七禁令，指帶兵將領的七項禁令，據《延安府》四【沉醉東風】云：「為將者一輕、二慢、三盜、四欺、五背、六亂、七悞。」

七代先靈

七代先靈：一指祖先；二用作詈詞。

（一）

《秋胡戲妻》三【尾煞】：「便跳出你那七代先靈，也做不的主。」

《李逵負荊》二【黃鍾尾】：「便跳出你那七代先靈，也將我來勸不得。」

《殺狗勸夫》三【煞尾】：「只怕跳出你七代先靈，也將他來勸不省。」

《酷江亭》二【尾聲】：「便跳出您那七代先靈勸不得。」

上列各例，「七代先靈」指祖先。按：古人提到祖宗，往往說到七代。宋・釋普濟《五燈會元》卷十九《徑山宗果禪師章》：「領你屋裏七代先靈。」

（二）

《調風月》三【調笑令】：「道我能言快語說合成，我說波娘七代先靈！」

《緋衣夢》三【調笑令】：「到來日雲陽鬧市中，殺麼娘七代先靈。」

《鴛鴦被》三【調笑令】：「都是些之乎者也說合成，我道來可是者麼娘七代先靈！」

《硃砂擔》一【四季花】：「哥也，則被你纏殺我也七代先靈。」

上舉各例，「七代先靈」是用作罵人時詛咒的話，猶如現代口語所說：「罵你祖宗八代！」

七青八黃

《西廂記》一本二折【鬥鶴鶉】：「里著窮秀才人情則是紙半張，又沒甚七青八黃，儘著你說短論長，一任待掂斤播兩。」

《博望燒屯》三、白：「他家中也有一爺、二娘、三兄、四弟、五子（疑「姊」之訛）、六妹、七青、八黃、九紫、十赤，放我一箭之地，埋鍋造飯。」

例一指黃金。黃金的成色，明・王伯良注《西廂記》引《格古要論》謂：「金品：七青、八黃、九紫、十赤。」這裏借指錢財。例二以青、黃、紫、赤與爺娘兄弟並舉，再據唐・尉遲樞《南楚新聞》載段成式死後與溫庭筠手札有「男紫悲黃，女青懼綠」語，疑指子女。

七返九還

九還七返

《張生煮海》一、白：「貧道乃東華上仙是也。自從無始以來，一心好道，修煉三田，種出黃芽至寶，七返九還以成大羅神仙，掌判東華妙嚴之天。」

《李雲卿》三【紅繡鞋】：「則他這九還七返定三才。」

　　道教煉丹，以火（用七代表）煉金（用九代表），使金返本還原，叫做七返九還。或作九還七返，義同。道家有「七返丹」，據說可以起死回生。」唐・康駢《劇談錄》卷下：「爐中煉藥，乃七返靈砂也。」道藏中有程紹述《九還七返龍虎金丹析理真訣》一卷。

七留七力

七留七林　出留出律　赤留出律　赤留兀剌

　　《謝天香》三【醉太平】：「諕的我連忙的跪膝，不由我淚雨似扑推；可又早七留七力來到我跟底，不言語立地，我見他出留出律兩個都迴避。」

　　《黑旋風》二【油葫蘆】：「我這裏七留七林行，他那裏必丟不搭說。又被那夥喬男喬女將咱來拽。〔白衙內做撞正末科。〕〔白衙內云：〕不中，走走走！〔同下。〕〔正末唱：〕這田地上赤留兀剌那時節。」

　　《魔合羅》一【油葫蘆】：「我與你便急章拘諸慢行的赤留出律去。」

　　《黃花峪》一【油葫蘆】：「諕的那呆呆鄧鄧的麋鹿赤留出律的撞。」

　　同劇三【滾繡毬】：「赤留出律驚起些野鴨鷗鷺。」

　　七留七力，又作七留七林、出留出律、赤留出律、赤留兀剌；用作擬聲詞，狀步履綹綹或滑行之聲；即「彳亍（cht chù）」或現代語「出溜」的複詞。

妻夫

　　《董西廂》卷四【仙呂調・尾】：「如今欲待去，又關了門戶，不如喒兩個權做妻夫。」

　　《玉鏡臺》四【雙調新水令】：「都道這村裏妻夫，直恁般似水如魚。」

　　《魯齋郎》三【十二月】：「呸！不識羞閒言長語，他須是你兒女妻夫。」

　　《遇上皇》二【紅芍藥】：「他倚官強拆散俺妻夫，真乃是馬牛襟裾。」

　　《雍熙樂府》卷一散套【醉花陰・祿山戲楊妃】：「則教您壓子嗣，義為兒母：誰教您背君王做妻夫？」

同書卷七散套【粉蝶兒‧煙花夢】：「我和你百年恩愛做妻夫。」

妻夫，即「夫妻」的倒稱。張相《詩詞曲語辭匯釋》卷六云：「妻夫，即夫妻之倒稱，當時口語之習慣也。」按「妻夫」二字連用，漢代已見，如《漢書‧朱買臣傳》：「入吳界，見其故妻、妻夫治道，買臣馬主車，呼令後車載其夫妻」。不過，此處「妻夫」，意爲妻之夫，「妻」居領位，與「夫」字非平列，略有不同耳。

妻男

《三奪槊》三【駐馬聽】：「俺沙場上經歲受辛勤，撇妻男數載無音信。」

《介子推》二【尾】：「別人有家私不能勾；有妻男不能守；有功名不能就。」

《來生債》二【耍孩兒】：「我乾做了撇妻男店舍裏一個飄零客。」

妻男，猶今言妻子（妻和子，妻室兒女）。

戚畹（qī wǎn）

《延安府》二【一煞】：仗岳父門楣，犯不道愆繆，受戚畹行兇吃祿，更無那爲國於家，倚權衡越理徇私。」

戚畹，本指帝王外戚居住之處，因作外戚的代稱。《宋史‧李處畹傳論》：「幸聯戚畹之貴。」按「畹」爲區域之意，戚畹，猶言戚里，即外戚之里居也。《漢書‧石奮傳》：「高祖召其姊爲美人，以奮爲中涓，受書謁，徙其家長安中戚里，以姊爲美人故也。」顏師古注：「於上有姻戚者，則皆居之，故名其里爲戚里。」按王先謙補注引周壽昌說，「戚里」即因石奮家而名。《新編五代晉史平話》卷上：「憑恃戚畹之親，誘致契丹，大舉入寇。」明‧王衡雜劇《再生緣》一折：「容華田竇都消歇，戚畹今來第一家。」清‧洪昇《長生殿‧賄權》：「榮誇帝里，恩連戚畹。」皆其例。

欺

欺著

《生金閣》三【牧羊關】：「酒勝西湖，店欺東閣。」

《伍員吹簫》一、白：「文欺百里奚，武勝秦姬輦。」

《魔合羅》三【幺篇】：「將你個賽隋何、欺陸賈、挺曹司、翻舊案，赤瓦不剌海獮孫頭，嘗我那明晃晃勢劍銅鍘。」

《博望燒屯》一、白：「此人才欺管樂，智壓孫吳。」

《詞林摘艷》卷六馬九皋散套【端正好·訪知音習酬和】：「團臍蟹味欺著錦鯉，嫩黃雞勝似肥鶯。」

欺，一作欺著，謂超過，勝於。上舉各例，「欺」字均和「勝」、「賽」或「壓」字互文爲義。唐·裴鉶《裴鉶傳奇·裴航》：「春融雪彩，臉欺膩玉。」唐·劉餗《隋唐嘉話》下：「近代音樂，衞道弼爲最，天下莫能以聲欺者。」《七國春秋平話》卷上：「內有孫子謀欺呂尙。」皆其例。

欺心

《望江亭》二【醉中風】白：「夫人不要多心，小官並不敢欺心也。」

《裴度還帶》楔、白：「小生是讀書人，豈可欺心！」

《桃花女》三【尾煞】：「不指望我去報答他，倒做這等魇鎮事欺心剌剌的。我不去，我不去。」

《陽春白雪》後集三劉時中散套【端正好·上高監司】：「殷實戶欺心不良，停塌戶瞞天不當。」

欺心，謂負心、欺瞞。《醒世姻緣》第三十七回：「我猜你待要欺心，又沒那膽，是也不是？」亦其例。

其高

期高

《董西廂》卷二【般涉調·沁園春】：「掂詳了，縱六千來不到，半萬來其高。」

《拜月亭》二【牧羊關】：「阿的是五夜其高，六日向上，解利呵過了時晌，下過呵正是時光。」

《燕青博魚》四【雙調新水令】：「喒則去那小道兒隔斜抄，行不到半里其高，則聽的腦背後喊聲鬧。」

《生金閣》三【牧羊關】：「離城中則半載其高，可怎麼白日神嚎，到黃昏鬼鬧？」

《梧桐葉》三【上小樓】：「這綵樓百尺其高，勢壓著南山北岳。」

《衣襖車》二【牧羊關】：「你心中自忒約，違了限半月期高。」

其高，估計數量之詞，猶云有餘、還多；其高，一作期高？音義同。

其程

期程　程期

《金線池》二【梁州第二】白：「我去的半月其程，怎麼門前的地也沒人掃？」

同劇三【石榴花】：「我則見一派碧澄澄，東關裏猶自不曾經，到如今整整半載其程。」

《望江亭》三、白：「我在這船隻上，個月期程，也不曾梳篦的頭。」

《竹塢聽琴》二、白：「自從秦脩然姪兒在衙舍中，一月其程，老夫事忙，不曾與他閒坐攀話。」

《紅梨花》二【採茶歌】：「俺從那期程，伴著那書生，直吃的碧桃花下月三更。」

《王粲登樓》一【天下樂】白：「小生到此，蕭條旅館，個月期程，不蒙放參。」

《揚州夢》三【梁州第七】：「快活殺無程期秋月春花，風流俊雅。」

《盆兒鬼》一、白：「辭別了父親，出來做買賣，不覺三月期程。」

《百花亭》二、白：「自從與賀家姐姐作伴，半載其程，錢物使盡。」

其程，為估量時間之辭，猶云時間、期限、時候或光景，隨文而異。或作期程、程期，意並同。唐·張說《蜀道後期》詩：「客心爭日月，來往預期程。」「預期程」，謂預先約定下期限也。杜甫《前出塞》詩：「戚戚去故里，悠悠赴交河；公家有程期，亡命嬰禍羅。」「有程期」，即謂有時限、限期也。

引申上意，程期亦有作前程、希望解者，如《曲江池》楔子、鄭府尹白：「若但因循懶惰，一年春盡一年春，有甚麼程期在那裏？孩兒，此一去只願你著志者！」「有甚麼程期」，即謂有甚麼前程、盼頭也。

其間

《襄陽會》二【越調鬪鵪鶉】:「這其間夢魂未覺,入的這館驛儀門,遠著這虛簷澀道,又則怕遇著從人,撞著後槽。」

《楚昭公》一【寄生草】白:「等小官直至西秦,借他兵來,那其間內外夾攻,方能取勝。」

《張天師》一【混江龍】:「這其間風弄竹聲穿戶牖,更那堪月移花影上簾櫳。」

《曲江池》一【金盞兒】:「那其間羞歸明月渡,懶上載花船。」

《貶夜郎》二【滾繡毬】:「禁庭中受用處,止不過皓齒歌細腰舞,鬧炒炒物知其數。這其間眾公卿,似有如無。

同劇三【滿庭芳】:「我不來這其間,敢錦被堆堆。」

《貨郎旦》一【鵲踏枝】:「有時節典了莊科,準了綾羅,銅斗兒家私,恰做了落葉辭柯。那其間便是你鄭孔目風流結果,只落得酷寒亭上剛留下一箇蕭娥。」

以上各例,為指示時間或地點之詞。《貶夜郎》二例,指的是地方,因「其間」一與「禁庭」對照,一與「來這」連文,可為證。其餘各例均指時間。歐陽修《讀張李二生文贈石先生》詩:「其間張續與李常,剖琢珉石得天璞。」此「其間」二字,是說在這個裏面,與上述二義俱有別。

奇正

《伊尹耕莘》三【呆骨朵】白:「怎生下寨安營,排兵布陣,賢士必有奇正方略也。」

《風雲會》三【收尾】:「奇正相生兵最強。」

《九世同居》一【幺篇】:「則要你識安危動變驅兵旅,察虛實攻守安營戍,分奇正左右依行伍。」

《十樣錦》三【沉醉東風】白:「自小曾將韜略通,軍分奇正立成功。」

《詞林摘艷》卷八丘汝成散套【一枝花·擎天架海梁】:「按著那六韜書,亂紛紛奇正璇環;施逞那三畧法,鬧炒炒縱橫擾穰。」

奇正，兵家語。「奇」謂奇謀，屬於通權達變的策略；「正」謂常道，屬於不動搖的原則。行兵之法，有奇有正，結合用之，則曰奇正。《史記·田單列傳》：「兵以正合，以奇勝。善之者，出奇無窮。奇正還相生，如環之無端。」《孫子·勢篇》：「三軍之眾，可使必受敵而無敗者，奇正是也。」集注：「李筌曰：當敵為正，傍出為奇。」又云：「戰勢不過奇正，奇正之變，不可勝窮也。奇正相生，如循環之無端，孰能窮之？」《尉繚子·武議》：「今以莫邪之利，犀兕之堅，三軍之眾，有所奇正，則天下莫當其戰矣。」《淮南子·兵略訓》：「奇正之相應，若水火金木之代為雌雄也。」晉·左思《魏都賦》：「執奇正以四伐。」皆其例。

奇擎

欹擎

《梧桐雨》三【落梅花】：「眼前不甫能栽起合歡樹，恨不得手掌裏奇擎著解語花，盡今生翠鸞同跨。

《西廂記》一本二折【哨遍】：「我得時節手掌兒裏奇擎，心坎兒裏溫存，眼皮兒上供養。」

《陽春白雪》後集三關漢卿散套【一枝花·贈朱簾秀】：「則要你手掌兒裏奇擎著，耐心兒捲。」

《太平樂府》卷八呂天用散套【一枝花·白蓮】：「若不採蓮人把你手掌內奇擎，明日西風起替得你凌波襪兒冷。」

《雍熙樂府》卷十散套【一枝花·贈李素蓮】：「每日家手掌兒上欹擎，那稀罕。」

奇擎，就是「擎」，高舉之意。「奇」是詞頭，無義，猶「哄」曰「和哄」，「白」曰「拔白」。「欹（yī）擎」音近意同。奇擎即擎。

明·無名氏《騙英布》二折：「我將他手掌兒上奇擎。」明·孟稱舜《嬌紅記》上：「我待把你做花朵兒奇擎在掌上看。」明·阮大鋮《燕子箋·拒挑》：「一定要手奇擎。」皆其例也。

又有倒作「擎奇」的，義同，如湯顯祖《牡丹亭·幽媾》：「若不為擎奇怕涴的丹青亞，待抱著你影兒橫榻。」同作者《紫釵記》八：「那拾釵人擎奇，擎奇得瀟瀟灑灑，欣欣愛愛。」

夿（夿）拍（qí pāi）

拍夿（夿）

《西廂記》三本三折【離亭宴帶歇指煞】：「猜詩謎的社家，夿拍了
『迎風戶半開』，山障了『隔牆花影動』，綠慘了『待月西廂下』。」

夿，應作夿，《廣韻》作夿，誤。夿者，參差不齊也。夿拍，倒作拍夿，
意謂不中節拍，清・洪昇《長生殿・製譜：「這幾聲尚欠調勻，拍夿怎下」，
是也。明・王驥德《曲律・論板眼》：「蓋凡曲，句有長短，字有多寡，調有
緊慢，一視板以為節制。……其板先於曲者，名曰『促板』；板後於曲者，
病曰『滯板』，古皆謂之夿拍，言不中拍也。」明・沈德符《野獲編》卷二
十五「絃索入曲」條：「絃索若多一彈，或少一彈，則夿板矣。」「夿板」與
「夿拍」同義。一板亦即一拍。「夿板」即謂絃索之聲與板參差不合也。《西
廂》例是借「夿拍」調侃其所射謎底與謎面不合，即弄錯之意也。

旗鎗（qí qiāng）

鎗旗

旗鎗：一指茶葉名；二指旗竿。

（一）

《陳摶高臥》四【沉醉東風】：「這茶呵，採的一旗半鎗，來從五嶺
三湘。」

《青衫淚》三【二煞】：「遮莫他耳聽春雷，茶吐鎗旗，著那廝直趲
到五嶺、三湘、建溪，乾相思九萬里。」

旗鎗，茶葉名。茶的葉叫做旗，其嫩莖叫做槍。宋・蔡襄《茶錄》謂：
「茶牙如鷹爪雀舌為上，一旗一槍次之。」宋・沈括《夢溪筆談》二十四卷
云：「茶牙，古人謂之雀舌、麥顆，言其至嫩也。」宋・熊蕃《宣和北苑貢
茶錄》：「茶牙有數品，最上曰小芽，如雀舌鷹爪，以其勁直纖鋌，故號牙茶；
次曰揀芽，乃一芽帶一葉者，號一槍一旗；次曰中茶，乃一芽帶兩葉，號一
槍兩旗；其帶三葉、四葉者，皆漸老矣。」又作旗槍，例如：《新編五代漢
史平話》卷上：「玉蕊旗槍真絕品。」清・蔣士銓《四絃秋》：「都只為青蚨
白鏹，生理在槍旗。」

（二）

《竇娥冤》三【鮑老兒】白：「又要丈二白練，挂在旗鎗上，若是我竇娥委實冤枉，刀過處頭落，一腔熱血休半點兒沾在地下，都飛在白練上者。」

此「旗鎗」，指旗桿，因旗桿作鎗形，故名。

齊攢（qí cuán）

《西廂記》四本四折【攪箏琶】：「瞞過俺能拘管的夫人，穩住俺廝齊攢的侍妾。」

《凍蘇秦》二【煞尾】詞云：「那蘇秦不得官羞歸故里，怎當的一家兒齊攢聒譟：做爺的道：『學課錢幾時掙本？』做媳婦的道：『想殺我也五花官誥！』做哥的纔入門便嗔便罵；做嫂嫂的又道：『是你發跡甕生根驢生笋角。』老賊你道：『再回來我決打你二百黃桑棍。』可甚的叫做父慈子孝？」

以上「齊攢」各例，用法相同，諸家俱解作「攢鬧」，是；即一起、一闋而來之意。明雜劇《鎖白猿》二、白：「我仗著劍連忙捉鬼，不想被邪魔一夥齊攢：野狐精奪了我法劍，猿猴精搶了我香錢，大蟲精擄了我令牌。」亦其例。

齊臻臻

《梧桐雨》三【慶東原】：「齊臻臻鴈行班排，密匝匝魚鱗似亞。」

《趙氏孤兒》三【雙調新水令】：「齊臻臻擺著士卒。」

《風光好》四【快活三】：「他每都靜巉巉，齊臻臻，顯容姿。」

《揚州夢》一【混江龍】：「大都來一箇箇著輕紗，籠異錦，齊臻臻的按春秋、理繁絃、吹急管。」

《小尉遲》三【鬼三臺】：「鴈翅張，魚鱗砌，列寨柵，攢軍隊，齊臻臻擺開陣勢。」

齊臻臻，狀整齊之詞，猶現代口語整整齊齊之意。或作齊嶄嶄，如明·凌初成雜劇《虬髯翁》三折：「明晃晃列隊伍，齊嶄嶄排戰船」，是也。按臻臻（zhēn）、嶄嶄（zhǎn），都是形容「齊」的狀語，音近意同。

乞求

《謝天香》一【混江龍】：「我逐日家把你相試，乞求的教您做人時，但能勾終朝為父，也想著一日為師。」

《漢宮秋》二【梁州第七】：「寡人乞求他左右，他比那落伽山觀自在無楊柳，見一面得長壽。」

《西廂記》二本四折【東原樂】：「若由得我呵，乞求得效鸞鳳。」

乞求，願意、巴不得之謂也。元·陶宗儀《輟耕錄》卷十二云：「世之曰乞求，蓋謂正欲若是也。然唐詩已有此言。王建《宮詞》：『只恐它時身到此，乞求自在得還家。』又花蕊夫人《宮詞》：『種得海柑纔結子，乞求自過與君王。』」宋·郭茂倩《樂府詩集》三十八、古辭《婦病行》：「從乞求與孤買餌，對交啼泣淚不可止。」此「乞求」為本義，複義詞，與元劇各例意略有不同。

乞兩

彷徉　忔懰

《黃粱夢》二【幺篇】：「枉乞兩的兩個小冤家不快，那淒涼日月索躭捱。」

《周公攝政》二【迎仙客】：「聽言絕擗踊一聲險氣倒，然如此省艱難，怕彷徉的成病了。」

《盛世新聲》亥集小令【沽美酒帶過快活年】：「虧欠下鶯花債，忔懰的懨懨害。」

乞兩，苦果、苦煞之意。一作彷徉、忔懰、乞良，同音通用。

乞養

《救孝子》一【醉中天】白：「我想大的個小廝，必然是你乞養過房螟蛉之子，不著疼熱。」

把別人的子女收養為自己的子女，謂之乞養，意同「過房」。《元典章·刑部十九》：「禁治乞養過房為名，販賣良民。」或曰丏養，見《五代史·義兒傳序》。

乞丟磕塔

《燕青博魚》二【油葫蘆】：「呀、呀、呀，我則見五箇鏝乞丟磕塔穩，更和一箇字兒急留骨碌滾。」

乞丟磕塔，狀銅錢滾動漸穩之貌。

乞留乞良

赤留乞良　乞留曲律　乞留兀良

乞留乞良，或作乞留兀良、赤留乞良、乞留曲律，有二義：一狀哭泣聲；二狀絮聒不休貌。

（一）

《魯齋郎》三【幺篇】：「我一時間不認的人，您兩個忒做的出，空教我乞留乞良，迷留沒亂，放聲啼哭。」

《望江亭》二【堯民歌】：「你休得乞留乞良搥跌自傷悲，你看我淡粧不用畫蛾眉。」

《哭存孝》四【水仙子】：「一會兒赤留乞良氣，一會家迷留沒亂倒；天那！痛煞煞的心癢難撓。」

《李逵負荊》二【叨叨令】：「他這般乞留曲律的氣。」

《太平樂府》卷五王和卿小令【梧葉兒·百字知秋令】：「半欹單枕，乞留乞良睡徹今宵。」

以上各例，狀氣結不舒貌，即悲痛時口鼻所發出的抽抽噎噎的哭泣聲。

（二）

《後庭花》二【鬬蝦蟆】：「不由我滴羞跌屑怕怖，乞留兀良口絮。」

上例狀說話絮聒不休貌。

乞留惡濫

《黃粱夢》四【叨叨令】：「我這裏穩丕丕土坑上迷颩沒騰的坐，那婆婆將粗剌剌陳米來喜收希和的播，那寒驢兒柳陰下舒著足乞留惡濫的臥。」

此曲之「迷颩沒騰」、「喜收希和」與「乞留惡濫」，分別為「坐」「播」「臥」之副詞性短語，前者形容坐時迷迷糊糊，次為形容播米之聲響，故乞留惡濫為形容蹇驢困極舒足酣臥之狀詞。

乞紐忽濃
希壤忽濃

《魔合羅》一【油葫蘆】：「怎當他乞紐忽濃的泥，更和他足丟撲搭的淤。」

《黃花峪》三【滾繡毬】：「希壤忽濃泥又滑，失流疎刺水渲的渠。」

乞紐忽濃，一作希壤忽濃，形容走在稀泥里的情狀和聲音。「乞」、「希」屬喉、牙音，音近互轉。如「紇」從「乞」得聲，卻屬「匣」紐一樣。「壤」，如兩切，南音呼同「娘」韻，正如浙人呼「讓」作「娘」，讀去聲。此類狀聲詞，第一與第三字，第二與第四字，概為雙聲，絕少例外。其偶有不同者，則因古今音或方音有變化，或落筆有失誤所致。如第二例中「希」與「忽」、「壤」與「濃」，古皆同紐、雙聲。（第一例中「乞」古為見紐，與曉紐字常通轉）

起動

《董西廂》卷五【仙呂調・繡帶兒】：「你也有投逩人時，姐姐煞起動。」

《謝天香》一【醉扶歸】：「〔張千上，云：〕等我一等，我張千也來送柳先生。〔柳云：〕多有起動了。」

《陳母教子》一【柳葉兒】白：「怎麼直起動我去？小的每！將紙墨筆硯來，寫一箇帖兒，寄與那今場貢主，說陳三哥家忙，把那狀元寄將家裏來我做。」

《東堂老》楔、白：「著我去，則隔的一重壁，直起動我走這遭兒！」

《剪髮待賓》三、白：「不敢！起動大人先生，貴腳來踏賤地，請坐。」

上列各例，「起動」有如下二義：

（一）對別人來講，是受累（lèi）、有勞之意，如一、二、五各例，他如：《古今小說・張古老種瓜娶文女》：「起動你們，親事圓滿。」《水滸》第二十四回：「只是明日起動娘子到寒家則箇。」皆是。

（二）對自己來說，是打發、動員之意，如三、四兩例。

起功局

《東堂老》一、白：「〔揚州奴云：〕……如今便賣這房子，也要個起功局、立帳子的人。」〔柳隆卿云：〔我便起功局。〔胡子傳云：〕我便立帳子。〔揚州奴云：〕哦！你起功局，你立帳子；賣了房子，我可在那裏住？」

起功局，是在出賣房產時，會同眾人檢查屋宇雜物，計物定價之意。元·陶宗儀《輟耕錄》卷十九「四司六局」條引《古杭夢游錄》云：「官府貴家，置四司六局……四司者：帳設司、廚司、茶酒司、台盤司也。六局者：果子局、蜜煎局、菜蔬局、油燭局、香藥局、排辦局也。」「功局」，當即「排辦局」；「帳子」，當即「帳設司」，凡此皆可略覘宋、元時習俗。

忔皺（qì zhòu）

乞皺　合皺　扢皺　乞惆

《陳母教子》二【菩薩梁州】：「則被這氣堵住咽喉，眉頭兒忔皺，身軀兒倒扭，好著我羞答答的不敢擡頭。」

《黑旋風》楔、白：「我有兩句兒唱，你則聽著！我便道『眉兒鎮常扢皺』，你便唱『夫妻每醉了還依舊』，我叫衙內，你叫念兒，我和你兩個跳上馬便走。」

元刊本《薛仁貴》三【么篇】：「子是你合皺眉，古都著嘴，全不似昨來村村棒棒，叫天吖地。」

《西廂記》三本二折【普天樂】：「厭的早扢皺了黛眉。」

《詞林摘艷》卷一張鳴善小令【普天樂·詠世】：「我見他乞皺著箇嘴臉，強打掙著身己。」

《太平樂府》卷一無名氏【雙調·蟾宮曲】：「這酒痛飲忘形，微飲忘憂，好飲忘殃，一個煩惱人乞惆似阿難。」

面上有紋曰皺，凡額頭眉角蹙起而呈不平之狀者，皆曰皺，俗語謂之忔皺，或乞皺、合皺、扢皺、乞惆。或又作吃皺，如明·許時泉雜劇《寫風情》【賺煞】：「只見他吃皺雙蛾，那一會兒便是箇狠閻羅。」按忔皺、乞皺、扢皺、乞惆、吃皺，並應從「合皺」，謂紋皺合在一起也，表愁容或怒貌。引申

爲「作梗」之意，如《董西廂》卷六【尾】：「一雙兒女心意兩相投，夫人白甚閑疙皺？休疙皺，常言道：『女大不中留。』」「閑疙皺」，謂憑空作梗也。「休疙皺」，謂不要作梗也。

氣高

氣傲

《金線池》一【賺煞】白：「俺想那韓秀才是箇氣高的人，他見俺有些閒言閒語，必然使性出門去。」

同劇二、白：「莫説我的氣高，那蕊娘的氣比我還高的多哩。」

《裴度還帶》一【鵲踏枝】白：「你這等氣高樣大，不肯來俺家裏來，你便勤勤的來呵，我也不趕你去也。」

《降桑椹》一【鵲踏枝】：「腆著脯向人前氣傲。」

《王粲登樓》一【混江龍】白：「則爲你氣高志大，見是如此。」

《陽春白雪》後集二王嘉甫散套【八聲甘州·賺尾】：「待裝些氣高難禁腳拗，不由人又走了兩三遭。」

　　氣高，或作氣傲，意爲高傲、倔強、不肯屈己從人。明·葉憲祖雜劇《團花鳳》一折：「我想白秀才寒酸氣傲，老身懶得到他家去」，亦其一例。

氣命（兒）

《澠池會》一【金盞兒】：「這玉出荊山，長荊山，卞和爲此可便遭危難，自離了楚國到邯鄲，看承的如氣命，愛惜似心肝。」

《神奴兒》二【梁州第七】：「我將你來廝將廝領，同坐同行，眼睛兒般照覰，氣命兒般看承。」

《太平樂府》卷六趙明道散套【夜行船·寄香羅帕】：「氣命兒般敬重看承，心肝兒般愛憐收拾。」

同書卷九馬致遠散套【耍孩兒·借馬】：「近來時買得疋蒲梢騎，氣命兒般看承愛惜。」

《樂府群珠》卷四劉時中小令【朱履曲】：「親不親心肝兒上摘下，惜不惜氣命兒似看他。」

氣命，猶言性命。俗謂「人活一口氣」，又謂：「三寸氣在千般用，一日無常萬事休」，故云。「兒」為名詞語尾，無義。

器具

《魯齋郎》三【二煞】：「那廝有拐人妻妾的器具，引人婦女的方術。」

器具，原意是用具，這裏引申為工具、手段。

恰

洽

「恰」字在元曲中的主要用法如下。

（一）

《氣英布》【隔尾】：〔正末做見怒科，云：〕喒問你這半張鸞駕，恰在那裏？」

《風雲會》二【菩薩梁州】白：「哥哥，我一發都殺了，恰不伶俐？」

《替殺妻》一【遊四門】：「這婆娘色膽大如天，恰不怕柳外人瞧見。」

問劇二【倘秀才】：「恰不道『壁間還有伴，窗外豈無人』，你待要怎生？」

《雍熙樂府》卷十關漢卿散套【南呂一枝花·隔尾】：「恰不道『人到中年萬事休』？」

上例各例，恰，猶卻，猶豈。

（二）

《竇娥冤》二【感皇恩】：「恰消停，纔蘇醒，又昏迷。」

《三戰呂布》三【幺篇】：「恰離了軍陣中，早來到林浪裏。」

《羅李郎》【幺篇】：「見這遭囚夫役兩行兒，我買了恰下甑的饅頭三扇子。」

《周公攝政》一【混江龍】：「恰救得蒼生安息，便不能得龍體安寧。」

《替殺妻》一【油葫蘆】：「恰來到居花莊景可人憐，我則見垂楊拂岸黃金線。」

《詞林摘豔》卷一劉庭信小令【折桂令・憶別】：「想人生最苦離別，恰纔酒豔花濃，又早瓶墜簪折。」

上舉「恰」字，猶才，猶剛剛。《摘豔》例，恰、纔連文，意更明顯。

（三）

《董西廂》卷二【大石調・尾】：「覷著階址，恰待褰衣跳，眾人都諕得呆了。」

同書卷五【仙呂調・六幺實催】：「恰恁時纔合眼，忽聞人語，啞地門開，卻見薄情種與夫人來這裏。」

同書同卷【中呂調・古輪臺】：「卻見先生，這裏恰待懸梁。些兒來遲，已成不救，定應一命見閻王。」

《西廂記》五折四本【沈醉東風】：「他急攘攘卻纔來，我羞答答怎生覷。將腹中愁恰待申訴，及至相逢一句也無。」

《氣英布》二【隔尾】：「恰待高叫聲隨何，你那一步八簡諕的可也喚不應。」

《太平樂府》卷六趙彥暉散套【點絳唇・省悟】：「我恰待踏折花套竿，撞出錦圈頭，早是咱千自在百自由。」

《詞林摘豔》卷四丘汝晦散套【點絳唇・月朗風清】：「恰綢繆，引動風狂性，這些兒，美味纔生。」

《雍熙樂府》卷十九范康小令【寄生草・酒色財氣】：「恰情歡春晝紅羅面，正情濃夏日雙飛燕。」

上舉各例，恰，猶正。《雍熙》例，恰、正互文，意尤顯明。杜甫《偪側行贈畢曜》詩：「速宜相就飲一斗，恰有三百青銅錢。」宋・黃庭堅【驀山溪】詞：「娉娉裊裊，恰近十三餘。」皆其例。

（四）

《董西廂》卷一【仙呂調・醜落魄纏令・引辭】：「這世為人，白甚不歡恰？」

《酷寒亭》一【金盞兒】：「他夫妻每纔廝守，子母每恰歡洽。」（第一個「恰」字猶「正」）

《紅梨花》一【油葫蘆】：「秀才每從來我羨他，提起來偏喜恰。」

《揚州夢》三【南呂一枝花】：「模樣兒十分喜恰。」

《趙禮讓肥》一【那吒令】：「想他每富家，殺羊也那宰馬，每日裏笑恰。」

《太平樂府》卷五楊澹齋小令【梧葉兒·戲賈觀音奴】：「龐兒俊，更喜恰，堪詠又堪誇。」

上舉「恰」字，一作洽，用作歡、喜的語助詞，無義。

（五）

戲文《宦門子弟錯立身》四【桂枝香】白：「孩兒與老都管先去，我收拾砌末恰來。」

上例，洽，猶即，猶就。錢南揚注云：「恰，應作『卻』，猶云『再』。」（見《永樂大典戲文三種校注》）

千斤磨

《紫雲庭》三【迎仙客】：「這些時調不上勳兒，卻則是忙著俺老婆；都則爲我不肯張羅，以此上閑放著盤千斤磨。」

《詞林摘艷》卷一劉庭信小令【折桂令·憶別】：「且嚥卻舌尖上唾，權消磨心上火，哥哥，千金咲千斤磨，婆婆，一尺水一丈波。」

千斤磨，隱喻妓女之詞，指妓女。

僉押（qiān yā）

《蝴蝶夢》二、白：「今日升廳，坐起早衙，張千，分付司房，有合僉押的文書，將來老夫僉押。」

《謝天香》一、白：「今日升廳，坐起早衙，張千，有該僉押的文書，將來我發落。」

《魔合羅》三、白：「若你那文卷有半點差錯，著勢劍金牌，先斬你那驢頭！有合僉押的文書，拏來我僉押。」

《還牢末》楔、白：「今日陞廳，坐起早衙，張千，說與六房吏典，有該僉押的文案，將來小官發落。」

僉，或作簽、籤。清・翟灝《通俗編》云：「《南史》：『故事府州部論事皆籤，前直敘所論之事，後云謹籤具，日下又云某官籤。』按籤，即僉押之僉，古今字變耳。」今在公文上，負責者自書其名，以爲憑證，亦曰僉押，或曰署名或簽字。上列元曲各例，意轉爲審閱簽發。《京本通俗小說・志誠張主管》：「當日晚算了帳目，把文簿呈張員外：今日賣幾文，買幾文，人上欠幾文，都簽押了。」簽押，猶僉押，亦審閱意。

遷次

簽次

《風光好》四【石榴花】：「妾身向筵前過盞無遷次，他面皮上刮下冰澌，那妖嬈樂妓勸侍，他一件件盡推辭。」

《樂府群玉》卷四王仲元小令【普天樂】：「買雨賒雲無簽次，干遇仙枉廢神思。」

遷次，猶言造次，急遽、倉卒之意。唐・孟棨《本事詩・情感第一》載樂昌公主詩曰：「今日何遷次，新官對舊官，笑啼俱不敢，方驗作人難。」白居易《感秋詠意》詩：「炎凉遷次速如飛，又脫生衣著熟衣。」韓愈《贈徐州族姪》詩：「歲時易遷次，身命多厄窮。」《紫簫記》三十一【三煞】：「當日裏春林嘲鳥何遷次？今日後秋寺聞蟬止益悲。」皆其例。一作簽次，音義同。

「遷次」一詞來源頗古，用意亦多。《左傳・哀公十五年》：「廢日共積，一日遷次。」杜預注云：「一日便遷次，不敢留君命。」此謂遷居也。《三國志・魏志・毛玠傳》：「文帝爲五官將，親自詣玠，屬所親眷。玠答曰：『老臣以能守職，幸得免戾。今所說人非遷次，是以不敢奉命。』」此謂官吏升遷的次第。杜甫《王十五司馬弟出郭相訪謙遺營茅屋貲》詩：「客裏何遷次，江邊正寂寥。」此謂客居簡陋也。

謙洽

謙恰　謙和

《看錢奴》一【六幺序】：「你看他聳起肩胛，迸定鼻凹，沒半點兒和氣謙洽。」

《西廂記》三本三排【甜水令】：「他是箇女孩兒家，你索將性兒溫存，話兒摩弄，意兒謙洽。」

《誤入桃源》一【青哥兒】：「人物不撐達，服色儘奢華，心行更姦猾，舉上少謙洽。」

《薛仁貴》四【折桂令】：「那一個知禮數，好生謙恰；這一個忒溫良，並沒參差。」

《紫雲庭》三【十二月】：「豈止這模樣兒俊俏，則那些舉止兒忒謙和。」

謙洽，猶謙和，謙恭和氣之謂。《晉書·鄧攸傳》：「性謙和，善與人交，賓無貧賤，待之若一。」《南史·王志傳》：「兄弟子姪皆篤實謙和。」《宋史·陳瓘傳》：「瓘謙和，與物不競。」

按「洽」，《韻會》、《正韻》：「胡夾切，並音狹，和也，合也。」洽，一作恰，同音通假。

鵮（qiān）

簽 欠 塹 倩 咁 尖 囔 譧 咭

《蕭淑蘭》一【天下樂】：「恐梅香冷句兒劖，怕你娘閒話兒簽，我則索強支吾。陪笑臉。」

同劇一【醉中天】：「怕甚麼妳母舌兒塹，梅香嘴尖。」

《太平樂府》卷一貫酸齋小令【塞鴻秋】：「這些時陡恁的恩情儉，推道是板障柳青嚴，統鏝姨夫欠。」

同書卷五曾瑞卿小令【罵玉郎帶感皇恩採茶歌·風情】：「冷句兒譧，好話兒鵮，踏科兒鈔。」（解放後版《元人小令集》收此曲，作「冷句兒咭，好話兒鵮，踏科兒鈔。」）

《盛世新聲》【雙調新水令·鴈兒落帶得勝令】：「臉兒柔，性兒溫，口兒倩，舌兒倩。」

《詞林摘艷》卷一蘭楚芳小令【折桂令·相思】：「柳青娘多少魑魅，言也來囔，語也來咁。」

鵮，本意是鳥嘴啄物，借喻用尖刻的話譏刺人。或作簽（qiān）、欠、塹（qiàn）、倩（qiàn）、咁（hān）、尖、㘞（chàn）、詀（zhàn）、諂（diàn），音近義并同。

前程

前程：一指婚姻；二指前途；三指家業。

（一）

《曲江池》三【耍孩兒】：「只爲些蠅頭微利，蹬脱了我錦片前程。」

《風光好》一【混江龍】白：「哥哥，我自幼到今，無個歡喜的前程，造次的可也不敢上門來。」

《金錢記》四【沉醉東風】：「寄與他多情女艷嬌，你著他別尋一個前程倒好。」

《剪髮待賓》二【脱布衫】：「好前程萬中怎選，你待題親事一家無二。」

《鴛鴦被》一【混江龍】：「躭閣了二十一二好前程，不見俺稱心時，每日家鬒鬒羞整，粉黛慵施。」

同劇一【寄生草】白：「姑姑，你將我這鴛鴦被去，被兒到處，便是一世的前程。」

上舉各例，「前程」指婚姻；勾闌中習用語。《清平山堂話本·風月瑞仙亭》：「雖然有虧婦道，是我一世前程。」

（二）

《生金閣》一【金盞兒】：「小生只博箇小前程來帝里，便也好將名分入鄉閭。」

《風光好》三【三煞】白：「我如今也回不的大宋去，也見不的唐主，我且至杭州尋個前程，卻便來取你。」

同劇三【二煞】白：「我今別處尋個前程，便來取你。」

又同劇三【黃鍾煞】白：「我則索那處尋個前程，再做道理。」

前程，猶前途，多指未來的功名、事業說。唐·孟浩然《唐城館中早發寄楊使君》詩：「訪人留後信，策蹇赴前程。」李端《宿淮浦寄司空曙》詩：

「別恨轉深何處寫，前程唯有一登樓。」《舊五代史·馮道傳》：「張承業辟爲本院巡官，……時有周元豹者，善人倫鑒，與道不洽，謂承業曰：『馮生並前程，公不可過用。』」意謂馮道不能久遠。而一般則把科第、官職稱作前程，元曲中的「博箇前程」、「尋個前程」云云，均此意也。

（三）

《東堂老》二【滾繡毬】：「偏生的天作對不稱人情，他將那城中宅子庄前地，都做了風裏楊花水上萍。哎！可惜也錦片的這前程。」

上舉之例，「前程」指家業。

除以上三解外，又有作恩情解者，例如：戲文《張協狀元》：「緣何一向便生嗔，你們直是沒前程！」傳奇《白兔記》十六：「兄嫂沒前程，罰我挨磨到天明。」皆其例。

虔（qián）婆

《董西廂》卷三【南呂宮·三煞】：「是俺失所算，謾摧挫，被這箇即世的老虔婆瞞過我。」

《救風塵》四【太平令】詞云：「只爲老虔婆愛賄貪錢，趙盼兒細説根原；呆周舍不安本業，安秀才夫婦團圓。」

《曲江池》二、白：「想這虔婆，好是不中！見元和無了錢物，就趕將出去。」

《兩世姻緣》四【沉醉東風】：「俺那老虔婆見錢多賣，一札腳王侯宰相宅，誰敢道半米兒山河易改。」

《東堂老》一【幺篇】：「那虔婆一對剛牙爪，遮莫你手輕腳疾，敢可也立做了骨化形銷。」

虔婆，舊指以甘言取悅於人的不正派的老婆，即元人陶宗儀《輟耕錄》卷十中所謂的「三姑六婆」之一。「六婆者，牙婆、媒婆、師婆、虔婆、藥婆、穩婆也」。明·周祈《名義名》卷五云：「方言謂賊爲虔，虔婆猶賊婆也。」明·楊慎《丹鉛錄》：「妠婆能以甘言說人，故曰妠。」清·翟灝《通俗編·婦女》：「女之老者能以甘言悅人，故字從『甘』。」由此可知，「虔」乃「妠」的借用字。宋元以來即有此稱呼，亦作「媒婆」。元曲中多用作罵詞，罵那些

凶惡的婦女，或指鴇母及妓女的母親，猶如說「賊婆」。《清平山堂話本·快嘴李翠蓮記》：「當言不言謂之訥，信這虐婆弄死人。」或簡作「虐」。例如戲文《錯立身》第四齣【紫蘇丸】白：「〔虐：〕孩兒，叫你去來別無甚事，只爲衣飯，明日做甚雜劇？」

錢龍

> 《金線池》一【油葫蘆】白：「我這門戶人家，巴不得接著子弟，便是錢龍入門，百般奉承他，常怕一個留他不住。」

> 《青衫淚》四【鬬鵪鶉】：「但得個車馬盈門，這便是錢龍入家。」

> 《桃花女》四【鴛鴦煞尾】：「也不索家貯神龜，戶納錢龍。」

> 《盆兒鬼》一【金盞兒】白：「只要等那有本錢的到來，便是錢龍入門。」

錢龍，指錢。古時使用銅錢，把它編成一串一串的，有似龍形，故呼錢爲「錢龍」。舊俗迷信，則常把錢龍作爲財神的代稱。元·陶宗儀《輟耕錄》卷十七「哨遍」條：「有心待拜五侯，教人喚甚牟州！忍饑寒儹得家私厚。待疊做錢山兒，倩軍士喝號提鈴守；怕化做錢龍兒，請法官行罡布氣留。」例義同。《南史·梁元帝紀》：「復見大蛇盤屈於前，……宮人曰：『此非怪也，恐是錢龍。』帝勑所司，即日取數十萬錢，鎮於蛇處以厭之。」據此，知錢龍之名，來源頗早。

錢眼裏坐的

> 《老生兒》一【那吒令】白：「萬貫家財都在你手裏，你在那錢眼裏面坐的，兀自不足哩！」

錢眼裏坐的，宋、元時諺語，意謂在錢堆裏過日子，是對財迷、守財奴的譏諷語。據明·田汝成《西湖志餘》說，南宋張浚，以好利稱。高宗宴會時，優伶言能於錢眼中窺人，知其何星。使窺高宗，曰帝星。窺秦檜，曰相星。窺張浚，曰：不見有星，但見張浚於錢眼裏坐。清·褚人穫《堅瓠集》：「紹興間內宴，有優人作善天文者，云：『世間貴人必應星象，我悉能窺之。……玉衡不能猝辦，用錢一文亦可。』令窺光堯，曰：『帝星也。』秦師垣，曰：『相星也』。韓蘄王，曰：『將星也。』張循王（俊），曰：『不見

其星。』眾皆駭，復令窺之，曰：『不見星，只見張郡王在錢眼內坐。』殿上大笑。」（按此二則，當係轉引，尚未查出來源。又，二書所記，一為張浚，一為張俊，不同。）

茜紅巾

紅茜巾

《黑旋風》一【滾繡毬】白：「你這般茜紅巾、腥衲襖、乾紅褡膊、腿繃護膝、八答麻鞋，恰便似煙薰的子路，墨染的金剛。」

《燕青博魚》四【離亭宴歇指煞】：「若見俺公明太保，還了俺這石榴色茜紅巾。」

《黃花峪》二【牧羊關】白：「看你那茜紅巾、紅納襖、乾紅搭膊、腿繃護膝、八答鞋，你便似那煙薰的子路，墨染的金剛。」

《爭報恩》一【村裏迓鼓】：「他頭頂又不又不曾戴著紅茜巾，白氈帽。」

茜紅巾，指英雄好漢戴的烏紅色頭巾。《史記·貨殖列傳》徐廣注云：「茜音倩（qiàn），一名紅藍，其花染繪，赤黃也。」宋·趙彥衛《雲麓漫鈔》卷七則曰：「今之紅花，乃古之茜；而今之茜，又謂之烏紅，係用蘇方木、棗木染成，則非古之茜矣。」「茜紅巾」一作「紅茜巾」，義同。

搒頭（qiàn·tou）

牽頭

《西廂記》四本二折【紫花兒序】：「老夫人猜那窮酸做了新婚，小姐做了嬌妻，這小賤人做了搒頭。」

《樂府群珠》卷四曾瑞【中呂紅繡鞋·風情】：「草木兒指簡牽頭。」

搒頭，猶云撮合山，謂牽攏雙方，使之成親者，俗謂之拉皮條。亦作牽頭。搒、牽字同。《古今小說·蔣興哥重會珍珠衫》：「婆子只為圖這些不義之財，所以肯做牽頭。」《水滸》第二十五回：「鄆哥道：『便罵你這馬泊六、做牽頭的老狗，值甚麼屁！』」《金瓶梅》第二回：「閒常也會做牽頭，做馬伯六。」皆其例。

搶風 （qiāng fēng）

《燕青博魚》楔【仙呂端正好】：「則我這白氊帽半搶風，則我這破
　　搭膊權遮雨。」

搶，七羊切，呼陰平聲，逆拒之謂。故搶風，意即逆風、頂風。北人謂
牲畜之蹶劣者，宜順毛摩挲（mā·sa），不能搶著摩挲。又謂雞犬遇敵時，頸
毛磔起，也叫搶起毛來。迎敵直前或直前排解，都叫搶上去。晉·庾闡《揚
都賦》：「艇子搶風，榜人逸浪」。也讀作去聲，見《字彙補》：「搶，此亮切，
鏹去聲；吳楚謂帆上風曰搶，今舟人曰掉搶。」按讀陰平或去聲，乃動詞與
名詞之區別也。今人任中敏《曲諧》曰：「帽之遮風，謂之搶風。」誤。朱居
易《元劇俗語方言例釋》釋爲「當風」，亦欠確切。

搶攘 （qiāng rǎng）

殘本《鄧伯道棄子留姪》二【越調青山口】：「前街後巷，鬧炒交馳，
　　這的是搶攘之際，又不是歌舞筵席。

搶攘，紛亂貌。《集韻》：「搶，搶攘，亂貌。」《漢書·賈誼傳》：「本末
舛逆，首尾衡決，國制搶攘，非甚有紀，胡可謂治！」注：「蘇林曰：『搶音
濟濟蹌蹌，不安貌也。』晉灼曰：『搶音傖。吳人罵楚人曰傖。傖攘，亂貌也。』
師古曰：『晉音是。搶音士庚反。攘音女庚反。』」唐·柳宗元《弔屈原文》：
「支離搶攘兮，遭世孔疚。」李商隱《行次西郊作一百韻》：「搶攘互間諜，
孰辨梟與鸞。」清·龔自珍《題王子梅盜詩圖》詩：「室家何搶攘，朝士亦齮
齕（yǐ hé）。」近人章太炎《新方言·釋言》：「今謂罵人曰讓，俗作嚷，其謂
喧見爲嚷者，本是𣫆。《說文》：『𣫆，亂也。』讀若穰，重言曰搶攘。」

蜣螂 （qiāng láng）

虼蜋皮　虼蛝皮　蛣蜋皮

《射柳捶丸》一【鵲踏枝】白：「一槍扎死一個屎蜣螂。」

《救風塵》一【元和令】：「那廝雖穿著幾件虼蜋皮，人倫事曉得甚
　　的？」

《裴度還帶》二【採茶歌】：「比小生剩趲浮財潤自己，比吾師身穿
　　幾件虼蛝皮。」

《度柳翠》三【滿庭芳】：「柳翠也，從今後早則去了你那蛣蜋皮。」

蜣蜋，又作屹蜋、屹蜽、蛣蜋，俗名屎蚵蜋，甲蟲名，背有堅甲，鞘翅烏黑有光，喜吃動物的屍體及糞便，並能推轉成球。此名稱早見於晉・葛洪《抱朴子》：「玄蟬潔飢，不羨蜣蜋穢飽。」五代・王定保《唐摭言》卷十五亦云：「高澳者，鍇之子也。久舉不第，或謔之曰：『一百二十個蜣蜋，推一個糞塊不上。』蓋高氏三榜，每榜四十人。」「蜣蜋」同「蜣蜋」。或又作「蟻蜋」，如明・祁元孺雜劇《錯轉輪》三折：「那蟻蜋牆內將身跳」。屹蜋皮，是譏刺人徒其有表、空有漂亮的外衣。

強半 (qiáng bàn)

《貶黃州》一、白：「陛下發錢本以業貧民，軾則曰：贏得兒童語音好，一年強半在城中。」

《陳州糶米》楔【仙呂賞花時】：「只爲那連歲荒災料不收，致使的一郡蒼生強半流。」

強半，大半、過半。《論語・鄉黨》：「君召屹擯。」疏：「若主君是公，則擯者五人；侯伯，則擯者四人；子男，則擯者二人。所以不隨命數者，謙也。故並用強半之數也。」隋煬帝《憶韓俊娥》詩：「須知潘岳鬢，強半爲多情。」唐・杜牧《題池州貴池亭》詩：「蜀江雪浪西江滿，強半春寒去復來。」宋・歐陽修《退居述懷寄北京韓侍中二首》：「無窮興味閑中得，強半光陰醉裏銷。」皆其例。

強項

《兩世姻緣》四【太平令】：「笑你強項侯不伏燒埋。」

《揚州夢》四【得勝令】：「〔白文禮云：〕學士，你不拜丈人，還等甚麼？〔正末唱：〕我做了強項令肩膀硬。」

頸之後部曰項。強項，意謂硬著脖子，不肯低頭，以喻剛直不屈。語出《後漢書・董宣傳》。傳云：宣爲洛陽令，「時湖陽公主蒼頭白日殺人，因匿主家，吏不能得。及主出行，而以奴驂乘，宣於夏門亭候之，乃駐車叩馬，以刀畫地，大言數主之失，叱奴下車，因格殺之。主即還宮訴帝，帝大怒，……使宣叩頭謝主，宣不從，彊使頓之，宣兩手據地，終不肯俯。……因勑

彊項令出。」《後漢書·楊震傳》：「帝嘗從容問奇曰：『朕何如桓帝？』對曰：『陛下之於桓帝，亦猶虞舜比德唐堯。』帝不悅曰：『卿強項，真楊震子孫！』」李賢注：「強項，言不低屈也。」宋·無名氏《李師師外傳》：「姥笑曰：『兒強項，可令御史裏行也。』」《三國志平話》卷下：「說把劍閣強項公任申表見劉璋，與文武評議。」例意並同。

強會

《裴度還帶》二【罵玉郎】：「有那一等靠著富貴，有千萬喬所爲，有那等誇強會。」

《任風子》三【石榴花】：「哎！你箇婆娘婦女誇強會，直尋到這搭兒田地。」

《誤入桃源》三【滿庭芳】：「休得要誇強會瞞神謊鬼，大古里人善得人欺。」

《追韓信》一【村裏迓鼓】：「論勇呵那裏說下莊強，論武呵也不數廉頗會。」

《黃鶴樓》四【梁州】：「我跟前莫得誇強會。」

《黃花峪》二【烏夜啼】：「說我強，誇他會，男兒志氣，顯盡我雄威。」

強會，謂謀略、才能。「誇強會」，即逞能之意。按強、會兩字同訓，都是「能」的意思，故兩字得拆開用，如《追韓信》、《黃花峪》兩劇是。元明間無名氏雜劇《石榴園》二折：「不是這張車騎誇強說會，則我這丈八槍世上無雙。」明·無名氏雜劇《寶光殿》二折：「你休要我跟前賣強誇會。」皆其例。

強（qiǎng）風情

彊風情

《調風月》三【聖藥王】：「俺這廝強風情。」

《金線池》三【中呂粉蝶兒】：「沒來由強風情，剛可喜男婚女聘。」

《西廂記》三本三折【離亭宴帶歇拍煞】：「你將何郎粉面搽，他自把張敞眉兒畫。彊風情措大，晴乾了尤雲殢雨心，悔過了竊玉偷香膽，刪抹了倚翠偎紅話。」

《太平樂府》卷八宋方壺散套【一枝花・妓女】：「有一等強風情迷魂子弟。」

《詞林摘艷》卷四誠齋散套【點絳唇・嬌艷名娃】：「強風情任被別人罵，千相思勸不得咱家罷。」

強（qiǎng），勉強偽裝之意。風情，指愛情。故「強風情」，謂勉強裝著有愛情也。元・陶宗儀《輟耕錄》卷二十五所載「諸雜大小院本」中，有《強風情》一種。強，一作彊，同字異體。

搶白（qiǎng bái）

搶　愴白　花白

《調風月》一【混江龍】：「男兒人若不依本分，不搶白是非兩家分，結鼻凹硬如石鐵，交滿耳根都做了燒雲。」

《牆頭馬上》一【後庭花】白：「那小姐喜歡，你便招手喚我，我便來；若是搶白，你便擺手，我便走。」

《秋胡戲妻》二【煞尾】白：「甚麼意思？娶也不曾娶的，我倒吃他搶白了這一場。」

《霍光鬼諫》一【六幺序】：「倒把我迎頭阻，僻面搶。」

《黃粱夢》二【幺篇】：「何須你暢叫廝花白。」

《東堂老》四【沉醉東風】白：「嗨！對著這眾人，則管花白我。」

《舉案齊眉》三【鬼三台】：「俺又不曾言語，倒吃他一場花白。」

《詞林摘艷》卷四無名氏散套【點絳唇・楊柳絲柔】：「你使潑言詞信口謅，愴白我臉上羞。」

搶白，簡作搶，又作愴（chuàng）白、花白。意謂當面責備、頂撞或譏諷。《京本通俗小說・馮玉梅團圓》：「玉梅被父親搶白了一場，滿面羞慚，不敢再說。」《董西廂》卷四：「莫怪我搶，休怪我責。」明・施君美《幽閨記》二十五：「全沒些好言劈面搶，惡狠狠怒氣三千丈。」《金瓶梅》第一回：「婦人吃他幾句，搶的通紅了面皮。」《紅樓夢》第六十四回：「不想被鴛鴦搶白了一頓。」今「搶白」一語仍通行。北人謂「搶白」曰「噌」（cēng）。

敲才

《調風月》二【尾】：「呆敲才、敲才休怨天，死賤人、賤人自罵你！」

《豫讓吞炭》四【醉春風】：「這伙刁天厥地小敲才，只管把我來哄，哄，哄。」

《樂府群珠》卷二無名氏小令【玉嬌枝‧閨情】：「敲才死勢，更敢瞞神嚇鬼；分明做下迷天罪，劃地又諱味食。」

同書卷四無名氏小令【朱履曲‧偷歡】：「老敲才飽病難醫。」

敲才，罵人話，意謂該打的賊坯。《元典章‧刑部‧延佑新定例》：「凡處死罪仗（杖）殺者皆曰敲。……兩遍作賊的，敲。……強盜傷人，敲。」參閱「吃敲材」、「喬才」各條。

敲鏝兒

《救風塵》一【鵲踏枝】白：「但來兩三遭，不問那廝要錢，他便道：這弟子敲鏝兒哩。」

敲，謂敲詐。鏝（màn）兒，是錢的背面，因以指錢；敲鏝兒，就是敲詐錢財，猶今云敲竹槓。參見「鏝」字條。

蹺蹊（qiāo qī）
僥倖　蹊蹺　蹺怪（恠）

《董西廂》卷二【雙調‧文如錦】：「細端詳，見法聰生得撅搜相：刁厥精神，蹺蹊模樣。」

《劉知遠諸宮調》十一【般涉調‧麻婆子】：「有多少蹺蹊事，不忍對你學。」

《魔合羅》四【道和】：「忒蹺蹊，教俺教俺難根緝，教俺教俺躭干繫，使心機，啜賺出是和非。」

《㑳梅香》四、白：「誰想有這場蹊蹺的事，如之奈何？」

《黃鶴樓》一【油葫蘆】白：「想周瑜請俺父親飲酒，你左攔右擋，必有僥倖。」

《桃花女》二、白：「這命不死，有些蹺恓，必是有人破了我的法，要搶我的買賣。」

《城南柳》二【幺篇】白：「好是蹺怪！俺這渾家見了這先生，就會說話了，又似認的他一般。」

《爭報恩》四【竹枝歌】：「蹺蹊，這關節兒到來的疾。」

蹺蹊，意謂奇怪、可疑、暗昧。字又作僥倖、蹊蹺、蹺怪（恓）。或又作蹺欹，如《朱子全書·學》二：「只是堅定著志，順義理做去，他無蹺欹。」或又作蹊蹺，如明·楊愼《洞天玄記》一【油葫蘆】：「〔道人唱〕蹊也波蹺。〔袁云：〕師傅，有甚麼蹊蹺處？」或又作蹺蹊，如明·湯顯祖《紫釵記》四十【三雙頭】：「詩意蹺蹊。」按：僥倖（jiāo xī），音近蹺蹊；蹊蹺、蹊蹺，爲蹺蹊、蹺蹊、蹺欹（qī）之倒文，音義俱同。

亦有作曲析解者，如明·朱有燉雜劇《豹子和尚》三：「行了些石槎枒松夭矯山路蹺蹊」，是也。

喬（qiáo）

驕 僑

「喬」在元曲中，主要用爲假僞之辭和詈辭，有時亦用爲敬重之意，分疏如下。

（一）

《張天師》一【一半兒】：「只見他高燒銀燭影搖紅，滿注名香寶鼎中，全不見初見時恁般喬面孔、殷勤地捧金鍾，元來是一半兒粧呆一半兒懂。」

《秋胡戲妻》四【鴛鴦煞】：「非是我假乖張，做出這喬模樣。」

《對玉梳》一【天下樂】：「愛的是王舍人、劉舍人，他那些喬殷勤，伴動問。」

《貨郎旦》一【那吒令】：「休信那黑心腸的玉娥，他每便喬趨搶取撮。」

《盛世新聲》【仙呂點絳唇，天霽雲開】：「你這般假古懂，驕（身）分，粧些台孩。」（按《摘艷》卷四收此曲亦缺「身」字，茲補）

《詞林摘艷》卷九唐以初散套【醉花陰‧鴛鴦浦蓮開並蒂長】：「玉
　容寂寞僑模樣。」

　以上各例，均謂矯飾、做作、裝假。喬，一作驕、僑，音義同。

（二）

《哭存孝》二【牧羊關】：「聽說罷心懷著悶，他可便無事哏，更打
　著這入衙來不問諱的喬民。」

《金鳳釵》一【金盞兒】白：「小二哥，你好喬！聽的得了官，就買
　酒相賀；聽的剝落官職，就索要房錢。」

《任風子》一【油葫蘆】：「你著（看）那些札手風喬人酒量淺，他
　喫不的一迷裏瀽。」

《合汗衫》四【得勝令】白：「母親，你好喬也！丟了一箇賊漢，又
　認了一箇禿廝那！」

《燕青博魚》三【叫聲】：「眼見的八九分是姦情，是誰家鬼精鬼精，
　做出這喬行徑。」

《風光好》四【哨遍】：「待著我一星星數說你喬行止。」

《劉行首》二【倘秀才】白：「這先生好喬也！我二十一歲，可怎生
　是你二十年前的故交？你莫不見鬼來！」

《誤入桃源》三【上小樓】：「看不的喬所爲，歹見識，刁天決地。」

《馬陵道》一【醉中天】：「我道是誰把征駞縱，原來是兄弟將錦營
　衝，只我這些胡做喬爲本不工，你個快打陣的怎便忙陪奉？」

　以上各例，「喬」用爲斥罵或譏刺之詞，有刁狡、惡劣、胡作非爲等意。
宋‧葉夢得《避暑錄話》卷四：「紹聖初，修天津橋，以右司員外郎賈仲民董
設，仲民以朝服坐道旁，持撾親指揮工役，見者多非笑。一日橋成，尚未通
行。（丁）仙現適至，素識。仲民即訶止之曰：『吾橋成，未有敢過者，能打
一善諢，當時先眾人。』仙現應聲云：『好橋！好橋！』即上馬急趨過。仲民
以爲非諢，使人亟追之，已不及。久之，方悟其譏己也。」按丁仙現是當時
著名雜劇藝人。「橋」音協「喬」，賈仲民穿著朝服監工，裝腔做勢，故丁仙
現罵他虛僞做作。

（三）

《㑳梅香》二【歸塞北】：「不爭你這狂客，謹心參尺素，可待學文王下馬拜荊條，見娘書信倒看的喬！」

《盛世新聲》【大石念奴嬌・驚飛幽鳥】：「不爭你箇狂奴，攻心參尺素，卻不學文王下馬拜荊條，見娘書信卻看的喬！」

《書・禹貢》：「厥木惟喬。」《詩・漢廣》：「南有喬木。」按：凡木之高大者皆曰喬。以上二例是引申「高」爲「敬重」意，以譏諷書生不經意求賢而對情書卻如獲至寶，備加敬重。

（四）

元刊本《單刀會》一【混江龍】：「人強馬壯，將老兵喬。」

《關漢卿戲劇集》校改爲「驕」，是；此劇借「喬」爲「驕」。

喬才

嬌才

《竇娥冤》四【得勝令】：「便萬剮了喬才，還道報冤讎不暢懷。」

《黑旋風》二【一半兒】：「那一個喬才，橫摔著鞭兒穿插的別。」

《張天師》四【折桂令】：「俺可有甚難捱，覷上喬才。」

《薛仁貴》二【商調集賢賓】：「哦！我則道又是那一個拖逗我的小喬才。」

《謝金吾》一【天下樂】：「則你個喬也波才直恁歹！」

《盛世新聲》【雙調新水令・枕痕一線印香腮】：「那其間信人搬弄的耳朵兒來揪，把俺那薄倖的嬌才面皮上摑。」

明・徐渭《南詞敍錄》：「喬才，狙（jū）詐也，狡獪也。」明・田藝衡《留青日札》：「凡輕薄佻達少年曰趫才。」晉・左思《吳都賦》：「趫材悍莊，此爲比廬。」按「趫才」、「趫材」，音義並同「喬才」。猶今云壞蛋、流氓、無賴。喬，一作嬌，音近借用。

以上是指人說，有時亦指狡獪的伎倆，如《二刻拍案驚奇》第八回：「有的奸胎，慣弄喬才，巧妝成科諢難猜」是也。

喬怯

憍怯　嬌怯　僥怯　嬌怯怯　怯怯喬喬　怯怯僑僑

《單刀會》四【得勝令】:「魯子敬聽者！你心內休喬怯。」

《西廂記》四本四折【喬木查】:「走荒郊曠野，把不住心憍怯。」

《百花亭》一【天下樂】:「他見人有些嬌怯，忙將羅扇遮。」

《生金閣》三【烏夜啼】:「諕的他怯怯喬喬，絮絮叨叨。」

《羅李郎》二【梁州第七】:「把不定心喬意怯，立不定肉顫心搖。」

《㑳梅香》一【六幺序】:「〔旦兒云:〕樊素，做甚麼大驚小怪的，那得人來？你好疎狂也！〔正旦唱:〕不是我心憍怯，非是我疎狂性。」

《竹葉舟》三【二煞】:「似這等翻江攪海怒陽侯，諕的他怯怯喬喬，怎提防傾覆？」

《趙禮讓肥》一【滾繡毬】:「他那裏磣可可的人磨著帶血刀，諕的我怯怯僑僑。」

《對玉梳》三【石榴花】:「諕的我意慌張心喬怯，戰都速無了魂魄。」

《馮玉蘭》二【倘秀才】:「我羞答答難相見，嬌怯怯自躊躇，低頭怕語。」

《樂府群珠》卷四陳朝佐小令【普天樂・美妓】:「嬌怯怯頻傳秀服，笑盈盈半啓朱唇。」

《盛世新聲》亥集小令【醉太平】:「鳳頭撏縮不住心狂劣，象牙床溫不暖情僥怯，琥珀枕辟不斷性乖斜。」

　　喬怯，一作憍怯、嬌怯、僥怯；重言之作嬌怯怯，重疊並倒言之，又作怯怯喬喬、怯怯僑僑，都是形容驚恐、羞怯的神態。在上面所舉例證中，《羅李郎》劇中「心喬意怯」下與「肉顫心搖」相應，《㑳梅香》劇中「心趫怯」，上與「大驚小怪」相應，《趙禮讓肥》劇中「怯怯僑僑」上與「磣可可」、「帶血刀」相應，《對玉梳》劇中「心喬怯」上既與「意慌張」互文，下又與「戰都速」相應，都證明喬怯是驚恐的意思。《馮玉蘭》、《樂府群珠》中之「嬌怯怯」，據上下文意，則是形容少女的嬌羞之態。

喬坐衙

喬衙坐　喬作衙　喬做衙　喬斷案

《西廂記》三本三折【雁兒落】：「不是俺一家兒喬作衙，說幾句衷腸話。我則道你文學海樣深，誰知你色膽有天來大！」

《勘金環》一【油葫蘆】：「他每日在家中喬做衙，將人來欺負殺。」

《貨郎旦》二【鴈兒落】：「只管裏絮叨叨沒了收，氣撲撲尋敵鬪，有多少家喬斷案，只是罵賊禽獸。」

《雍熙樂府》卷八散套【一枝花·風情】：「一日有百十遍高抬價，九十番喬坐衙。」

同書卷十六散套【河西六娘子·賞玩】：「一箇在牛背上吹笛在夕陽下，一個六軸上喬坐衙。」

《盛世新聲》【正宮端正好·訪知音習酹和】：「醉時節六軸上喬衙坐。」

喬，假裝意。喬坐衙，謂假做官長升堂問案子。《金瓶梅》第五十二回：「月娘道：『等我問他，我怎麼虔婆勢、喬坐衙？』」亦其例。

喬作衙、喬做衙，即喬坐衙，作、做均為坐的借音字；倒作喬衙坐，或作喬斷案，義並同。

瞧科

《對玉梳》二【醉太平】：「你與我打睃，有甚不瞧科？」

《太平樂府》卷二徐甜齋小令【沉醉東風·春情】：「今日箇猛見他，門前過，待喚著怕人瞧科。」

科，科分的省詞，指戲劇裏的或一般的動作和表情。「瞧科」就是察覺或理解的意思。《今古奇觀·十三郎五歲朝天》：「見這些人舉止氣象，心下有十分瞧科。」《水滸》第二十一回：「唐牛兒是個乖的人，便瞧科，看著宋江便道：『小人何處不尋過！原來卻在這裏吃酒耍，好吃得安穩！』」同書第二十五回：「西門慶心裏瞧科，已知有五分了。」以上皆其例。

悄（qiǎo）促促

悄蹙蹙

《黑旋風》四【滿庭芳】：「他兩個笑吟吟成雙作偶，背地裏悄促促設計施謀。」

《灰闌記》二【幺篇】：「老娘也，那收生時我將你悄促促的喚到臥房，你將我慢騰騰的扶上褥草。」

《介子推》四【越調鬥鵪鶉】：「悄蹙蹙火巷外潛藏，古爽爽煙峽內側隱。」

《豫讓吞炭》三【紫花兒序】：「悄蹙蹙的潛踪躡足。」

悄促促、悄蹙蹙，猶悄冥冥，寂靜無聲貌。或又作「悄沒促」，如明·朱有燉雜劇《豹子和尚》三折：「投至我黑塔窟俏沒促的僧歸禪室」，是也。重言之則曰「悄悄蹙蹙」，如白樸《梧桐雨》一折：「上瑤堦那步近前楹，悄悄蹙蹙款把紗窗映。」《元曲選》音釋：「促音取。」

俏倬（qiǎo zhuó）

俏罩　俏綽

《董西廂》卷一【仙呂調·醉落魄纏令·引辭】：「教惺惺浪兒每都伏咱。不曾胡來，俏倬是生涯。」

《百花亭》三、白：「香閨繡閣風流的美女佳人，大廈高堂俏倬的郎君子弟。」

《太平樂府》卷八陸仲良散套【一枝花·悔悟】：「自今，自今，把這俏倬家風脫與您。」

《陽春白雪》後集二彭壽之散套【八聲甘州】：「平生放蕩，俏倬聲名，喧滿平康。」（《雍熙樂府》「俏倬」作「俏綽」）

《詞林摘艷》卷六湯舜民小令【塞鴻秋·想多情傷懷抱】：「常言道：風流的遇著俊英，浪子的逢著俏倬。」

同書卷七無名氏散套【集賢賓·半窗閑一輪涼月明】：「風流般俏罩，曾他和我並香肩，同至郵亭，飲芳樽，憶春色，贈春情。」

俏倬，又作俏罩、俏綽，意謂風流、浪漫、放蕩。或又作佶倬，如宋元戲文《柳耆卿詩酒翫江樓》：「風情自許佶倬的，何曾見倚官挾勢？」又云：「若提起這柳七，誰不識此公是佶倬客？釀旦調侃，是他為第一。」又作俊倬，如《宣和遺事》亨集：「忽遇著俊倬勤兒，也敢教沿門乞化。」按俏、佶（jí）、俊（jùn），音近意同。

俏簇

《貨郎旦》四【八轉】：「據一表儀容非俗，打扮的諸餘裏俏簇，繡雲胸背鵰銜蘆。」

《詞林摘艷》卷六無名氏雜劇【九轉貨郎兒・韓元帥偷營刼寨】：「他據一品風流人物，打扮的諸餘俏簇。」

俏簇，俏倬的音轉，俊俏的意思。按「俏」，好貌，見《集韻》。

俏泛兒

《曲江池》一【青哥兒】：「那怕你堆積黃金到北斗邊，他自有錦套兒騰掀，甜唾兒粘連，俏泛兒勾牽，假意兒熬煎，轆軸兒盤旋，鋼鑽兒鑽研。不消得追歡買笑幾多年，早下翻了你個窮原憲。」

《盛世新聲》【南呂一枝花・眉籠翠葉稠】：「赤緊的俏泛兒全無，忒村過，說與您無知的小哥，是必要遠他。」

俏泛兒，指風流眼睛。俗云弔眉眼，勾搭人，即此意。明・朱有燉《煙花夢》：「甜食兒喂飼，俏泛兒勾連」，亦其例。一說謂阿諛奉承；一說謂巧機關，義並近。王季思謂：「俏泛兒之『泛』，為科泛之省（科泛，見《輟耕錄》），而科泛又為科範之音轉，謂劇中一切動作之有定式可循者，俏則風流俊俏之意。」（見《玉輪軒曲論》）觀上下文，此解疑稍迂遠。

伽（qié）伽

伽伽地

《董西廂》卷一【仙呂調・尾】：「覷著別團圓的明月伽伽地拜。」

同書卷三【南呂宮・瑤臺月】：「弓腳小，繡鞋兒是紅羅。輕挪，伽伽地拜，百般的軟和。」

《陽春白雪》後集五關漢卿散套【黃鍾侍香金童】:「伽伽拜罷,頻
頻禱祝:不求富貴豪奢,只願得夫妻每早早圓備者。」

伽伽,意謂深深、緩緩,用爲副詞。

伽藍

僧藍

《董西廂》卷二【道宮·尾】:「第一我母親難再保,第二諸僧都索
命天,第三把兜率般的伽藍枉火內燒。」

同書卷一【黃鍾調·尾】白:「蒲州東十餘里,有寺曰普救,自則
天崇浮屠教,出內府財勅建,僧藍無麗於此,請先生一觀。」

《西廂記》二本一折【寄生草】白:「三日之後不送出,伽藍盡皆焚
燒,寺僧寸斬,不留一箇。」

《東坡夢》一【混江龍】白:「夜來伽藍道,今日午時有東坡學士至
此,果應其言。」

《留鞋記》二【煞尾】:〔外扮伽藍同淨鬼力上〕。

《西遊記》一本三齣白:「昨日伽藍相報,有西天毘盧伽尊者,今日
早至」。

伽藍,一作僧藍,爲梵語「僧伽藍摩」(samghârāma)之省略,義譯曰眾
園,謂僧眾所住的園林,世因稱佛寺曰伽藍。宋·釋法雲《翻譯名義集》:「僧
伽藍,譯爲眾園,《僧史略》云:爲眾人園圃;園圃生植之所,佛弟子則生植
道芽聖果。」《魏書·釋老志》:「伽藍淨土,理絕囂塵。」《梁書·何敬容傳》:
「捨宅東爲迦藍。」晉·法顯《佛國記》:「法顯至烏萇,佛法甚盛,名眾僧
止處,爲僧迦藍,凡有五百僧迦藍,皆小乘學。」伽藍有時亦指神僧,元·
百丈山德輝《勅修清規念誦》:「伽藍土地,護法護人。」宋·釋道誠《釋氏
要覽》引《護伽藍神七佛經》謂:有十八神護伽藍,非專指一神也。

上舉各例:一至三例,伽藍指寺院;四至六例,伽藍指神僧。

迦(jiā)藍,同伽藍,譯音相近。

且

「且」之含義,隨文而異,極爲複雜,撮其要有六:一猶卻、猶倒;二
猶本,謂本來;三猶即使;四猶況;五謂姑且;六爲狙之借用字。

（一）

《西廂記》一本二折【幺篇】：「〔潔云：〕先生請少坐，老僧同小娘
看一遭便來。〔末云：〕何故卻小生，便同行一遭，又且如何？」

《張生煮海》一【金盞兒】白：「你等不得，且是容易哩！」

《東堂老》二【煞尾】：「我著那好言語勸你你不聽，那廝們謊話兒
弄你，且是娘的靈。」

《符金錠》二、白：「昨日走到符家花園裏耍去，不想撞見他家箇女
人，且是生的好。」

　　且，用作轉折連詞，猶卻，猶倒。白居易《元微之除浙東觀察使喜得杭
越鄰州》詩：「官職比君雖校小，封疆與我且爲鄰。」王安石《酬朱昌叔》詩：
「拙於人合且天合，靜與道謀非人謀。」兩詩「且」字云云，亦猶卻，猶倒，
是知且字如此用法，唐宋已有。

（二）

《漢宮秋》一【賺煞】：「吾當且是耍，鬪卿來便當眞假。」

《西廂記》四本三折【四邊靜】白：「〔旦云：〕棄擲今何在，當時
且自親。還將舊來意，憐取眼前人。」

　　上舉之「且」，猶本，謂本來也。「吾當且是耍」，是說我本是開玩笑；
「當時且自親」，是說當時本自親也。此用法唐代已見，例如唐·寒山詩云：
「獨坐無人知，孤月照寒泉；泉中且無月，月自在青天。」「且無月」，本
無月也。

（三）

《西廂記》二本四折【絡絲娘】：「〔末云：〕夫人且做忘恩，小姐！
你也說謊呵！〔旦云：〕你差怨了我。」

　　上舉「且」字，猶就使、縱是、即便。意思是說：就讓老夫人忘了救命
之恩，小姐你怎麼也言不由衷呵！「且」、「也」相應，其意益明。杜甫《寄
岑嘉州》詩：「外江三峽且相接，斗酒新詩終自疏。」此詩「且」與「終」字
相應，意言即便江路相接，暢通無阻，而終以詩酒相會之緣分不多爲憾。

（四）

《生金閣》三【賀新郎】白：「可怎麼不做聲，不做氣，猛可裏從背
　　後搠將我過來，唱上箇喏？且是你這臉生的俊，把我們嚇這一跳，
　　我把你個無分曉的老無知！」

《太平樂府》卷三無名氏小令【柳營曲】：「眼角眉尖，意順情忺，
　　且是可意娘鮑兒甜。」

上舉之「且」，猶況，用爲連詞，表示更進一層，猶今云再說。《論語‧
季氏》：「夫顓臾，昔者先王以爲東蒙主，且在邦域之中矣。」且在，猶況在
也。

（五）

《舉案齊眉》一【村裏迓鼓】：「咱爲人且貧且富，爲官的一榮一辱。」

上舉「且」字，爲姑且、暫且之省辭。「且貧且富」，即暫且貧暫且富，
習稱時貧時富也。《詩‧唐風‧山有樞》：「且以喜樂。」《史記‧伍子胥列傳》：
「民勞未可，且待之。」據此知此用法由來已久。」

（六）

《薦福碑》三【快活三】：「你不去五台山裏且逃乖，乾把個梵王宮
　　密雲埋，則待要倒天河淊沒了講經臺，那裏取日月光、玻璃界？」

且，疑爲狙（jū）之借用字，狙擊之義也。

怯候（qiè hòu）

《緋衣夢》二【梁州】：「我從來有些怯候，爲那喫創的梅香無去就，
　　到如今潑水難收。」

怯候，即怯症，爲癆瘵（láo zhāi）病的俗稱，言血氣日衰，心常恐懼也。
按：事物的情狀曰候，故病情曰症，亦曰候。明鈔本《四春園》作「怯後」，
後、候同音借用。

怯薛

《太平樂府》卷九無名氏散套【耍孩兒‧拘刷行院】：「索怯薛側腳
　　安排趄，要賞錢連聲不住口。」

怯薛，蒙古語；意為「番值宿衛」，每三日一換班；即禁衛軍，為元代皇帝的心腹爪牙；設置於成吉思汗時代，由宿衛、侍衛、環衛三隊組成，各有隊長統帥，總隸於怯薛長。元初功臣博爾忽、博爾朮、木華黎、赤老溫，太祖命其世領怯薛之長謂之四怯薛。《元史・選舉志二》：「凡怯薛出身，元初用左右宿衛為心膂爪牙，故四怯薛子孫世為宿衛之長，使得自舉其屬。諸怯薛歲久被遇，常加顯擢，惟長官薦用，則有定制。」其云內怯薛者，是宮中侍衛。《初刻拍案驚奇・宣徽院仕女鞦韆會，清安寺夫婦笑啼緣》：「次子忙古歹，幼力黑廝俱為內怯薛帶御器械」，是也。或譯作刼薛，如明・無名氏雜劇《下西洋》二折：「呼喚各國刼薛夷長來，一同計議。」

砌末（qiè mò）

《調風月》一【天下樂】：「〔捧砌末，唱：〕」

《灰闌記》一【天下樂】白：「怕我拿來你的？將來！待我送他去。〔做取砌末出見科，云：〕舅舅，則為你這盤纏，連我也替你惱起來。」

《介子推》二：〔扮奄官托砌末上，云：〕自家大官大使王安，奉官里皇后，賚三般朝典，將東宮太子賜死。」

《舉案齊眉》三【絡絲娘】：「〔嬤嬤虛下，取砌末上科，云：〕小姐，老身無甚麼餞送，止有這棉團襖一領，白銀兩錠，鞍馬一副。你官人此去，若得了官時，休忘了老身也。」

《太平樂府》卷三李伯瑜小令【小桃紅・磕瓜】：「兀的般砌末，守著箇粉臉兒色末，諢廣笑聲多。」

元劇中所用的各種小道具，統稱砌末。清・李調元《劇話》卷上：「元雜劇，凡出場所應有持、設、零雜，統謂『砌末』，如《東堂老》、《桃花女》以銀子為砌末，《兩世姻緣》以鏡、畫為砌末，《灰闌記》以衣服為砌末，《楊氏勸夫》以狗為砌末，《度柳翠》以月為砌末。今都下戲園猶有『鬧砌末』語。」清・焦循《劇說》卷一：「《殺狗勸夫》：『祇從取砌末上』，謂所埋之死狗也；《貨郎旦》：『外旦取砌末付淨科』，謂金銀財寶也；《梧桐雨》：『正末引宮娥挑燈拿砌末上』，謂七夕乞巧筵所設物也；《陳搏高臥》：『外扮使臣引卒子捧砌末上』，謂詔書、繒幣也；《冤家債主》：『和尚交砌末科』，謂銀也；《誤入

桃源》：『正末扮劉晨、外扮阮肇各帶砌末上』，謂行李、包裹或採藥器具也；又淨扮劉德引沙三、王留等將砌末上，謂春社中羊酒紙錢之屬也。」直到現在，劇場仍沿用此術語。又「砌末」，清·孔尚任《桃花扇》作「砌抹」，或作「切末」，或謂之「彩」，宋·釋普濟《五燈會元》又作「細抹」，意均同。

侵早

侵晨

《望江亭》二、詩云：「心忙來路遠，事急出家門；夜眠侵早起，又有不眠人。」

《東堂老》一、白：「為甚侵晨奔到晚，幾個忙忙少我錢。」

侵早，一作侵晨，謂破曉，天剛亮。清·翟灝《通俗編·時序·侵早》：「按：侵早，即凌晨之謂。」《詩·齊風·東方》：「東方未明，顛倒衣裳。」疏：「顛倒著衣裳而朝君，此則失於侵早。」唐·杜甫《贈崔評事公輔》詩：「天子朝侵早，寒臺仗數移。」方干《採蓮曲》：「隔夜相期侵早發。」李商隱《清河》：「燕來從及社，蝶舞太侵晨。」《喻世明言·沈小官一鳥害七命》：「當日沈秀侵晨起來。」《清平山堂話本·花燈轎蓮女或佛記》：「次日侵早，王氏笑道：『婆婆如何不起？』」戲文《錯立身》四：「侵早已挂了招子，你卻百般推抵。」據此，知「侵早」、「侵晨」來源頗久。或又作「侵明」，如宋·劉克莊【生查子·元夕戲陳敬叟】：「繁燈奪霽華，戲鼓侵明發。」明·王衡雜劇《再生緣》四折：「旭景侵明，曉煙收暝。」

侵近

《調風月》一【上馬嬌】：「往常我冰清玉潔難侵近。」

《東窗事犯》四【呆骨朵】：「施全心膽大將他壞，秦檜福氣大難侵近。」

侵近，即親近，侵、親同音借用（侵，古音閉口呼；元代已無）。《拜月亭》一：「你道你祖上侵文墨，昆仲曉書集。」《董西廂》卷六則云：「姐姐稍親文墨。」《看錢奴》二亦云：「幼年間攻習詩書，頗親文墨。」又《謝天香》、《裴度還帶》劇皆作「親近」，前者第三折云：「姐姐，你在宅中三年，相公曾親近你麼？」後者第四折云：「誰承望楚陽臺做眷煙，藍橋驛相親近。」並可證。

侵傍

《劉知遠諸宮調》一【般涉調・牆頭花】：「老兒諕得七魄三魂蕩，想料郎君也性剛，料不識此個兇徒，你如今卻待侵傍。」

《拜月亭》二【哭皇天】：「較（教）了數箇賊漢把我相侵傍，阿馬想波這恩臨怎地忘？」

《七里灘》一【寄生草】：「酒添的神氣能榮旺，飯裝的皮袋偏肥胖，衣穿的寒暑難侵傍。」

侵傍，謂侵犯。《水滸》第三十五回：「一行眾人看了，說道：『端的此處官軍誰敢侵傍？我等山寨如何及得！』」或作「侵謗」，如《清平山堂話本・羊角哀死戰荊軻》：「吾得以助，使荊軻不能侵謗。」按「謗」爲「傍」的誤寫。

親傍

《單刀會》三【上小樓】：「你道是隔著江起戰場，急難親傍，我著那廝鞠躬、鞠躬送我到船上。」

《謝天香》二【二煞】：「著護衣須是相親傍。」

《東坡夢》四【七弟兄】：「昨夜個喜孜孜燈下相親傍，今日裏假惺惺堂上問行藏。」

《風光好》二【南呂一枝花】：「他多管是鐵石心腸，直恁的難親傍。」

《灰闌記》一【油葫蘆】：「也不是俺便做下的這一個冷臉兒難親傍。」

親傍，謂靠近、親近；傍，讀若「邦」去聲。

親知

《董西廂》卷一【黃鍾調・侍香金童】：「又沒箇親知爲伴侶，欲待散心沒處去。」

同書卷八【般涉調・哨遍纏令】：「投託的親知，不須遠覓，而今只在蒲州。」

《冤家債主》二、詩云：「駿馬慢乘騎，兩行公吏隨；街前休唱道，跟我探親知。」

親知，謂親戚朋友。六朝‧謝朓《和王著作八公山》詩：「浩蕩別親知。」白居易《山中問月》：「如歸舊鄉國，似對好親知。」唐‧蔣防《霍小玉傳》：「便托假故，遠投親知。」因知南北朝以來，即有此語。

親不親

《樂府群珠》卷四劉時中小令【朱履曲‧吳人以美女為娃，此俗不論男女，皆以娃呼之，有名娃娃者，戲贈】：「親不親心肝兒上摘下，惜不惜氣命兒似看他。」

親不親，即親意。「不」字是為加強語氣，以反語見意，為元曲的修辭特點之一。

秦樓

《董西廂》卷一【仙呂調‧醉落魄纏令‧引辭】：「秦樓謝館鴛鴦幄，風流稍是有聲價。」

《謝天香》一【醉扶歸】白：「這裏是官府黃堂，又不是秦樓楚館，則管裏謝氏、謝氏！耆卿，我是開封府尹，又不是教坊司樂探！」

《牆頭馬上》二【罵玉郎】：「又不比秦樓夜讌金釵客，這的擔著利害。」

《莊周夢》四【梅花酒】：「秦樓館酒家眠，齊聲唱徹《陽關怨》。」

同劇三【滾繡毬】：「把花園做了謝館秦樓。」

秦樓，為妓院的代詞。謝館、楚館，義並同。

琴堂

《對玉梳》四【錦上花】：「當日在娼樓百般留戀，今日在琴堂受用無邊。」

《劉弘嫁婢》三【鬼三臺】白：「恁時節乘肥馬，衣輕裘，居館閣，坐琴堂。」

《衣襖車》一、白：「職列鵷班真棟梁，恩霑雨露坐琴堂，調和鼎鼐安天下，燮理陰陽定萬方。」

《延安府》二【尾聲】白：「我坐著國家琴堂，請著俸祿，一應的文
案，我敢差了些兒麼？」

《呂氏春秋・察賢》：「宓子賤治單父，彈鳴琴，身不下堂而單父治。」
後因稱縣官辦公的地方為琴堂。李白《贈從孫義興宰銘》：「退食無外事，琴
堂向山開。」劉長卿《出豐縣界寄韓明府》：「音容想在眼，暫若升琴堂。」

禽荒

《風雲會》四【甜水令】：「據著你外作禽荒，內貪淫慾，滔天之罪，
理合法更凌遲。」

沉迷於打獵，叫做禽荒。語出偽古文尚《五子之歌》：「內作色荒，外作
禽荒。」蔡沈集傳：「禽荒，耽游畋（tián）也；荒者，迷亂為謂。」《國語・
越語下》：「出則禽荒，入則酒荒。」唐・魏知古《從獵渭川獻詩》：「嘗聞夏
太康，五弟訓禽荒。」白居易《雜興》：「色禽合為荒，刑政兩已衰。」《警世
通言・崔衙內白鷂招親》：「自從姚、宋二相死後，楊國忠、李林甫為相，教
玄宗生出四件病來：內作色荒；外作禽荒；耽酒嗜音，峻宇雕牆。」

禽演

《東牆記》二【耍孩兒】：「何時害徹相思病，卜金錢禱告神靈；生
前禽演分明判，八卦詳推莫順情。」

禽演，演禽的倒文，為古代迷信術數之一種，即研究陰陽五行生剋制化
之理，以推測人事吉凶之術。今所傳《演禽通纂》二卷，不著撰者，內容是
以演禽推算人的祿命。其上卷載三十六禽喜好吞啗，干支取化，及旬頭胎命，
流星十二宮，行限入手之法。下卷為鑑形賦，具悉吉凶變幻之理。其詞俚鄙，
而其法自唐宋以來，相承已久。清・汪紱《戊笈談兵》有翻禽演宿一類，繼
奇門遁甲之後。宋・洪邁《容齋隨筆》卷八「蓍龜卜筮」條：「五星六壬，
衍禽三命。」衍禽即演禽也。

勤兒

懃兒　禽兒

《玉壺春》二【梁州第七】：「著那俊才郎倒干甲抱頭縮頸，俏勤兒
卸袍盔納款投降。」

《紫雲庭》一【金盞兒】：「誰似你把個嫩勲兒丫定怎將擎，嘴尖囓穎子，瓜抉撮天令。」

同劇三【迎仙客】：「這些時調不上勲兒，卻則是忙著俺老婆。」

《兩世姻緣》一【寄生草】：「如今些浪包嘍難註煙花選，哨禽兒怎入鶯花傳？」

《太平樂府》卷七曾瑞卿散套【鬭鵪鶉·風情】：「敗旗兒莫颭，俏勤兒絕念。」

同書卷八宋方壺散套【一枝花·妓女】：「有一等強風情迷魂子弟，初出帳筍嫩勤兒。」

　　元人稱出入娼家的風流子弟爲勤兒，猶今言嫖客。明·徐渭《南詞敘錄》：「勤兒，言其勤於悅色，不憚煩也。亦曰刷子，言其亂也。」又作勲兒、禽兒，義音並同。但亦有與嫖客意別的，例如《金瓶梅》云：「亦是幫閑勤兒。」這裏的勤兒，當是清客、篾片之屬。再如《警世通言·金明池吳清逢愛愛》：「兄弟二人，大的諱應之，小的諱茂之，都是使錢的勤兒。」此勤兒，猶言主兒、能手、慣家。

青奴

《董西廂》卷一【般涉調·哨遍·斷送引辭】：「著甚消磨永日？有掃愁竹葉，侍寢青奴。」

《金安壽》三【逍遙樂】：「乘竹陰槐影桐疎，疊冰山素羽青奴。」

《詞林摘艷》卷四陳大聲散套【村裏迓鼓·淮水上彩舟無數】：「笑倚青奴，醉枕珊瑚。」

　　青奴，是一種寢具，編竹爲籠，暑天挾抱而睡，取其涼爽。原稱竹夫人，也叫竹奴。清·趙翼《陔餘叢考·竹夫人、湯婆子》：「編竹爲筒，空其中而竅其外，暑時置牀席間，可以憩手足，取其輕涼也，俗謂之竹夫人。按：陸龜蒙有《竹夾膝》詩，《天祿識餘》以爲即此器也。然曰夾膝，則尚未有夫人之稱，其名蓋起於宋時，東坡詩《送竹几與謝秀才》云：『留我同行木上坐，贈君無語竹夫人。』又『聞道牀頭惟竹几，夫人應不解卿卿。』自注云：『世以竹几爲竹夫人也。』又黃涪翁云：『趙子充示竹夫人詩，蓋涼竹寢器，憩臂休膝，似非夫人之職，予爲名曰青奴。』陸放翁亦有詩云：『空牀新聘

竹夫人。』《事物異名錄・器用・竹奴》：「楊維楨《竹夫人傳》：夫人竹氏，名筊，字玲瓏。」《事物原始・竹夫人》：「《說文》云：『竹器也。』山谷云：『憩臂休膝，非夫人之職，改名青奴。』」

青蚨

青鳧　蜻蚨

《遇上皇》二【採茶歌】：「三位儒人休恐懼，我替還酒出青蚨。」

《度柳翠》一【油葫蘆】：「則我這布囊陡覺青蚨盡，都爲那釀醅旋潑鵝黃嫩。」

《貶夜郎》二【堯民歌】：「倘或間少下青鳧，也強如鳳城春色典琴沽。」

《城南柳》一【金盞兒】：「則你那尊中無緣蟻，皆因我囊裏缺青蚨。」

《詞林摘艷》卷一小令【鴈兒落帶得勝令】：「窗外過白駒，世上競蜻蚨，天喪斯文也，狂歌嘆矣乎。」

青蚨，本蟲名，一名魚伯；古代迷信傳說，把它的血塗在錢上，錢用出去，還會回來，因此就成了錢的別稱。晉・干寶《搜神記》卷十三：「（南方有蟲）名青蚨……生子必依草葉，大如蠶子。取其子，母即飛來，不以遠近。雖潛取其子，母必知處。以母血塗錢八十一文，以子血塗錢八十一文。每市物，或先用母錢，或先用子錢，皆復飛歸，輪轉無已。」《太平御覽》卷九百五十引《淮南・萬畢術》有「青蚨還錢」之說，與上文同。或又作「青鳧」、「蜻蚨」，音義並同。唐・段成式《酉陽雜俎》謂：青鳧即青蚨也。把錢叫青蚨，明、清猶然，如沈德符《野獲編》卷二：「每值一施，輒三、四及詭各以博青蚨。」《長生殿・看襪》；「我每酒錢之外，另有青蚨便了」。

青紫

《董西廂》卷三【商調・尾】白：「仗此決巍科，取青紫，亦不後於人矣。」

同書卷八【中呂調・安公子賺】：「披味那其間意思，知你獲青紫。」

《竹葉舟》一、詞云：「自誇經史如流，拾他青紫，唾手不須憂。」

青紫，本古時公卿服飾。《文選·揚雄〈解嘲〉》：「紆青拖紫。」李善注引《東觀漢記》：「印綬：漢制，公侯紫綬，九卿青綬。」又劉良注：「青紫，並貴者服飾也。」唐·劉餗《隋唐新話》中：「舊官人所服，唯黃紫二色而已，貞觀中始令三品以上服紫；四品以上朱；六品、七品綠；八品、九品以青焉。」自漢、唐以來，多借指發迹或中第，如：《漢書·夏侯勝傳》：「士病不明經術，經術苟明，取青紫如俛拾地芥耳。」杜甫《夏夜嘆》：「青紫雖被體，不如早還鄉。」明·許潮雜劇《武陵春》【茶歌聲】白：「籍山林以爲廊廟之捷徑，假泉石以爲青紫之筌蹄」。等等，不勝列舉。

青詞

《劉弘嫁婢》三【鬼三臺】白：「小聖特拜青詞玉殿前，言長者你不欺暗室遵天律，不由邪徑仿先賢，恤孤念寡由心造，救困扶危出自然，……上帝特降丹書字，勑賜二紀壽綿綿。」

同劇同折【調笑令】：「您去那天宮上保奏青詞，從昨宵親奉玉帝旨，這箇爲土地判斷陰司。」

舊時宗教迷信，道教祭神時，把向神請求的願望用朱筆寫在青藤紙上，燒了這紙，神就可以接受請求。這種寫了請求文字的青藤紙，就叫做「青詞」，爲古時文體之一種。唐·李肇《翰林志》：「凡太清宮道觀薦告詞文，用青籐紙朱字，謂之青詞。」宋·王楙《野客叢書》四：「唯室先生作追薦弟青詞，有曰：氣分父母，孰如兄弟之親？痛切肺肝，無甚死生之隔。」明·徐師曾《文體明辨·青詞》：「按：陳繹曾云：青詞者，方士懺過之詞也。或以祈福，或以薦亡，唯道家用之。其謂密詞，則釋，道通用矣。詞用儷語，諸集皆有，而《藝文類聚》所載尤多。」

《喻世明言·沈小霞相會出師表》：「精勤齋，供奉青詞。」《水滸》第七十一回：「宋江要求上天報應，特教公孫勝專拜青詞，奏聞天帝。」《古今小說·木綿菴鄭虎臣報冤》：「譎命下日，正是八月初八日，值似道生辰建醮，乃自撰青詞祈祐」，皆其例也。

青瑣

《西廂記》一本三折【尾】：「一天好事從今定，一首詩分明照證；再不向青瑣闈夢兒中尋，有去那碧桃花樹兒下等。」

《紫雲庭》四【收江南】正名：「靈春馬適意悞功名，韓楚蘭守志待前程；小秀才琴書青瑣幃，諸宮調風月紫雲庭。」

《王粲登樓》一【油葫蘆】：「則爲我五行沒差，沒亂的難迭辦，幾能勾青瑣點朝班。」

《倩女離魂》四【水仙子】詩云：「調素琴王生寫恨，迷青瑣倩女離魂。」

青瑣，漢朝的宮門名，後來皇帝以及貴族的門窗塗青，也稱青瑣。《漢書·元后傳》：「曲陽侯根，驕奢僭上，赤墀青瑣。」注：「孟康曰：『以青畫戶邊鏤中，天子制也。』師古曰：『青瑣者，刻爲連環文而青塗之也。』」《後漢書·梁冀傳》：「冀乃大起第舍……窗牖皆有綺疏青瑣。」晉·左思《吳都賦》：「雕欒鏤粢，青瑣丹楹。」後來讀書人便以能進此門，表示有了功名地位。如梁·范雲《古意贈王中書》詩：「攝官青瑣闥，遙望鳳凰池。」唐·賈至《早朝大明宮呈兩省僚友》詩：「千條弱柳垂青瑣，百囀流鶯繞建章。」杜甫《秋興》詩：「一臥滄江驚歲晚，幾回青瑣點朝班。」皆其例。

青錢

《誤入桃源》一【油葫蘆】：「常則是杖頭二百青錢掛，抵多少坐三日縣官衙！」

舊制：用紅銅六成、白鉛四成配鑄的錢叫黃錢；用紅銅五成、白鉛四成一分半，黑鉛六分半、錫二分四種原料配鑄的錢叫青錢，通稱青銅錢。杜甫《北鄰》詩：「青錢買野竹。」蘇軾《山村》詩：「杖藜裏飯去匆匆，過眼青錢轉手空。」《京本通俗小說·錯斬崔寧》：「摸到床上，見一人朝著裏床睡去，腳後卻有一堆青錢。」皆其例。元·白樸《牆頭馬上》一折：「榆散青錢亂。」明·徐野君雜劇《絡冰絲》【北折桂令】：「買春風花底青錢動。」此兩例皆指榆錢，以其形似錢，故云。

清減

《謝天香》四【幺篇】白：「大姐，你怎生清減了？」

《鴛鴦被》一【後庭花】白：「俺姐姐這些時，每日憂愁，睡臥不安，弄得越清減了。」

同劇一【柳葉兒】：「你著我和誰傳示，只落得清減了臉上胭脂。」

《隔江鬬智》一、白：「你這幾日，茶飯懶進，覺的清減了些，卻是爲何？」

清減，猶言消瘦。

輕可

《梧桐雨》楔、白：「卿休怨寡人，這是國家典制，非輕可也呵。」

《氣英布》一【仙呂點絳唇】：「楚將極多，漢軍微末；眞輕可，戰不到十合，早已在睢水邊廂破。」

《勘頭巾》四、白：「自家張鼎是也，問成了這樁事，領著一行人府中見大人去，論此事非同輕可也呵。」

《謝金吾》二【哭皇天】：「那軍情事非輕可，不知你曾引的人來也獨自個。」

輕可，即「輕」，易也。引申之，有隨便、等閒、尋常、不在乎等義。「可」爲助詞，無義。明・施君美《幽閨記》三十：「休對晴天暖日，輕可地過了寒食。」《牡丹亭・玩眞》：「相看四目誰輕可，恁橫波，來回影，不住的眼兒睃。」語意並同。

輕省（qīng・sheng）

《生金閣》二【越調鬬鵪鶉】：「我如今年紀老，鬢髮蒼，我做不的重難的生活，只管幾件輕省的勾當。」

《桃花女》楔、白：「只教他管鋪，無非開鋪面、掛招牌、抹桌橙、收課錢這輕省的事。」

《殺狗勸夫》四【幺篇】白：「兀那婦人，這件事你說的是呵，我與你問個婦人有事，罪坐夫男，揀一個輕省的罪名兒與他。」

輕省，即「輕」，「重」之反；「省」助詞，輕讀，不爲義。明・余繼登《典故紀聞》卷十一：「令子姪家人伴當假託軍民出名承納，又行囑託，規從輕省之處。」《紅樓夢》第四回：「因想這件生意到還輕省熱鬧。」現在口語中還這樣說，如云：「這個工作很輕省。」

輕乞列

輕吉列　輕急力

《調風月》三【紫花兒序】：「好輕乞列薄命，熱忽剌姻緣，短古取恩情！」

《樂府群玉》卷二喬吉【雙調水仙子·嘲少年】：「紙糊鍬輕吉列枉折尖。」

《詞林摘艷》卷一蘭楚芳小令【折桂令·相思】：「支楞爭絃斷休彈，輕急力取次別離，短局促不似今番。」

輕乞列，輕貌。又作輕吉列、輕急力。按乞列、吉列、急力，皆一聲之轉，用作語助詞，無義。

情取

穩情取　穩情

《漢宮秋》一【金盞兒】：「你便晨挑菜，夜看瓜，春種穀，夏澆麻，情取棘針門粉壁上除了差法。」

《任風子》二【二煞】：「撇下這砧刀什物，情取那輕卷藥葫蘆。」

《看錢奴》三【後庭花】：「您爺呵，休想道得安康，穩情取無人埋葬，淚汪汪甚人來守孝堂？」（元刊本作「情取」）

《薛仁貴》一【金盞兒】：「射不著的，苫莊三頃地，扶手一張鋤；射著的，穩情取門排十二戟，戶列八椒圖。」

《勘頭巾》三【逍遙樂】：「若說的半句兒差池，穩情取六問三推。」

《王粲登樓》楔【中呂賞花時】：「穩情取談笑覓封侯。」

同劇二【煞尾】：「說他談天口若問，伏虎降龍志不改，穩情取與劉大元帥。」

《存孝打虎》一【柳葉兒】：「他每都忙挾策，上壇臺，將軍你穩情掛勢劍金牌。」

《剪髮待賓》二【滾繡毬】：「為臣的作箇重臣，為子的作箇諍子，為吏的情取箇素身行止。」

情取，意謂取得、弄到、包管、定可。或作「穩情取」，加一穩字，語氣較重。或作「穩情」，意同。

情知

《謝天香》四、白：「錢可道也，你情知謝氏是我心上人，我著你怎麼相見？」

《陳母教子》二【賀新郎】：「你道翰林都索入編修，我情知你箇探花郎的名聲，你怎知俺這狀元除授？」

《青衫淚》二【倘秀才】：「這姻緣成不成在天，你休見兔兒起呵漾碑，情知普天下虔婆那一個不愛錢？」

《虎頭牌》三【攪箏琶】：「情知你便是快行兵的姜太公、齊管仲、越范蠡、漢張良，可也管著些甚的？」

《㑇梅香》一【賺煞】：「靜聽是彈琴的那生，生猜咱無情似有情，情知咱甚意來聽。」

情知，猶言明知；宋・曾肇（一作晁冲之）【臨江仙】詞：「情知春去後，管得落花無？」清・李調元《方言藻》：「張旭詩：『情知海上三年別，不寄雲中一雁書。』」《三國演義》第三十九回：「孫權督眾攻打夏口，黃祖兵敗將亡，情知守把不住，遂棄江夏，望荊州而走。」以上句意並同。按，情知，疑本爲據情而知之省語，後遂習用爲「明知」義。

請（qíng）

請受　情受

《薦福碑》四【雙調新水令】：「誰承望坐請了一個狀元及第。」

《梧桐雨》三【攪琵箏】：「他見（現）請受著皇后中宮，兼踏著寡人御榻。」

《竇娥冤》一【賺煞】：「想著俺公公置就，怎忍的教張驢兒情受？」

《生金閣》三【南呂一枝花】：「想著宰相官僚，請受了這千鍾祿，難虛耗，怎不的秉忠心佐聖朝？」

《伊尹耕莘》二【幺篇】白：「賢士爲官，賢上的妻房，情受五花官誥爲賢德夫人也。」

《舉案齊眉》一【村裏迓鼓】：「他請的是皇家俸祿。」

《賺蒯通》一【那吒令】：「他立下十大功，合請受萬鍾祿，恁將他百樣粧誣。」

請，一作請受、情受，謂承受、領受，義均同，按古代「情」字多假借作「請」，諸子中多有之，如《荀子・成相篇》：「聽之經，明其請。」盧注云：「請古與情通用。」意思是說：聽獄之經，在明其情。故「請受」即「情受」也。又「請受」簡作「請」，唐代已見，如白居易《自詠》詩云：「當時綺季不請錢。」自註：「請，平聲。」姚合《送河中楊少府宴崔駙馬宅》詩云：「每月請錢共客分」。現在此語仍流行，但多指繼承家業。

「請受」用作動詞，亦有作「供應」解者，如《宣和遺事》貞集：「於是官司命徙帝君於城東王田觀，薪火之類，並令觀請受之。」「請受之」，即供應之。

如用作名詞，則又意轉為財產、薪餉之類，如《詞林摘艷》卷七：「得了些安家情受。」《水滸》第十二回：「月支一分請受。」前者即指財產，後者即指薪餉。據《宋史・職官志》十二所載「請受」，即指職官的衣糧料錢，均可證。

請佃（qíng diàn）

情甸　請奠

《拜月亭》四【阿阿忽】：「把你這眼前厭倦物件，分付與他別人請佃。」

元刊本《任風子》二【二煞】：「撇下了砧刀活計，待請佃你個藥葫蘆。」

《介子推》二【梁州】：「從古至今，前家後繼從來有，似這驪后定計，國舅鋪謀，暗存著燕侶鶯儔，可持（待）請佃他鳳閣龍樓」。

輯佚《持漢節蘇武還鄉》三【朝天子】：「則俺昇霞去的武帝，撇下禁苑，漢社稷誰請佃」？（《詞林摘艷》卷三載此曲作「情甸」）

《三奪槊》四【笑和尚】：「喋喋這鐵鞭，你、你、你，合請奠。」

佃，舊時謂租地耕種。請佃，猶言承佃或承租，引申之，是承受、接受之意。《樂府群玉》卷三載鍾嗣成小令【清江引】云：「道人淡然心似灰，酒

色俱無意，絕交鸚鵡杯，退佃鴛鴦被，早尋箇穩便處閑坐地。」這裏所謂「退佃」，即交卸之意，可作爲「請佃」釋爲接受的反證。

又請佃，或作情甸、請奠，音義皆同。接：甸、奠爲借音字；請、情古通假。參閱「請」字條。

擎（qíng）天柱

白玉擎天柱　擎天白玉柱

《西廂記》三本二折【鬥鵪鶉】白：「擎天柱，大事如何了也？」

《薛仁貴》一【寄生草】：「則你這築沙堤推倒了紫金梁，怎如他漚麻坑扶立的擎天柱。」

《鐵拐李》二【倘秀才】：「他那擎天柱官人每得權，俺拖地膽曹司又愛錢。」

《范張雞黍》四【一煞】：「恰便似攧折了千尋白玉擎天柱。」

《馬陵道》一【賺煞尾】：「龐涓是一條擎天白玉柱，孫臏是一座架海紫金梁。」

《賺蒯通》四【雙調新水令】：「苦也波擎天白玉柱，痛也波架海紫金樑。」

古代神話傳說：崑崙山頂有銅柱支撐著天，叫做擎天柱或白玉擎天柱、擎天白玉柱。屈原《天問》：「八柱何當？東南何虧？」後世常用來比喻擔當國家重任的人。《宋史·劉永年傳》：「生四歲，……仁宗使賦《小山》詩，有『一柱擎天』之語。」宋·許月卿《天柱峰》詩：「卻憐千尺擎天柱，不掛東南半壁天。」

或作碧玉柱（見《氣英布》四）、擎天碧玉柱（見《七國春秋平話》卷上），義並同。

惸嫠（qióng lí）

《詞林摘艷》卷六散套【端正好·荷聖主撫洪基】：「厚風俗恤養惸嫠，輕租稅寬力役，民皆便利。」

惸嫠，謂孤苦無依的孀婦。惸，一作煢，本義是無兄弟，引申爲孤獨無依靠之稱。岑參《過梁州奉贈張尙書大夫公》：「百堵創里閭，千家惜惸嫠。」

嫠，寡婦。《左傳‧昭公十九年》：「莒有婦人，莒子殺其夫，已爲嫠婦。」蘇軾《赤壁賦》：「舞幽壑之潛蛟，泣孤舟之嫠婦。」

窮究

「窮究」的總意義是尋根追源，分而用之，約有三義：一用爲法律術語，謂對案情要追查到底；二謂對問題的分析和處理，要周密考慮；三指研究、談話。

（一）

《緋衣夢》二【尾聲】：「割到有三千性命刀一口，量一箇十四、五的孩兒他怎做的這一手？好家緣似銅斗，他家私怎窮究？喒家私要的有。止不過傷了些浮財，損了些軀口，則不如打減這場官司免迤逗。」

輯佚《韓翠蘋御水流紅葉》【古鮑老】：「是誰將巧計搜，全不怕窮究，將兩句詩聯就？」

《禮‧儒行》：「儒有博學而不窮。」注：「不窮，不止也。」屈原《九歌‧雲中君》：「橫四海兮焉窮？」注：「窮，極也。」章太炎《新方言‧釋言》：「事盡爲究。《爾雅》：『究，窮也。』」是知窮、究本一意，複言之曰窮究，即追根尋底之意也。《淮南子‧覽冥》：「……而不窮究其所由生，何以至此也。」作爲法律術語，則「窮究」，就是要把案情追查到底，弄個水落石出。《後漢書‧張酺傳》：「酺部吏楊章等窮究，正海罪。」唐‧崔令欽《教坊記》：「比明，侯氏不死，有司以聞，上令范安窮究其事。」《新編五代晉史平話》卷上：「立命劉知遠窮究得三十六人，即時赴軍前處斬。」《新編五代周史平話》卷上：「窮究其不逞者戮一、二人，流言乃息。」皆其例也。

（二）

《西廂記》四本二折【絡絲娘】：「不爭和張解元參辰卯酉，便是與崔相國出乖弄醜。到底干連著自己骨肉，夫人索窮究。」

《單鞭奪槊》二【正宮端正好】：「你道他尉遲恭又往那沙沱走，喒可也慢慢的相窮究。」

《太平樂府》卷七馬致遠散套【青杏子‧姻緣】：「嬌羞，試窮究，博箇天長和地久。」

《雍熙樂府》卷十九【小桃紅・西廂百詠六十五】：「尊前敢掉巧舌
　　頭，有事當窮究。」

上舉之例，「窮究」意爲深思遠謀、周密考慮。紅娘爲張生、鶯鶯的婚姻
問題，挺身而出，向老夫人敷陳利害，要求愼重考慮，否則便要「出乖弄醜」。
尉遲恭對李唐的建國立下汗馬功勞，卻遭到元吉的誣陷，下在牢中。唐太宗
和徐茂公，看破這一陰謀，主張從長計議，以免言而無信，閉塞賢路。故上
舉「窮究」各例，應作如是解也。

（三）

《西廂記》四本二折【鬼三台】：「夜坐時停了鍼繡，共姐姐閒窮究，
　　說張生哥哥病久。」

此例爲研究、談話之意，實一、二義之引申。紅娘、鶯鶯談話的內容，
是張生的病，一定是面面俱到，故云「窮究」。

窮研

研窮

《勘頭巾》四【得勝令】：「呀！也只爲人命事關天，因此上不厭細
　　窮研。」

《魔合羅》四【中呂粉蝶兒】：「悶懨懨廢寢忘食，你教我怎研窮，
　　難決斷。這其間詳細，索用心機，要搜尋百謀千計。」

窮研，倒作研窮，爲元代刑律術語，即詳細追究、審問之意，見《元典
章》及《元史・刑法志》。元・陶宗儀《輟耕錄》卷二十三「鞠獄」：「吁，今
之鞠獄者，不欲研窮磨究，務欲廣陳刑具，以張施厥。」亦其例。

此外，亦用作一般深入研究解釋，如：《漢書・江充傳贊》：「莫不窮研旨
奧，遍探坎井。」宋・陳亮《甲辰答朱元晦秘書》：「窮研義理之精微，辯析
古今之同異。」

窮酸

窮酸餓醋

《遇上皇》二【感皇恩】：「〔酒保云〕你這三箇窮酸，怎生吃了酒不
　　還錢？〔正末唱：〕則聽的絮叨叨，不住的罵寒儒。」

《誶范叔》二【南呂一枝花】：「天生下窮酸相，幾時行通利方？」

《西廂記》四本二折【紫花兒序】：「老夫人猜那窮酸做了新壻，小姐做了嬌妻，這小賤人做了撺頭。」

《裴度還帶》一【天下樂】白：「我想來，你那讀書的窮酸餓醋，有甚麼好處？幾時能勾發跡也？」

《破窰記》一【混江龍】白：「姐姐，你看兀那兩箇，穿的錦繡衣服，不強如那等窮酸餓醋的人也。」

　　窮酸，舊時用爲譏諷窮書生之詞。重言之，則曰窮酸餓醋。或作窮酸餓鬼，如宋元戲文殘本《王月英月下留鞋》：「若求婚，也不下嫁你個窮酸餓鬼。」或作窮酸餓儒，如明・施君美《幽閨記》十九：「窮酸餓儒，模樣須尋俗。」餓鬼、餓儒，都是形容書生的寒酸相。據宋人釋文瑩《玉壺野史》云：「錢熙雅南，才雅之士，嘗撰《三釣酸》文，有曰：『年年落第，春風徒泣於遷喬；處處羈游，夜雨空傷於斷雁。』」可見窮書生之被嘲謔久矣，直至晚近，知識分子之被目爲窮酸者仍常有之。

窮暴

窮薄　暴

《緋衣夢》一【天下樂】：「今日箇窮暴了，也是無奈間。」

《伍員吹簫》四【駐馬聽】：「只爲一時窮暴，卻教俺丹陽市上學吹簫。」

《漁樵記》一【村裏迓鼓】白：「兄弟，我想來你學成滿腹文章，受如此窮暴，幾時是你那發達的時節也？」

《九世同居》二【菩薩梁州】白：「王伯清去了也，孩兒，我與你說未了，早有這等窮薄（薄，一作暴）的來。喒齋助些盤纏，豈非美事？」

《誶范叔》一【油葫蘆】：「便讀的十年書，也只受的十年暴。」

　　窮暴，謂窮困、貧乏。《詩・鄭風・大叔于田》：「襢裼暴虎，獻於公所。」傳云：「空手以搏之」也。《論語・述而》：「暴虎馮河。」注云：「暴虎，徒搏」也。可見「暴」是空無所有之意。合言之，即窮困、貧乏之謂。或作窮薄，或簡作暴，義並同。北大編校本《裴度還帶》三、韓夫人白：「處于布衣窘暴之中，千金不改其志」，其中「窘暴」之「暴」，王季烈本校改爲「薄」，隋樹森本校改爲「迫」，暴、薄、迫，均雙聲字，借用。

窮不窮

《王粲登樓》一【混江龍】:「窮不窮甑有蛛絲塵網亂。」

窮不窮,即窮意。用「不」字是爲加強語氣,以反語見意。

窮滴滴

《蝴蝶夢》二【賀新郎】:「俺窮滴滴賤爲黎庶,告爺爺與孩兒每做主。」

《五侯宴》楔【仙呂端正好】:「俺窮滴滴舉眼無親。」

《破窰記》四【收江南】白:「棄了那窮滴滴陋巷簞瓢,你今日氣昂昂腰金衣紫。」

《灰闌記》二【山坡羊】:「念妾身求食賣笑,本也是舊家風調,則爲俺窮滴滴子母每無依靠。」

《凍蘇秦》三【梁州第七】:「有那等不曉事的倒將我來吓搶,劃的來著我凍剝剝靠著這賣文爲活,窮滴滴守著這單瓢也那陋巷」。

窮滴滴,極言貧寒之貌。滴滴,用在形容詞后邊,含有充沛欲滴之意;也如嬌滴滴、翠滴滴,皆然。

虯龍(qiú lóng)

《誤入桃源》二【滾繡毬】:「絮叨叨鷓鴣啼轉行不動,磣磕磕踞虎豹跨上虯龍。」

《盛世新聲》【中呂粉蝶兒·十月之初】:「踞虎狼險窟,登虯龍禹闕,舉雕鶚巢居。」

虯,古代傳說中的一種有角之龍;一說:謂無角之龍。《廣雅·釋魚》:「有鱗曰蛟龍,有翼曰應龍,有角曰虯龍,無角曰螭龍,未升天曰蟠龍。」《楚辭·天問》:「馬有虯龍,負熊以遊。」注:「有角曰龍,無角曰虯。」東漢·王延壽《魯靈光殿賦》:「虯龍騰驤以蜿蟺。」晉·左思《吳都賦》:「比飾虯龍,蛟螭相對。」後常用以比喻草木岩石盤曲相糾結的形狀,例如:杜牧《題青雲館》詩;「虯蟠千仞劇羊腸。」蘇軾《後赤壁賦》:「踞虎豹,登虯龍。」

按虯,本作虬,俗作虯,見《韻會》。

毬樓

虬樓　繡樓　虬鏤

毬樓，又作虬樓、繡樓、虬鏤；其意有二：一指窗門之屬；二指筐簍。

（一）

《燕青博魚》三【滾繡毬】：「比及我唾潤開窗紙偷睛覷，他可也背靠定毬樓側耳聽。」

《莊周夢》三【倘秀才】：「挨亮槅，靠毬樓。」

《揚州夢》一【混江龍】：「接前廳，通後閣，馬蹄階砌；近雕闌，穿玉戶，龜背毬樓。」

《抱粧盒》二【梁州第七】：「一剗的織錦繡翡翠簾櫳，朱紅漆虬樓亮槅，碧琉璃碾玉亭臺。」

《紫雲庭》四【梅花酒】：「將蛾眉址（澁）道登，到繡樓軟門外。」（繡，一作「求」。）

《謝金吾》一【村裏迓鼓】白：「夫役每把那金釘朱戶，虬鏤亮槅，拆不動的都打爛了罷！」

同劇一【元和令】：「他、他、他把金釘朱戶生扭開，虬鏤亮槅盡毀敗。」

《詞林摘艷》卷八無名氏散套【一枝花・八位中紫授臣】：「盡都是硃紅虬樓亮槅。」

以上「毬樓」，或作繡（求）樓、虬樓、虬鏤，俱音近義同，指門窗之屬。《元曲選》音釋：「虬音求，鏤音漏。」或作毬路，如《古今小說・張古老種瓜娶文女》：「韋義方把舌頭舐開朱紅毬路亭（亮）槅」，是也。

（二）

《燕青博魚》二【醉扶歸】：「〔楊衙內云：〕把這兩箇筐子，要做什麼？左右，與我端碎了！〔正末唱：〕呀呀呀，他把我個竹眼籠的毬樓蹬折了四五根。」

上例所舉「毬樓」，乃筐簍之類。近人任中敏《曲諧》云：「毬樓，乃圓簍」，是也。而張相《詩詞曲語辭匯釋》則以門窗釋之，曰：「此竹眼籠之門，形如筐者也。」實爲費解。

　　按：窗戶與竹籠，異物殊用，初不相似，何以同號「毬樓」？近人許政揚考證說：「在俗語中，『路』有紋理的意思。凡碁枰、雙陸局所刻畫綫文，古人都謂之『路』。今江南方言，猶云『紋路』。故我以爲所謂『毬路』者，無非毬形的紋樣而已。」在過去，以之施於臣僚所繫的帶子上，故有「毬路帶」之稱（見《宋史·輿服志五》及同書《吳居厚傳》、《劉安世傳》）。以之施於錦，又有「毬路錦」之稱，元·費著《蜀錦譜》載「眞紅雪花毬露錦」，爲細色上品。「毬露」猶「毬路」也。甚至連雞卵也有「毬路」。宋·龐元英《文昌雜錄》稱：唐代歲時節物，「寒食則有假花雞、毬鏤雞子。」唐·徐堅《初學記》卷四「寒食」條作「鏤雞子」。所謂「鏤雞子」，即以雞卵染色雕繪爲之。其所刻雕，常作毬文，故宋人謂爲「毬鏤雞子」。在建築上，毬路也不僅施於門窗。宋·張邦基《墨莊漫錄》卷五載一異聞，據云：四明司戶王操粹昭，奉郡檄往普陀山觀音洞禱雨。「粹昭既致州郡之命，因密禱願有所睹。須臾，見欄楯數尺，皆碧玉也，有刻鏤之紋爲毬路，如世間宮殿所造者。」是知除毬路亮槅，尚有毬路欄檻。而毬路之爲刻鏤的花紋，亦顯然可見矣。由此觀之，「毬樓」與「亮槅」並非一物。「亮槅」指透光窗槅，而「毬樓」則指雕飾，是一種藝術加工。因此所施之「毬路」不限於門窗，而門窗也不必盡爲「毬樓」。以上文所舉《揚州夢》爲例：「接前廳，通後閣，馬蹄砌；近雕闌，穿玉戶，龜背毬樓。」毬樓者，毬文亮槅；龜背者，龜文亮槅。因爲曲文「毬樓亮槅」常連文，又有時省略「亮槅」，故用「毬樓」代稱門窗耳。明乎此，既辨明「毬樓」與「亮槅」的區別，則窗戶與竹簍之同號「毬樓」問題，亦豁然而通矣。（許說見《南開大學學報》一九七九年第一期《宋元小說戲曲語釋》）

蝤蠐（qiú qí）

　　《玉鏡臺》二【南呂一枝花】：「藕絲翡翠裙，玉膩蝤蠐頸，妲己空破國，西子枉傾城。」

　　《劉弘嫁婢》二【上小樓】：「你看那牙似瓠犀，頸若蝤蠐，手似柔荑。」

　　《樂府群珠》卷四陳朝佐小令【朱履曲·美妓】：「蝤蠐如領手如荑。」

　　蝤蠐，蝎也；即天牛的幼蟲，色白身長，因借以形容女子頸項之白。語出《詩·衞風·碩人》：「領如蝤蠐。」領，俗曰脖子。《爾雅·釋蟲》：「蝤

蠐，蝎。」清・郝懿行《爾雅義疏》引《本草》陳藏器云：「蝤蠐，白色，身長足短，口黑無毛，至春，羽化爲天牛。」

曲（qū）律

曲呂　乞留曲律　乞留曲呂　乞量曲律　溪流曲律

《遇上皇》二、白：「曲律竿頭懸草稕，綠楊影裏撥琵琶，高陽公子休空過，不比尋常賣酒家。」

《魔合羅》一【油葫蘆】：「你看他吸留忽刺水流乞留曲律路。」

《黃鶴樓》二【貨郎兒】：「你過的這乞留曲律蛐蜒小道，聽說罷官人你記著。」

《殺狗勸夫》二【叨叨令】：「將這雙乞量曲律的肐膝兒，罰他去直僵僵跪。」

《西遊記》三本九齣【後庭花】：「怎生向溪流曲律坡前去，吉颺古突山上逃？」

《衣襖車》三【醋葫蘆】白：「那狄青右手兜絃，左手推靶，弓開似那曲律山頭蟒。」

《太平樂府》卷八喬夢符散套【一枝花・雜情】：「本待做曲呂木頭車兒隨性打，元來是滑出律水晶毬子怎生拿？」

《元人小令集》失名《失題》三十一之八：「過了些乞留曲呂澗。」

曲律，一作曲呂，或作屈律（如《新編五代梁史平話》卷上：「石人言道：『三七二十一，由字不出頭；腳踏八方地，果頭三屈律。』」），皆形容彎曲、曲折之詞。重言之，則曰乞留曲律、乞留曲呂、乞量曲律、溪流曲律。《長生殿・情悔》又作「乞留屈碌」，如云：「只索把急張拘諸的袍袖來拂，乞留屈碌腰帶來束。」皆一音之轉，今語云「曲律拐彎」。

屈央

屈恙　屈漾

《貶夜郎》一【尾】：「儘教讒臣每數量，至尊把我屈央，休想楚三閭肯跳汨羅江。」

《七里灘》四【雙調新水令】:「屈羔著野人心,直宣的我入宮來。」

《黃花峪》一【尾聲】:「那廝更十分不良,將平人屈漾。」

　　屈央、屈羔、屈漾,均為屈枉(即冤枉)之意。央、羔、漾都是枉字的疊韻借用字。

屈沉殺

《黃粱夢》二【幺篇】:「他在那長朝殿前班部裏擺,你教他把屎盆兒頂戴,兀的不屈沉殺了拜將築壇臺?」

《伍員吹簫》三【朝天子】:「多勞你問及問及我今日,兀的不屈沉殺英雄輩?」

《王粲登樓》三【上小樓】:「我怎肯與鳥獸同群,豺狼作伴,兒曹同輩,兀的不屈沉殺五陵豪氣?」

《存孝打虎》二【南呂一枝花】:「屈沉殺大丈夫,埋沒了英雄漢。」

　　屈沉殺,有屈辱死、冤枉死、埋沒死等意;殺,甚、很之意,極而言之之詞。

麯埋(qū mái)

《西遊記》五本十八齣【南呂玉交枝】:「糟醃著葛仙翁,麯埋那張孝廉。」

《中原音韻》白樸小令【寄生草·飲】:「長醉後方何礙,不醒時有甚思?糟醃兩箇功名字,醅渰千古興亡事,麯埋萬丈虹霓志。」

　　麯:釀酒時用以引起發酵的塊狀藥物。麯埋,謂埋於酒麯之中,比喻嗜酒沉醉。例一,「麯埋」與「糟醃」互文;例二,「麯埋」與「糟醃」、「醅(pēi)渰」並舉:均可取證。按麯、麴同字異體。

趨蹌(qū qiāng)

趨蹡　趨搶

《麗春堂》一【混江龍】:「教坊司趨蹌妓女,仙音院整理絲桐,都一時間向御苑來供奉。」

《蘇小卿月夜販茶船》【耍孩兒】：「俺伴的是風流俊俏潘安臉，怎覷那向日頭的玃兒嘴臉。喬趨蹌宜舞一張掀，怎和他送春情眼角眉間？」

《王粲登樓》四【鴈兒落】：「又不曾趨蹌天子堂，又不曾圖畫功臣像，止不過留心在筆硯間，又不曾惡戰在沙場上。」

《還牢末》三【估美酒】：「他、他、他假提著淚兩行，怎覷他這趨蹌？」

《貨郎旦》一【那吒令】：「休信那黑心腸的玉娥，他每便喬趨搶取撮。」

趨蹌，原意謂行步快慢有節奏。《詩·齊風·猗嗟》：「巧趨蹌兮。」鄭玄箋：「蹌，巧趨貌。」孔穎達疏：「禮有徐趨疾趨，為之有巧有拙，故美其巧趨蹌兮。」白居易《和微之春日投簡陽明洞天五十韻》：「捧擁羅將綺，趨蹌紫與朱。」元劇《麗春堂》、《王粲登樓》等例，皆是。引申為趨奉獻媚的動作及醜態。「喬趨蹌」便是對這種裝模作樣、醜惡形象的描畫。《董西廂》卷七：「莫難道詩骨瘦嵓嵓，掂詳了這廝趨蹌，身分便活脫下鍾馗一二三。」「這廝趨蹌」，即謂「這傢伙的醜態」，所以下文才說有幾分活脫下面貌奇醜的鍾馗。

趨蹌，或作趍鎗、趍搶，例如：《張協狀元》二【燭影搖紅】：「若抹上（土）搽灰，趍鎗出沒人皆喜。」《錯立身》十二【調笑令】：「趍搶嘴臉天生會，偏宜扶（抹）土搽灰。」兩例，都指出化裝的角色是個「丑」角。或作「趨翔」，見《墨子·非儒》下；或作「趨詳」，見《史記·孔子世家》；俱音近義同。

軀口

軀丁

《緋衣夢》二【尾聲】：「止不過傷了些浮財，損了些軀口，則不如打滅這場官司免迤逗。」

《鴛鴦被》三【紫花兒序】：「卻將我宅院良人，生扭做酒店裏軀丁。」

宋、元時蒙古、色目人稱奴婢為「軀口」或「軀丁」。元·陶宗儀《輟耕錄》卷十七云：「今蒙古、色目中之臧獲，男曰奴、女曰婢，總曰軀口。蓋國初平定諸國日，以俘到男女匹配為夫妻，而所生子孫永為奴婢。……

奴婢男女止可互相婚嫁，例不許聘娶良家。」《元典章・婚姻》亦云：「軀口不嫁良人，軀口不娶良人。」於此可見元代的奴婢地位以及森嚴的階級壁壘。

　　按軀口，本作軀口，《新編五代梁史平話》卷上：「軀口受傭工作」，是也。或又作駈口，如《新編五代漢史平話》卷上：「將個妹妹嫁與一個事馬的駈口。」又云：「日夕為你作駈口去河頭挑水，您是不顧恩義的賊。」駈、軀同字異體。

軀老

　　《董西廂》卷五【高平調・木蘭花】：「東傾西側的做些腌軀老，聞生沒死的陪笑。」

　　《救風塵》三【滾繡毬】：「有那千般不實喬軀老，有萬種虛囂歹議論，斷不了風塵。」

　　《西廂記》五本三折【絡絲娘】：「喬嘴臉，腌軀老，死身分，少不得有家難奔。」

　　《劉弘嫁婢》一【寄生草】：「〔做喬軀老遞書科，云：〕你那裏有這麼體面？」

　　《爭報恩》一【仙呂點絳唇】：「怎覷那喬軀老，屈背低腰，款那步，輕攧腳？」

　　軀老，指身體（例三、五）或身段（例一、二、四）；「老」為語助詞，在稱身體某一部份時用之，無義。稱身體為軀老，猶如眼稱睩老、頭稱頂老，耳稱聽老、鼻稱嗅老、手稱爪老、髮稱稍老、牙稱齒老、乳稱乳老，等等。解為「身段」，是引申義，因為角色的動作、姿態，都是以人體為媒質的，故元劇中的科段，也叫軀老。今評劇仍把學習動作稱做排身段。

　　軀老，或作區老，如戲文《錯立身》十二【四國朝】白：「莊家調判難看區老。」又【金蕉葉】：「子（只）這撇末區老，賺我學那劉要和行蹤步跡。」或作軀勞，如明・薛近袞《繡襦記》三十二：「單單剩得個軀勞。」按「區」為「軀」字的省寫；「勞」為「老」的借字：義並同。

劬勞（qú láo）

驅勞

《雙赴夢》四【端正好】：「任劬勞，空生受。」

《伍員吹簫》四【雙調新水令】：「因紅塵十載受驅勞。」

《王粲登樓》一【寄生草】：「伊尹曾埋沒在耕鋤內，傅說也劬勞在板築間。」

《舉案齊眉》四【折桂令】：「想一雙哀哀的父母劬勞。」

劬勞，謂辛苦，勞累。《詩·小雅·鴻雁》：「之子于征，劬勞在野。」又《蓼莪》：「哀哀父母，生我劬勞。」梁·庾信《齊王進赤雀表》：「惟以劬勞成務。」皆是。成作驅勞，如《伍員吹簫》。又作區勞，如戲文《小孫屠》七【梁州第七】：「想著受區勞育我痊（全）身，不能勾落（樂）業安平（貧）。」按：驅，謂驅馳奔走也，「區」當為「驅」之省體。故劬、驅、區三字音同通用。據《蓼莪》詩及戲文《小孫屠》，則以「劬（區）勞」專指父母養育子女的勞苦。

錢南揚把《小孫屠》中的「區勞」校改為「煦勞」，恐誤。

取

取，隨文生義，舉要如下。

（一）

《董西廂》卷六【越調·鬭鵪鶉】：「少飲酒，省遊戲，記取奴言語，必登高第。」

《救風塵》一【寄生草】：「買虛的看取些羊羔利。」

《伍員吹簫》二【哭皇天】：「則怕我片時間多忘，你心中記取。」

《貶黃州》一、白：「左右！喚御史臺官來，朕問取則。」

戲文《小孫屠》八【繡帶兒】：「娘言語兒聽取。」

以上各「取」字，用作助詞，猶「著」，表示動作正在進行：記取，猶言記著；聽取，猶言聽著；看取，猶言看著；問取，猶言問著；等等，可類推。此用法，唐已有之，如：武則天【如意娘】：「不信比來長下淚，開箱驗取石榴裙。」李白【長相思】：「不信妾腸斷，歸來看取明鏡前。」又《金陵酒肆

離別》：「請君問取東流水，別意與之誰短長？」杜甫《戲作花卿歌》：「既稱絕世無，天子何不喚取守京都？」又《客至》：「肯與鄰翁相對飲，隔籬呼取盡餘杯。」白居易《短歌行》：「歌聲苦，詞亦苦，四座少年君聽取。」敦煌變文《維摩詰經菩薩品變文乙》：「須記取，傾心懷，上界天宮卻請迴。」黃庭堅【清平樂‧晚春】：「若有人知春去處，喚取歸回同住。」王沂孫【法曲獻仙音‧聚景亭梅次草窗韻】：「縱有殘花‧灑征衣鉛淚都滿。但殷勤折取，自遣一襟幽怨。」皆其例。

（二）

《澠池會》四、白：「孩兒也，我那裏取那病來？」

《楚昭公》一【仙呂點絳唇】白：「哥哥，量此物強殺者波，則是一口劍，那裏取神光衝射斗牛之上？聽那風胡子做甚麼？」

《救孝子》三【迎仙客】：「怕不要倩外人，那裏取工夫，正農忙百般無是處。」

《城南柳》三【賀新郎】：「那搭兒別是一重天，盡都是翠柏林巒，那裏取綠楊庭院？」

《竹塢聽琴》二【鬪鵪鶉】：「休笑俺草户柴門，那裏取那銀屏的這繡塌？」

《太平樂府》卷八鍾繼先散套【一枝花‧自序醜齋】：「那裏取陳平般冠玉精神？何晏般風流面皮？那裏取潘安般俊俏容儀？」

以上「取」字，猶「得」。例中「那裏取」，謂那裏得也。「那裏」為疑問副詞，「取」為動詞。唐‧杜秋娘《金縷衣》：「勸君莫惜金縷衣，勸君惜取少年時。」「取」與「惜」字相應，屬動詞，義為掌握、抓住，亦近「得」字義。

（三）

《青衫淚》四、白：「朕也惜他才華，已取回京。」

《麗春堂》四、白：「今因草寇作亂，聖人遣使命去濟南府取他去了。」

《伍員吹簫》一【勝葫蘆】白：「我奉使命而來，取你入朝。」

《賺蒯通》一【賺煞尾】白：「特取韓信還朝，權為留守。」

以上各「取」字，用於皇帝，意為宣召。

（四）

《救孝子》楔、白：「女婿當軍去了半年，待取我我那女孩兒春香家來。」

《魔合羅》二、白：「嫂嫂，如今李德昌利增百倍，在城外五道將軍廟裏染病，你快尋個頭口取他去。」

《對玉梳》三【朝天子】白：「元來如此，你可來做甚麼？我自有人來取你。」

《隔江鬥智》三、白：「這對月之時，取劉備同小姐回門，拜見老夫人來。」

以上各「取」字，猶接，迎接回來的意思。

（五）

《魔合羅》三、白：「取來，我再審問！」

此「取」字，意猶提或押。該劇下文有云：「張千，去牢中提出劉玉娘來！」又：「張千，押上廳去！」與這裏問官的聲口正同，可證。

（六）

《硃砂擔》二【牧羊關】：「諕的我渾身上汗水交流，莫是取命的閻王？」

此「取」字，意猶索、猶討。取命，謂索命或討命也。

（七）

《梧桐雨》楔、白：「昨壽邸楊妃，絕類嫦娥，已命爲女道士，既而取入宮中，策爲貴妃。」

此「取」字，猶選。取入，選入也。

（八）

《梧桐雨》楔、白：某不敢賣法市恩，送你上京，取聖斷如何？」

此「取」字，謂聽憑。「取聖斷」，謂聽憑皇帝處理也。

取次

「取次」的含義：一謂造次；二謂行將。

（一）

《董西廂》卷二【大石調‧還京樂】：「我還取次隨賊寇，怕後人知道，這一場污名不小，做下千年恥笑，辱累煞我相公先考。」

同書卷六【越調‧鬭鵪鶉】：「若到帝里，帝里酒釅花穠，萬般景媚，休取次共別人，便學連理。」

《調風月》三【越調鬭鵪鶉】：「短嘆長吁，千聲萬聲，搗枕搥床，到三更四更。便似止渴思梅，充飢畫餅，因甚頃刻休？則傷我取次成，好箇箇舒心，干支剌沒興。」

《緋衣夢》一【天下樂】：「喒人這家寒，休將人取次看，今日箇窮暴了也是無奈間。」

《西廂記》三本四折【鬼三臺】詩云：「休將閒事苦縈懷，取次摧殘天賦才。」

《倩女離魂》一【村裏迓鼓】：「今日來祖送長安年少：兀的不取次棄舍，等閒拋掉，因而零落！」

《莊周夢》三【滾繡毬】：「灞陵橋任行人取次攀。」

上舉各例，「取次」猶造次。清‧李調元《方言藻》云：「取次，猶造次。次者，舍止之所也；取者，僅足之辭也。」若詳析之，則含有隨便、草草、輕易、等閑等意。此用法，晉、唐以來詩文中已見，例如：晉‧葛洪《抱朴子內篇‧祛惑》：「四海將受其賜，不但卿家，不可取次也。」唐‧寒山《詩三百三首》之一云：「平側（仄）不解壓，凡言取次出。」杜甫《送元二適江左》：「經過自愛惜，取次莫論兵。」皮日休《襄州春遊》：「等閒遇事成歌詠，取次衝筵隱姓名。」黃庭堅《次韻裴仲謀同年》：「煙沙篁竹江南岸，輪與顳鸕取次眠。」范成大《續長恨歌》：「仙凡頓隔銀屏影，不似當時取次看。」皆其意。

（二）

《救孝子》三【尾煞】白：「外郎，這多虧了你。如今新官取次下馬也，還要做個準備。」

上舉之例，取次，猶云行將、將要。「取次下馬」，謂「就要到來了」。

除上述二義，「取次」還作「次第」解，次第者，依次也。例如白居易《病假中龐少尹攜魚酒相過》詩：「醉把花枝取次吟。」蘇軾《上神宗皇帝書》：「若

陛下多方包容，則人材取次可用。」范成大《紅梅》詩：「夾路漫山取次紅。」《董西廂》卷六：「冉冉征塵動行陌，盃盤取次安排。」《牡丹亭・榜下》：「他則好看花到洛陽，咱取次擒胡到汴梁。」皆是。

取責（qǔ zé）

《爭報恩》二【鬭鵪鶉】白：「俺這官府中則要你從實取責，不要你當廳抵賴。」

同劇二【上小樓】：「你待教我從實取責，我又不敢當廳抵賴。」

取責，謂招認，認罪、承認罪狀。

取應

《竇娥冤》楔、白：「況如今春榜動，選場開，正待上朝取應，又苦盤纏缺少。」

同劇三【叨叨令】：「〔劊子云：〕難道你爺娘家也沒的？〔正旦云：〕止有箇爹爹，十三年前上朝取應去了，至今杳無音信。」

《牆頭馬上》四【醉春風】白：「小官裴少俊，自從上朝取應，一舉狀元及第，就除洛陽縣尹之職。」

《生金閣》一【醉扶歸】：「〔衙內云〕你家裏有甚麼人？〔正末唱〕拜辭了年高的父母。〔衙內云〕你如今往那裏去？〔正末云〕我一徑的取應往梁園去。」

取應，科舉時代，應朝廷考試，以取得功名之謂。倒作「應取」，如《京本通俗小說・錯斬崔寧》：「只因春榜動，選場開，魏生別了妻子，收拾行囊，上京應取。」義同。

取覆

《遇上皇》二【牧羊關】：「見酒後忙參拜，飲酒後再取覆，共這酒故人今日完聚。」

取覆，謂稟告，猶今云匯報。此言宋時已有，如吳自牧《夢梁錄》卷十九「閒人」條「及善能取覆供過，傳言送語。」又同書同卷「四司六局筵會假賃」條：「修設僧道齋供，傳語取覆」，是也。戲文《張協狀元》二十五【神

仗兒】：「欲待取覆，欲待取覆，昨蒙鈞旨，非不整肅，采樓如法價結束。」
《警世通言·崔衙內白鷴招親》：「衙內道：『領爹尊旨，則是兒有一事，欲取覆慈父。』」語意俱同上。

去

去：一用作語助詞，猶著，猶了，猶呵，猶來；二用作表空間之詞，猶言所在；二用作表時間之詞，猶言以後。

（一）

《董西廂》卷四【般涉調·尾】：「不走了，廝覷著，神天報應無虛設。休，休，休！負德辜恩的見去也！」

同書卷一【大石調·梅梢月】：「此愁今後知滋味，是段風流冤業；下梢管折倒了性命去也！」

《符金錠》楔、白：「我做官人奇妙，閑去好擲杯珓。」

《太平樂府》卷二劉時中小令【清江引】：「風雨兩無情，庭院三更夜，明日落紅多去也！」

戲文《錯立身》六、白：「我要性命何用，不如尋個死去。」

明鈔本《四圍春》一、白：「俺員外說著你選吉日良辰，下財置禮，娶的小姐去。」

《雍熙樂府》卷十八無名氏小令【朝天子】：「志高伯夷，才超仲舒，說的去，行不去。」

以上各例，去字用為語助詞，猶現代漢語的著（如例一）、了（如例二、三、四）、呵（如例五）、來（如例六、七）。這種用法，早見於唐代，如：皮日休《寄潤鄉博士》：「若使華陽終臥去（著），漢家封禪有誰文？」杜牧《杏園》：「莫怪杏園顦顇去（了），滿城多少插花人。」王維《觀別者》：「愛子遊燕趙，高堂有遠親，不行無可養，行去（呵）百憂新。」李商隱《題僧壁》：「大去（來）便應欺栗顆，小來兼可隱針鋒。」

（二）

《太平樂府》卷一馬九皋小令【塞鴻秋·凌歊臺懷古】：「凌歊臺畔黃山鋪，是三千歌舞亡家處；望夫山下烏江渡，是八千子弟思鄉去。」

同書同卷馮海粟小令【鸚鵡曲・憶西湖】：「草萋萋一道裙腰，軟綠斷橋斜去。」

同書同卷同作者【鸚鵡曲・至上京】：「李陵臺往事休休，萬里漢長城去。」

《全元散曲》張可久小令【塞鴻秋・湖上即事】：「寒驢破帽登山去，夕陽古寺題詩處。」

以上各例，去猶言所在，即去處、地方，爲表空間之詞。例一、例四去、處互文，意尤明顯。按此用法，唐、宋已有。例如：孟浩然《送王七尉松滋得陽臺雲》詩：「愁居此去爲仙尉，便逐行雲去不回。」此去，即此處也。

（三）

《詞林摘艷》卷一劉庭信小令【折桂令・憶別】：「事到如今，休言去後，且問歸期。」

此「去」字，爲表時間之詞，猶言以後、將來。其用法可以上推到晉代，如陶潛《遊斜川》詩：「未知從今去（後），當復如此不」，是也。蘇軾《予去杭十六年而復來，留二年而去……》詩：「出處依稀似樂天，敢將衰朽較前賢！便從洛社休官去，猶有閒居二十年。」休官去，謂罷職以後也。元本《琵琶記》十【劉潑帽】：「但願公婆從此去，相和美。」從此去，從此以後也。同劇二十二、白：「員外且將息，去後自有商量。」去後，以後、將來也。按「去後」連文，是同義迭用。

去住

《西廂記》二本一折【六幺序】：「好教我去住無因，進退無門，可著俺那堝兒裏人急偎親？」

《存孝打虎》二【哭皇天】：「爭奈運拙時艱，淹留在此，去住無門。」

去住，猶去就，謂去留。漢・蔡琰《胡笳十八拍》：「十有二拍哀樂均，去住兩情兮誰具陳？」杜甫《哀江頭》：「清渭東流劍閣深，去住彼此無消息。」又《發同谷縣》詩云：「去住與願違，仰慙林間翮。」是知漢、唐已有此用法。

去來

去來，有以下二義。

（一）

《竇娥冤》楔【仙呂賞花時】白：「你不要啼哭，跟著老身前後執料去來。」

《救風塵》一、白：「大姐，你在家執料，我去請那一輩兒老姊妹去來。」

《牆頭馬上》一、白：「今日乃三月十八日上巳節令，洛陽王孫士女，傾城玩賞，張千，咱每也同你看去來。」

《西廂記》一本一折【幺篇】白：「那壁有人，咱家去來。」

《太平樂府》卷五馬致遠小令【四塊玉·恬退】：「三頃田，五畝宅，歸去來！」

《陽春白雪》前集五楊果小令【越調·小桃花】：「去來休！樓前風景渾依舊。」

去來，就是「去」；「來」爲語助詞，無義；用於句尾，猶云「去罷」。晉·陶潛《歸去來辭》：「歸去來兮，田園將蕪胡不歸？」《七國春秋平話》卷上：「休走！聖旨救駕去來。」義同。

（二）

《兒女團圓》二【梁州第七】：「〔二旦云：〕獸醫哥哥，那裏去來？〔王獸醫云：〕我一徑的來。」

《鎖魔鏡》三【聖藥王】：「你爲帥首，怎的休？我領著天兵神將緊追求，去來專拿住恁時休」。

《梨園樂府》下馬致遠小令【四塊玉·天台路】：「命薄的窮秀才，誰教你回去來？」

上舉「去來」，爲反義詞偏用之例：例一、二是「來的意思；例三是「去」的意思。戲文《錯立身》四：「孩兒，叫你去來別無甚事，只爲衣飯，明日做甚雜劇？」「叫你去來」，叫你來也，同例一、二。

去處

去處：一指地方、所在；二謂隨處、處處、到處。

（一）

《金線池》三、白：「我想，此處有箇所在，叫做金線池，是箇勝景去處。」

同劇四【收江南】白：「賢弟，恭喜你兩口兒圓和了也！但這法堂上是斷合的去處，不是你配合的去處。」

《陳摶高臥》二【隔尾】白：「則見雲臺觀中，一縷白雲，上接青霄，想必是那先生隱居的去處。」

《薦福碑》一【鵲踏枝】：「我左右來無個去處，天也！則索閣落裏韞匵藏諸。」

《生金閣》四【雙調新水令】白：「怎麼緊要去處，倒不做聲！」

《馬陵道》一【後庭花】白：「貧道與元帥都是鬼谷先生弟子，雖同傳授，各用心機；便是元帥也有不知貧道演習的去處，貧道也有不知元帥的去處。」

以上各例，謂地方、所在。其中《生金閣》例，亦可解作關頭、時候。又「去處」亦簡作「去」，參見「去」字條（二）。

明·洪楩編《清平山堂話本·死生交范張雞黍》：「張問了去處，奔至廊外。」《幽閨記》四【園林好】：「朝廷上尊嚴去處，豈容你談論是非！」皆其例。

（二）

《西廂記》四本二折【金蕉葉】：「我著你但去處行監坐守，誰著你迤逗的胡行亂走？」

《藍采和》二【梁州】：「俺、俺、俺做場處見景生情，你、你、你上高處捨身拚命，喀、喀、喀但去處奪利爭名。」

上列二例，謂隨處、處處、到處。李白《少年行》：「蘭蕙相隨喧妓女，風光去處滿笙歌。」知唐語已然。

去就

《雙赴夢》四【倘秀才】：「天曹不受，地府不收，無一個去就。」

《緋衣夢》二【梁州】：「我從來有些怯候，爲了喫劍的梅香無去就，到如今潑水難收。」

　　去就，猶言去留、著落。《史記・賈誼傳贊》：「讀《鵬鳥賦》，同生死，輕去就，又爽然自失矣。」李白《經亂離後天恩流夜郎憶舊遊書懷贈江夏韋太守良宰》：「人心失去就，賊勢騰風雨。」敦煌變文《捉季布變文》：「看君去就非庸賤，何姓何名何處人？」以上所云「去就」云云，皆去留或著落之意。

覰當（qù・dang）

　　《楚昭公》三【鬭鵪鶉】白：「哥哥好覰當嫂嫂姪兒，您兄弟拜別了哥哥，下水去也。」

　　《魔合羅》楔【仙呂賞花時】：「你是必好覰當小嬰孩。」

　　《金錢記》一【醉扶歸】：「且休說共枕同衾覰當咱，若得來說幾句兒多情話，則您那嬌臉兒，咱根前一時半霎，便死也甘心罷。」

　　《殺狗勸夫》二【滾繡毬】：「哥哥也是他養軍千日，俺孫員外不枉了結義這等精賊；你便十分的覰當他，他可有一分兒知重你？」

　　《凍蘇秦》三【黃鍾尾】：「這齎發，這覰當；兩錠銀，重百兩。」

　　覰當，謂看管、照顧著。「當」用為語助詞，輕讀，猶「著」，常用在動詞後面。

覰不的

覰不的

　　《虎頭牌》一【油葫蘆】：「只見他喳喳忽忽身子兒無些分寸，覰不的那姦姦詐詐沒精神。」

　　《救孝子》二【倘秀才】：「我也避不的臭氣怎聞，覰不的屍蟲亂滾。」

　　《東堂老》二【三煞】：「我覰不的你褙寬也那褶下，肚疊胸高，鴨步鵝行。」

　　《太平樂府》卷八字羅御史散套【一枝花・辭官】：「覰不的鬧穰穰蟻陣蜂衙。」

　　《樂府群珠》卷四失註小令【普天樂・居】：「覰不的他那喬軀老，佯小心捉弄阿誰？」

覷不的，意謂看不慣、看不上。《氣英布》二【烏夜啼】：則教你楚江山覷不得火上弄冰凌，漢乾坤也做不得碗內拿蒸餅。」此謂盼望不得，指望不上，與上列各例意別。

的、得，音義同。

圈圚（quān huì）

圈繢　圚　繢　拳儈

《董西廂》卷五【仙呂調・六幺實催】：「著他方言語，把人調戲，不道俺也識恁般圈圚。」

《對玉梳》一【勝葫蘆】：「若早知你這般圈繢，那般局段，急抽身不圇圇。」

《岳陽樓》二【紅芍藥】：「把岳陽樓翻作鬼門關，休只管賣弄拳儈。」

《太平樂府》卷六趙彥暉散套【點絳唇・省悟】：「我恰待踏折他花套竿，撞出錦圚頭。」（盧校：圚，抄本作「圇」。）

同書卷七馬致遠散套【青杏子・悟迷】：「活繢兒從他套共搧。」

圈圚，猶圈套，即以計籠絡人或陷害人之意。一作圈繢（kuì），簡作圚、繢，義並同。或作圈圍，如巾箱本《琵琶記》二十五：「折摸你是怎生俏俏，也落在我圈圍。」凌刻臞仙本作圈繢（kuì），陳眉公本作圈套，義皆同。字亦作拳儈，《元曲選》音釋：「儈，呼關切。」揚雄《方言》卷一：「虔、儈，慧也……自關而東趙魏之間謂之黠，或謂之鬼。」拳儈，謂慧黠（xiá），即聰明而狡猾也；「圈圚」與之意義相通。

拳攣（quán luán）

《五侯宴》三【滾繡毬】：「凍的我拏不的繩索拳攣著手。」

《伊尹耕莘》一【金盞兒】：「拳攣著手腳精神爽，潛形古樹在村莊。」

《趙禮讓肥》二【滾繡毬】：「掙著我這餓肚皮，拳攣著我這凍軀殼。」

《西遊記》四本十六齣【紫花兒序】：「伏得些山神恐懼，木客潛藏，木獸拳攣。」

拳攣，收縮、屈曲貌；或作「拳連」，義同，如宋元戲文殘本《崔君瑞江天暮雪》【黃鍾過曲】：「拳連手共腳，滴羞跌屑。」

卻不道

《單刀會》四【慶東原】：「荊州久借不還，卻不道『人無信不立』？」

《遇上皇》四【得勝令】：「卻不道『風月擔兒擔』？早難道『蜻蜓把太山撼』。」

《金鳳釵》二【二煞】：「當日嫁這窮書生，你是樂者爲之樂；有錢時歡喜無錢叫。卻不道『貧不憂愁富不驕』？」

《西廂記》二本三折【離亭宴帶歇指煞】白：「卻不道『書中有女顏如玉』，則今日便索告辭。」

《趙氏孤兒》一【天下樂】：「卻不道『遠在兒孫近在身』？哎！你個賊也波臣和趙盾，豈可二十載同僚，沒有些兒義分！」

卻不道，猶豈不知，在它後面常引用一兩句成語或熟語，成爲一定的形式。可互參「可不道」條。

逡巡（qūn xún）

逡迯

逡巡：一喻時間短暫；二狀猶豫、行不進貌。

（一）

《董西廂》卷五【雙調・御街行】白：「當日一場好事，頃刻不成；後來萬里前程，逡巡有失。」

《張天師》三【鬭鵪鶉】：「你逼得他大雪裏尋梅，險將他逡巡間凍死。」

《西廂記》二本楔子【收尾】白：「你看『一封書札逡巡至，半萬雄兵咫尺來。』」

《詞林摘艷》卷六無名氏散套【金殿喜重重・新綠池邊】：「逡迯間，菊花黃，金風起，敗葉飄，梧桐變。」

逡巡，謂頃刻間、不久，爲表時間短暫之詞。此用法唐、宋已見，如：元稹《琵琶歌》：「逡巡彈得六徹，霜刀砍竹無殘節。」陸游《除夜》：「相看更覺光陰速，笑語逡巡卻隔年。」《清平山堂話本・簡帖和尚》：「逡巡過了半年。」皆其例。

（二）

《圯橋進履》二【鵪鶉兒】白：「妙算張良獨有餘，少年逃難下邳初；
逡巡不進泥中履，急得先生一卷書？」

《馮玉蘭》一【油葫蘆】：「我巴不得兩三朝飛到泉州郡，可甚的沿
途只逡巡？」

上舉二例，「逡巡」狀欲進不進、遲疑不決貌，即有所顧慮而徘徊或退卻
也。《莊子・讓王》：「子貢逡巡而有愧色。」《荀子・堯問》：「武侯（魏武侯）
逡巡再拜曰：『天使夫子（吳起）振寡人之過也。』」《漢書・項籍傳》：「九國
之師，遁巡而不敢進。」注：「遁巡，謂疑懼而卻退也。」王先謙補注：「沈
欽韓云：《新書》作『逡遁』是也。遁、巡、循皆一字。鄉射禮，賓少退，鄭
注少『逡遁』。《管子・戒篇》亦作『逡遁』，無作『遁巡』者，師古所妄。」
杜甫《麗人行》：「後來鞍馬何逡巡，當軒下馬入錦茵。」白居易《重賦》：「里
胥迫我納，不許暫逡巡。」即此知先秦以來，即有此用法。

裙帶頭衣食

衣食在裙帶頭

《破窰記》二【正宮端正好】：「夫婦取今生，緣分關前世，窮和富
是我裙帶頭衣食。」

《秋胡戲妻》一【混江龍】：「也則爲俺婦人家，一世兒都是裙帶頭
這個衣食分，雖然道人人不免，終覺的分外羞人。」

同劇二【滾繡毬】：「貧和富是您孩兒裙帶頭衣食，從早起到晚夕，
上下唇並不曾粘著水米，甚的是足衣豐食？」

《霍光鬼諫》二【鬭鵪鶉】：「您是裙帶頭衣食，我是劍甲上俸錢。」

《誤入桃源》三【耍孩兒】：「本是個神仙境界，錯認做裙帶衣食。」

《陶朱公范蠡歸湖》四【梅花酒】：「往常吃衣食裙帶頭，今日你分
破俺帝王憂。」（亦見於《詞林摘艷》卷五、《盛世新聲》【雙調新
水令】）

裙帶頭衣食，意謂靠裙帶關係生活。裙帶，謂有關於妻室者，譏詞。或
作「衣食在裙帶頭」，義同。現在仍有「裙帶關係」的說法。